Inhalt

Vorwort

Die vorliegende Darstellung will Christen aus unseren Gemeinden – landeskirchlichen und freikirchlichen –, die fragen, was denn in unserer heutigen Zeit das Wesentliche am evangelischen Glauben und Bekenntnis sei, eine Orientierung geben. Vom Religionsunterricht her wissen manche noch einiges über Martin Luther. Dass es aber neben Luther noch einen anderen Mann gegeben hat, den Genfer Reformator Johannes Calvin, der das kirchliche und geistliche Leben, gerade auch der Freikirchen, ganz entscheidend geprägt hat, ist weniger bekannt. Der 500. Geburtstag dieses Gotteszeugen soll uns Anlass sein, ihn etwas näher kennenzulernen. Da seine Schriften ziemlich unbekannt sind, habe ich ihn selbst ausführlich zu Wort kommen lassen.

Nun ist Martin Luther bekannt für seine markigen, bildhaften und originellen Aussprüche und Gedankengänge, was bei Johannes Calvin so nicht der Fall ist. Er ist dafür im Unterschied zu Luther ein Meister darin, biblische und geistliche Sachverhalte klar und prägnant zu formulieren. Dies lädt regelrecht dazu ein, die Dinge weiter zu bedenken und für die heutige Zeit zu verarbeiten. Darum eignet sich dieses Buch für Mitarbeiterinnen und Mitarbeiter in Gemeinden und Werken, die bei ihren Glaubenskursen, Schulungen und missionarischen Unternehmungen immer wieder vor der Frage stehen: Wie sprechen wir deutlich und klar vom Wesentlichen unserer biblischen Botschaft? Denn irgendwann, wenn wir die erschlagende Fülle der Medien und kreativen Methoden gewissenhaft und gekonnt zum Einsatz gebracht haben, stellt sich die oben skizzierte Frage nach dem Inhalt unserer Botschaft wieder ganz neu. Diesen hoffentlich noch zum Lesen bereiten Mitarbeitern will mein Buch eine Hilfe geben. Wenn wir uns in die zunächst ferne Welt des 16. Jahrhunderts eingefunden haben, entdecken wir ziemlich bald, wie ähnlich unsere Herausforderungen denen von Calvin sind. Denn Calvin ist – das ist eine der Thesen dieses Buches – in vielem „moderner" als Luther!

Mein Buch ist nicht im Stil der theologiegeschichtlichen Monographien geschrieben, von denen es im Calvin-Jahr 2009 sicher eine Fülle geben wird. Ich hatte nicht die Absicht, neue Forschungsergebnisse zu präsentieren und die Fülle der Calvin-Literatur gewissenhaft zu verarbeiten und dieses in ausführlichen Fußnoten auszuweisen. Natürlich habe ich vieles zu Calvin gelesen, aber ich wollte um der Lesbarkeit des Buches willen nicht ständig meine Gewährsleute namentlich nennen und zitieren. Wichtiger war mir das Verarbeiten und Weiterdenken dessen, was andere vor mir schon gedacht haben hinsichtlich des Lebens und Werkes von Johannes Calvin.

Ich habe versucht, die wichtigsten Stationen seines Lebens mit seinen großen Lehrschriften zu verbinden. Es kam mir darauf an, seine Texte aufs Neue zu befragen und sie aus der Sicht eines heutigen Boten des Evangeliums wieder zu uns sprechen zu lassen. Dabei habe ich mich auf vier Textgruppen beschränkt: erstens auf Calvins *Bekenntnistexte*, wo wir sein Herz schlagen hören, zweitens auf einige seiner *Streitschriften*, wo er in der Brillanz seines von Gottes Macht gezähmten Intellekts Irrtümer seiner Zeitgenossen zurückweist, drittens auf seine zusammenfassende *Institutio* in der letzten Bearbeitung von 1559 in der deutschen Übersetzung von Otto Weber (abgk. „Inst.“), wo er in der Form einer Erbauungsschrift denen, die in der Gotteserkenntnis und Frömmigkeit wachsen wollen, dienen will; viertens auf einige *Briefe* aus der dreibändigen Sammlung, wie sie in deutscher Sprache seit 1909 in der Ausgabe von Rudolf Schwarz vorliegen (Neudruck Neukirchen 1964, abgk. „Br.“). Gelegentlich zitiere ich aus Calvins *Bibelauslegungen* (Johannes Calvin, *Auslegung der Heiligen Schrift,* in deutscher Übersetzung, herausgegeben von Otto Weber). Ganz verzichtet habe ich, entgegen meiner ursprünglichen Absicht, aus Calvins mitgeschriebenen Predigten zu schöpfen. An dieser Stelle mag ein Mangel dieses Buches liegen. Ich habe aber den Eindruck, dass seine Predigten noch einmal eine eigene Abhandlung wert wären. Den Umfang meiner Schrift wollte ich nicht noch weiter ausdehnen, und zudem brauchen die Wiedergabe von Predigten und die Reflexion darüber einen breiten Raum. Ich wollte aus Calvins Predigten nicht bloß nur einzelne Sätze und kurze Gedanken wiedergeben.

Mit großem Gewinn habe ich die zweisprachige *Calvin-Studienausgabe* (abgk. „CStA“, bisher sieben Bände erschienen, Neukirchen 1994ff.) benutzt. Gelegentlich habe ich mir erlaubt, bei einigen Begriffen und Formulierungen den lateinischen bzw. französischen Grundtext in Klammern beizufügen. Diejenigen, die dieser Sprachen mächtig sind, können daraus noch deutlicher die Intention Calvins erkennen, ist doch jede Übersetzung eigentlich nur ein Notbehelf. Ich weise aber darauf hin, dass das Französisch des 16. Jahrhunderts, das Calvin meisterhaft gebrauchte, noch nicht der heute üblichen Orthografie dieser Sprache entspricht.

Wir müssen die Botschaft der Heiligen Schrift neu entdecken, damit wir uns auf das Ende der Geschichte dieser Welt und die siegreiche Ankunft unseres Herrn Jesus Christus vorbereiten können. Wer genau auf Calvins Worte hört, wird zu seiner Überraschung auch gezielte Hinweise zum missionarischen Handeln entdecken, wenn auch in anderer Weise, als wir es gewohnt sind. Dass das *Leben in der Heiligung durch den Heiligen Geist* Mission erst möglich macht, ist die Botschaft Calvins für unsere Generation!

Wir haben auch auf unsere Väter und Mütter und ihr Leben mit der Bibel zu schauen und von ihnen (auch von ihren Fehlern) zu lernen. Wenn die heutige Generation ihre Väter und Mütter aus Desinteresse übersieht oder sie gar verachtet, wird sie selbst im geistlichen Sinn zeugungsunfähig und darum nicht vorbereitet sein auf den Herrn der Herrlichkeit.

Barntrup/Lippe, im Herbst 2008
Dieter Schneider, Pfr. i. R.

I. Einleitung

A. Der Reformator Johannes Calvin im Zwielicht der Geschichte

Unbekannt, ungeliebt, unverstanden – so könnte man die Wirkungsgeschichte des Genfer Reformators Johannes Calvin kurz umschreiben. Die fünfhundertjährige Wiederkehr seines Geburtstags (10.07.1509) als Anlass einer Darstellung seines Lebensweges und seiner Gedankenwelt zu nehmen und sie heutigen Christenmenschen und Gottsuchern als lesens- und bedenkenswert darzulegen, bedarf daher einer Begründung.

Johannes Calvin ist der entscheidende – wenn auch nicht der einzige – Begründer eines Zweiges des Protestantismus gewesen, den man den „reformierten" nennt: in Westeuropa, in Nordamerika und dann in vielen anderen Regionen der Welt, aus dem sich eine Fülle von Denominationen herausgebildet hat, die man als Bereicherung und nicht als Schaden für die weltweite Christenheit ansehen muss. Es gibt keine „calvinische" Kirche, wohl aber eine „lutherische" als Ergebnis der Reformation – aber gerade hier liegt ein Problem, dessen sich die meisten Protestanten nicht bewusst sind.

Zumal in Deutschland wird in den allermeisten Fällen „evangelisch" mit „lutherisch" gleichgesetzt. Da hört und liest man sehr oft die Wendung „Die Reformatoren" oder „Luther und die anderen Reformatoren". Fragt man aber nach, wer denn diese „anderen" seien, erhält man keine befriedigende Antwort. Der Züricher Huldrych Zwingli und der Straßburger Martin Bucer sind es mit Sicherheit nicht, hat doch Martin Luther selbst definitiv erklärt, dass „die Herren einen anderen Geist" als er selbst hätten. Bei Luthers engstem Mitarbeiter Philipp Melanchthon tauchen für manche ernste Bedenken auf, habe dieser doch nach Luthers Tod dessen Werk mehr oder weniger anders interpretiert oder gar verfälscht. Sollten es Luthers eher praktische Helfer wie Johannes Bugenhagen oder Nikolaus von Amsdorf sein? Doch diesen beiden und noch einer Reihe anderer Freunde Luthers sind die grundlegenden

Erkenntnisse, die die Reformation entscheidend geprägt haben, ja nun nicht zu verdanken.

So bleibt eigentlich nur jener eigenartige Mann übrig, der Franzose Jean Cauvin, der als Johannes Calvin von Genf aus auf seine Weise die Reformation Luthers aufgriff und fortsetzte. Doch sofort tun sich große Fragen und Probleme auf: Was heißt hier „fortführen"? Hat nicht Martin Luthers alles, aber auch alles, was für die Neufassung des christlichen Glaubens nötig ist, in ausreichender Weise bedacht und für die Zukunft ein für alle Mal niedergeschrieben? Was kann es denn geben, das es über Luther hinaus für einen biblischen und evangeliumsgemäßen Christenglauben noch zu erkennen und zu formulieren gäbe? Für sehr viele Theologen aus dem deutschen landeskirchlichen, aber auch aus dem evangelikalen Bereich stellt sich die Sache so dar: Martin Luther war und ist das einzig wahre Geschenk des barmherzigen Gottes an eine irregeleitete Christenheit gewesen. Darum drückt der Titel „lutherisch" sowohl Dankbarkeit als auch Endgültigkeit aus – was daneben und danach kommt, ist im besten Fall Interpretation des Meisters, ansonsten aber matter Abglanz eines einzigartig hell strahlenden Lichtes. Darum ist auch das lutherische Bekenntnis („Augsburgische Konfession") für viele die abschließende und nicht ergänzungsbedürftige, schon gar nicht zu ersetzende Zusammenfassung dessen, was evangelisch ist. Was man im Allgemeinen von der Person Johannes Calvins weiß oder zu wissen meint, ist alles andere als anziehend und blockiert bei vielen eine Vertiefung in sein Lebenswerk.

Das halbe Jahrtausend einer Wirkungsgeschichte, die in ihren Anfängen mit einem ganz bestimmten Menschen verbunden ist, soll uns Anlass sein, nach dem Ursprung eines christlichen Kirchentyps zu forschen, um dann auch nach den Entartungen, aber ebenso nach den positiven Ergebnissen dieser Prägung des Christseins zu fragen (was in dieser Arbeit nur ansatzweise erfolgen kann). Es geht mir dabei um die Person Calvins und um seine Lehre und nicht um den „Calvinismus" nach ihm, wie man ja auch Luther von dem ihm folgenden „Luthertum" unterscheiden muss. Natürlich will ich kritisch nachfragen, ob denn nicht manche Merkwürdigkeiten des Calvinismus auf Calvin selbst zurückgehen. Meine Vorliebe für Calvin und mein bleibendes Interesse an ihm schärfte auch meinen Blick für Fehlentwicklungen schon bei ihm selbst.

Dennoch nenne ich ihn mit guten Gründen einen bleibenden Lehrer der Christenheit und beschränke mich dabei nicht auf den reformierten Teil des Protestantismus.

Bei den beiden Begründern des Protestantismus ist eine wechselseitige Wertschätzung – bei aller Kritik Calvins an der heftigen Art Luthers – zu beobachten. Eine Ergänzung des einen durch den anderen wäre denkbar gewesen, was sich in der Geschichte beider Kirchen leider nicht ereignet hat. *Ich nenne Martin Luther einen Propheten,* einen von Gott mit einer einzigartigen Vollmacht ausgestatteten Durchbrecher der bisherigen Frömmigkeit, Theologie und Kirchlichkeit, sowie den Neubegründer einer biblischen Weise des Christseins. *Johannes Calvin nenne ich einen Lehrer,* und zwar im Sinne der neutestamentlichen Charismenlehre. Prophet und Lehrer sind nie „dasselbe", bedürfen aber einander. Erst ihr gemeinsamer Dienst hilft, die Kirche Jesu Christi aufzubauen. Calvin fasst zusammen und gibt der Reformation nach Luthers Tod eine entscheidende Form und führt damit die Ansätze Luthers weiter. Dass auch er nicht alles gesagt haben kann, müsste sich eigentlich von selbst verstehen. Problematisch ist jedoch, wenn – wie vor allem mit Luther in Vergangenheit und Gegenwart geschehen – dieser als die einzig legitime Verkörperung dessen, was Reformation eigentlich ist, angesehen und Calvin als dessen blasses Plagiat behandelt wird.

Luther – der Prophet, Calvin – der Lehrer

Ich schließe mich hier in der Grundintention an die Bewertung des Verhältnisses von Luther und Calvin an, wie sie Karl Barth in seiner Göttinger Calvinvorlesung 1922 formuliert hat:

Luthers Reformation ist weder die ganze Reformation noch auch nur die Quelle oder der Quellort der ganzen Reformation, wohl aber die für das Ganze bezeichnende Eröffnung der Bewegung, der die zwinglische und calvinische Reformation zunächst als eine Wiederholung, dann aber in und mit der Wiederholung als eine zweite Wendung gegenübersteht (Karl Barth, *Die Theologie Calvins,* 94f.).

Es ist darüber hinaus notwendig, in aller Kürze die Zeit Calvins mit ihren Bewegungen, Kräften, Anschauungen und Konflikten zu skizzieren, die sich im süddeutschen Raum einschließlich der Schweiz doch um einiges anders darstellt als im norddeutschen Raum Luthers. Die dreißiger und vierziger Jahre des sechzehnten Jahrhunderts blicken auf ein bis zwei Jahrzehnte Reformation zurück, und da gab es neue Entwicklungen und Herausforderungen. Die Anfänge Calvins sind in diese neue Zeit hinein verwoben. Auch sein weiterer Weg kann sinnvoll nur in ständigem Rückbezug auf die Zeitumstände beleuchtet werden.

B. Johannes Calvin als Schüler seiner Epoche – eine erste Annäherung

Dass die katholische Kirche ganz dringend eine Reform an Haupt und Gliedern nötig hatte, ist seit dem späten Mittelalter mit Händen zu greifen. Durch die Kreuzzüge und die päpstliche Politik, die diese heroischen Unternehmungen schließlich mit einem ausgeklügelten System teils durch Ablassgebühren, teils durch großzügige Geldgaben förderte, geriet die mittelalterliche Kirche immer stärker in den Sog des Mammons, der Korruption und schließlich des völligen Verlustes geistlicher Vollmacht. Dieses Dilemma hatte schon seit geraumer Zeit Reformkräfte auf den Plan gerufen, von denen noch die Rede sein wird. Auf der anderen Seite zeigte die Kurie in Rom in diesen aufgewühlten Zeiten, dass sie nicht gewillt war, diesen Bestrebungen in irgendeiner Form Rechnung zu tragen.

Die katholische Kirche wusste, dass sie in einem geschlossenen Staat mit einer durchsetzungsstarken Persönlichkeit an der Spitze den besten Nährboden für ihr Fortbestehen hatte – aber wo war dieser Staat? Das „Heilige Römische Reich Deutscher Nation" unter dem Habsburger Kaiser Karl V. legte eine Schwäche an den Tag, die nicht zu beheben war: Das Habsburger Kaisertum war auf Gedeih und Verderb von den es tragenden deutschen Kurfürsten abhängig, die in typisch deutscher Eigenbrötelei zunächst um das Wohl ihres jeweiligen Territoriums besorgt waren und sich erst dann mit den Belangen des Gesamtreiches beschäftigten. Ohne diese deutsche territoriale Selbstherrlichkeit wäre das Phänomen Luther eine Eintagsfliege geblieben. Sobald aber ein Landesfürst, aus welchen Beweggründen auch immer, sich der Sache eines Luther annahm, war diese erst einmal gerettet. Kaiser und Papst konnten dann gegen Luther wettern, wie sie wollten. Sobald der sächsische Kurfürst Friedrich (genannt „der Weise") und sein Nachfolger Johann sich schützend vor Martin Luther stellten, konnte die Reformation sich in ihrem Gebiet kontinuierlich ausbreiten. Es ist daher kein Wunder, dass das Luthertum immer eine große Ehrfurcht vor der territorialen Obrigkeit hatte und das Untertansein im Namen des Evangeliums ein-übte. Natürlich waren die Grenzen der Territorien für Ideen der ver-schiedensten Art durchlässig, und so konnten die Gedanken Luthers mithilfe der Buchdruckerkunst durch alle Lande eilen. Gab es aber ir-gendwo eine Herrschaft, die nicht von den Reformkräften, sondern von der katholischen Kirche abhängig war, dann waren die Lutheraner übel dran – sie mussten um ihr Leben bangen.

Genau das war im französischen Nachbarland der Fall. Während bis heute die Bundesrepublik Deutschland, wie es der Name sagt, ein Bund von in vielen Bereichen selbstständigen Ländern ist, nennt sich Frank-reich bis heute nur „Republik". Ein starker Präsident steht an der Spitze und hat im Vergleich zum deutschen Bundespräsidenten eine ungleich größere Macht. Alles konzentriert sich auf die Metropole Paris, und die modernen Hochgeschwindigkeitstrassen des TGV gehen von Paris ster-nenförmig aus. Zwar gab es in Frankreich schon immer zentralistische Tendenzen, aber in den infrage stehenden Jahrzehnten wird durch den König François I. (im Deutschen „Franz", 1515–1547) ganz konsequent der Nachbar des Deutschen Reiches zu einem Einheitsstaat ausgebaut. (So kann später Ludwig XIV. sagen: „L'État c'est moi" – „Der Staat bin ich.") Was dies für eine junge, der lutherischen Reformation verpflich-tete Erneuerungsbewegung bedeutet, ist offensichtlich: Entweder öffnet sich dieser Einheitsstaat dem neuen Aufbruch, dann hat das Evangelium hier ein großartiges Feld zur Entfaltung gefunden, oder aber – was dann leider geschichtliche Wirklichkeit geworden ist – dieser Staat verschließt sich dem Evangelium, dann ist es um die Reformation in Frankreich geschehen.

Dieses alles hatte Auswirkungen auf das Leben und Denken des Fran-zosen Jean Cauvin – wie er eigentlich heißt –, dem schließlich nichts anderes übrig bleibt, als vom sicheren Ausland her seinem Vaterland mit dem Evangelium zu dienen. Wird der Glaube an Christus grundsätzlich bestritten, muss er andere Akzente setzen, als wenn er liebevoll gefördert wird. Hier seien nur in aller Kürze einige Punkte notiert, die später genauer entfaltet werden:

Ein grundsätzlich von den äußeren Umständen angefochtener Glaube muss von vornherein auf eine autarke Gemeindebildung und Gemeindeverfassung aus sein, denn es ist ja nicht möglich, einen autokratischen König, der dem Evangelium gegenüber verschlossen ist, als Garanten der Erneuerung zu gewinnen. Für Gemeinden in der Verfolgungssituation sind folgende Lehrpunkte wichtig: Es muss ihnen aus der Schrift gezeigt werden, dass Gott selbst ihnen das Beharrungsvermögen im Glauben schenkt und dass er schon vor aller Ewigkeit ihren Weg auf sein Herz genommen hat. Mir scheint, dass die Erwählungslehre Calvins hier ihren eigentlichen geschichtlichen Ort hat, nämlich derart Angefochtene zu trösten. Sie ist nicht aus dem Theoretisieren über einen fernen Gott entstanden, der seine ewigkeitlichen Dekrete nur noch geschichtlich umsetzen will. Auch ist hier Calvins pointierte Vorsehungs- oder Providenzlehre zu verorten: Gott hat die Leiden seiner Leute mit seinem göttlichen Maß bemessen. Menschen können nur so weit mit ihren Verfolgungen gehen, wie Gott es ihnen erlaubt.

Calvins Erwählungslehre will Angefochtene trösten.

Des Weiteren ist hier eine calvinische Eigenart zu nennen, die ihren Charakter bis in die reformierten Kirchen der heutigen Zeit beibehalten hat: In der Situation der Verfolgung kommt es auf das Bekennen als aktuelles Geschehen an. Bekennen meint hier nicht die Berufung auf ein historisches Dokument, sondern wird als ein Vorgang begriffen, in dem der Einzelne mit seiner Gemeinde zusammen in einer ganz bestimmten geschichtlichen Stunde der Herausforderung das Evangelium zu proklamieren hat.

Schon seit 1438 war das Verhältnis von König und Kirche eindeutig geklärt, und Franz konnte bei seinem Regierungsantritt daran anknüpfen: Der König hat das Recht, Bischöfe zu ernennen. Woran im Hochmittelalter deutsche Kaiser gescheitert waren, war in Frankreich durchgesetzt worden: Hier waren Krone und Kirche eins – man spricht hier vom „Gallikanismus". Das französische Parlament und die Universität („Sorbonne") von Paris, gelegentlich auf ihre Unabhängigkeit bedacht, wurde von Franz I. immer wieder unter die königliche Autorität gebeugt. Wenn der König, das Parlament (das sich sehr häufig mit religiösen und kirchlichen Fragen befasste) und die Universität wie ein Monolith auftraten, konnten neue Ideen mit aller Schärfe abgewiesen werden.

Und doch konnte ihr Eindringen in Frankreich nicht verhindert werden! Geistige Vorgänge und Ideen können zwar behindert, ja, sogar abgewiesen werden, aber sie können trotzdem auf geheimnisvollen Pfaden zu einzelnen Menschen oder zu bestimmten Gruppen und Zirkeln von Interessierten gelangen. Zudem muss man wissen, dass Franz I. eine in sich uneinheitliche, ja, hin- und herschwankende Persönlichkeit war und eine strenge Kirchlichkeit mit einer gewissen Offenheit für die Ideen der Renaissance und des Humanismus vereinen konnte. Seine gallikanische Kirche, die er fest im Griff behalten wollte, sollte sich durchaus in einem zeitgemäßen Gewand darstellen.

„Zurück zu den Quellen", lautete die Devise der europäischen Geistesbewegung des Spätmittelalters, genannt „Renaissance", auf Deutsch „Wiedergeburt". Aber das hieß auch: Der griechische Philosoph Aristoteles wird ebenso neu herausgegeben und ins Französische übersetzt und kommentiert, wie die Paulus-Briefe herausgegeben und kommentiert werden. „Humanismus", der sich mit der Idee der Renaissance verband, meint nicht Menschlichkeit im Sinne eines humanen Umgangs miteinander, sondern das Ernstnehmen des menschlichen Geistes, der von seinem Schöpfer in den Menschen gelegt ist, um die Wirklichkeit zu durchdringen, die Wahrheit zu erkennen und mithilfe dieser wahren Erkenntnis das Leben zu bewältigen. Vertreter dieser Geisteshaltung war in Frankreich in der infrage stehenden Zeit Jacques Lefèvre d'Étaples (ca. 1460–1536, latinisiert Faber Stapulensis).

Dieser war bei aller Bildung ein ehrlicher Mensch, der hindurchstieß zu einer Neuentdeckung der Rechtfertigung, wie sie der Apostel Paulus verkündigt. „Rechtfertigung durch den Glauben, die wirkt als das Licht, das die Finsternis vertreibt, und Rechtfertigung als das Feuer, das durch seine Wärme die Kälte verschwinden lässt", heißt es bei ihm. Hat d'Étaples Luther gelesen? Das ist schwer zu sagen, aber auszuschließen ist es nicht. Wenn eine Zeit reif ist für eine neue Erkenntnis, bricht diese an mehreren Stellen fast gleichzeitig auf, in unterschiedlicher Weise, manchmal behaftet mit Eierschalen, die man als störend empfindet. Bei Faber Stapulensis lief nämlich alles neu Erkannte auf eine durchaus innige Spiritualität hinaus, die man gemeinhin als „Mystik" bezeichnet. Wichtig für das Verständnis Calvins ist, dass zu den Männern, die sich der Reform der Kirche aus dem oben beschriebenen Geist der Renaissance und des Humanismus annahmen, auch Calvins Genfer Kollege Guillaume Farel (1489–1565) gehörte, und auch für Calvin selbst ist ein indirekter Einfluss dieser Reformkreise anzunehmen.

Doch halten wir bei diesen Milieuschilderungen der Zeit Calvins inne und schauen voraus auf das kommende Lebenswerk dieses Mannes. Eine durch den Geist Gottes anhand der Bibel gewirkte Glaubenserkenntnis ist immer gefärbt durch einen bestimmten Einfluss der jeweiligen Zeit. Es kommt darauf an, auf welche Weise ein Mensch diesen Einfluss in sich aufnimmt, ob er an bestimmte biblische Grundwahrheiten sozusagen „erinnert" wird, die er dann auf neue, eben zeitgemäße Weise zum Leuchten bringt, oder ob er in platter und unreflektierter Weise das Denken seiner Zeit auch in seiner Christlichkeit nur übernimmt. Bei Calvin ist Ersteres der Fall:

Zunächst fällt es im Werk Calvins auf, dass er im Unterschied zu Luther sehr oft und an zentralen Stellen von der „Regeneratio", einem anderen Wort für Wiedergeburt, und von den Christen als den „Regenerati" spricht. Nun heißt ja auch „Renaissance" „Wiedergeburt". Das, was die Gebildeten seiner Zeit in einem Sammelsurium von griechisch-römischer Antike *und* der biblischen Überlieferung zum Programm machten, stellte sich für Calvin als ein *ausschließlich* bibeltheologischer Vorgang dar. Er nimmt also das Schlagwort seiner Zeit auf, fasst die dahinterstehende Sehnsucht scharf ins Visier, aber füllt den Begriff mit gänzlich neuen Inhalten.

Von nicht weniger großem Gewicht ist Calvins Neufassung des Begriffes „Geist": Nach Meinung der Humanisten ist der Mensch als Geistwesen in der Lage, sofern er sich von den ihn einengenden Autoritäten löst, die Welt zu durchdringen und sie durch seine ihm eigenen Kräfte zu gestalten, also das zu vollziehen, was man heute Lebensbewältigung oder Daseinsgestaltung nennt. Dazu hat er von seinem Schöpfer einen *freien Willen* bekommen, er muss ihn nur noch einsetzen und darf dabei nicht zögerlich sein. Wir sehen: ein optimistisches Welt- und Menschenbild! Obwohl auf der anderen Seite der spätmittelalterliche Mensch etwas ahnt von dem unheimlichen Willen Gottes, der über dem

Weltganzen thront, versucht er trotzdem, die ihm zugestandene kleine Freiheit auszukosten und sich nicht gedankenlos dem Diktat einer autoritären Kirche zu unterwerfen.

Calvin nahm den Geist-Gedanken mit großer Wachheit auf. Es fällt auf, dass in seinem Werk der Geist Gottes eine stärkere Rolle spielt als im Werk Martin Luthers. Wer durch den Humanismus hindurchgegangen ist und diesen gleichsam als Luft einatmete, ist an der Stelle wachsam, wo es um des Menschen Geist geht. Das gilt für Zwingli, den Züricher Reformator, und Bucer, den Straßburger Reformator, in gleicher Weise. Calvin ist es, hierbei sicher von Bucer beeinflusst, der dem Geist des Menschen die alles entscheidende Befreiung durch den Heiligen Geist verkündigt. Nein, der Geist des Menschen ist nicht frei, sondern an seine Dunkelheiten versklavt, ist darum zutiefst unfrei – darin ist Calvin mit Luther zeit seines Lebens einer Meinung gewesen. Aber unser Geist wird durch den Heiligen Geist befreit, darum kann er freiwillig dem Wort und Gebot Gottes gehorchen. Darum kann er auch das öffentliche Leben gestalten; denn der Heilige Geist, der uns die Wohltaten Christi erfahrbar macht, führt uns zugleich in die Erkenntnis der Welt als Bühne und Schauplatz der Regierung Gottes. Calvin hat verstanden, was seine Zeitgenossen wollten, hat es aber in biblischer Verantwortung neu formuliert.

Die Humanisten sind Intellektuelle gewesen – gehört Calvin auch in diese Reihe? Er ist *ein glaubender Denker mit einem brennenden Herzen*. Er ist als Intellektueller kein kalter, berechnender Rationalist. Auch Erasmus von Rotterdam – Luthers großer Widerpart unter den Humanisten – war ein leidenschaftlicher Denker und war wie andere aus seinem Kreis von der spätmittelalterlichen kirchlichen Laien- und Frömmigkeitsbewegung der „devotio moderna" angetan, deren herausragender Vertreter Thomas von Kempen war. Das war eine Weise des Christseins, die in schlichter Art durch Übernahme der Regeln Jesu für eine Leidensnachfolge fromm sein wollte. Fromm sein hieß dort aber auch, konsequent sein. Was als die Härte im Charakter Calvins beschrieben wird, ist auf diese *konsequente Leidenschaft* zurückzuführen.

Calvin: ein glaubender Denker mit brennendem Herzen

Ein neuerer Biograf Calvins, Bernard Cottret, nennt ihn zwar einen Intellektuellen, gibt aber in einer Anmerkung die Beobachtung eines Forschers wieder, der in seinem, Calvins, Werk sehr viele Erkenntnisse des mittelalterlichen Mystikers und Kirchenpolitikers Bernhard von Clairvaux oder zumindest Anspielungen darauf wiederfindet. Man findet in der Tat bei ihm, der mit einer konsequenten Leidenschaft begabt ist, gelegentlich eine Zartheit bei der Betrachtung der Gotteswerke um ihn herum, die man nur als „Gottes-Minne" bezeichnen kann – genau das, was der große Bernhard seinem Jahrhundert verkündigt hatte. In diesem Zusammenhang ist auf etwas aufmerksam zu machen, das in das übliche strenge, um nicht zu sagen leblose Bild Calvins, das durch manche Bücher geistert, überhaupt nicht hineinpasst: die Dimension der *geistlichen Erfahrung*. Es leuchtet sofort ein, dass eine geistliche Erfahrung mit dem Heiligen Geist zu tun haben muss, der ja bei Calvin eine herausragende Rolle spielt. Aber diese innere Erfahrung hat bei aller Intimität des Glaubensverhältnisses nun nichts mit einem Verschmelzungserlebnis von Gott und Mensch zu tun. Calvins Auseinandersetzung mit dem Nürnberger Theologen Andreas Osiander ist diesbezüglich von großem Wert. Gerade heute gibt es durch die moderne religiöse Welle eine Menge von Versuchen, sich an das Göttliche durch bestimmte Übungen heranzudrängen. Calvin hilft uns hier zu einer präzisen Geisterunterscheidung.

Ohne Nachdenken kommt man auch bei Jesus nicht weiter, der ja gerade die Unmündigen seliggepriesen, sie aber nicht zur Denkfaulheit aufgerufen hat. Gegenüber den Schwarz-Weiß-Malern, die alles so einfach und so praktisch wie möglich haben wollen, hat Calvin das differenzierende Denken ins Spiel gebracht, das sich so zusammenfassen lässt: *Unterscheiden ja – aber nicht trennen.* Weil der Heilige Geist nach Paulus uns das Prüfen lehrt, lehrt er uns das Abwägen. Freilich: Es gibt in der Bibel ein Ja *oder* Nein, es gibt ein Entweder-Oder zwischen Gott und Satan. Aber nicht alles, was in der Bibel vorkommt, ist in dieses Ja oder Nein, Entweder-Oder hineinzupressen. Die Dinge, die verschieden sind, treten gerade dadurch in eine *Beziehung* zueinander oder, wie Calvin sagt, in eine *Gemeinschaft* (Communio) miteinander, wie sich besonders an der Dreieinigkeit von Vater, Sohn und Heiligem Geist zeigt. Calvin ist ein Feind aller falschen Vermischungen – hier kann man als heutiger Christ viel von ihm lernen, aber in gleicher Weise ein Feind aller falschen Trennungen. Dass er gerade von dieser Grundvoraussetzung her ein leidenschaftlicher ökumenischer Theologe war, viel mehr als es ein Martin Luther sein wollte und sein konnte, ist neu zu entdecken.

Möglicherweise haben ihm seine anfänglichen juristischen Studien geholfen, in dieser Art zu denken. Aber er hat auch die hochmittelalterlichen scholastischen Theologen gekannt, die immer auch zugleich Philosophen waren. Zutiefst aber hat ihn das Geheimnis der Person Jesu Christi zu diesem Denken inspiriert, so wie es auf dem Konzil von Calcedon Jahrhunderte vorher formuliert worden war: „Jesus Christus, wahrer Gott und wahrer Mensch": Jesus Christus ist wirklich Gott und wirklich Mensch („unterschieden"), aber gerade darum eine ganze, ungeteilte Person („ungetrennt"). Dieses Christus-Geheimnis hat Calvins Denken in allen Konsequenzen geprägt. Und dies hat seine praktische Frömmigkeit ebenfalls geprägt. Das wird sich besonders da zeigen, wo er „Rechtfertigung" und „Heiligung" sorgfältig voneinander unterscheidet, um sie gerade so wieder aufeinander zu beziehen.

II. Entwicklung und Charakter der Theologie und Frömmigkeit von Johannes Calvin

A. Calvins Werdegang bis zu seiner Bekehrung

Als Jean (oder Jehan) Cauvin wurde der Knabe in Noyon in der Picardie (Nordfrankreich) am 10. Juli 1509 geboren. Sein Vater war einer von den vielen Bediensteten am Bischofsstuhl und Verwalter der Finanzen des Domkapitels. Er sorgte dafür, dass schon der Zwölfjährige der Form nach als Kaplan an der Kathedrale der Stadt angestellt und einige Jahre später als Parochialgeistlicher in derselben Diözese bestallt und besoldet wurde. So machte man es damals: Hauptsache, die Pfründe war einigermaßen ertragreich. Eine theologische Qualifizierung konnte später folgen. Von der Mutter, einer geborenen Jeanne Lefranc, lernte er die strikte Unterordnung unter die katholische Kirche in praktischer Hinsicht – so veranlasste sie ihn zum Beispiel in jungen Jahren dazu, eine Reliquie zu küssen.

Der junge Calvin nahm die berufliche Festlegung für das geistliche Amt durch seinen Vater mit Ehrerbietung an und durchlief einige Vor-Schulen bis zum Beginn des eigentlichen akademischen Studiums. Zwei Stationen sind erwähnenswert, weil er mit seiner wachen Aufmerksamkeit schon bald in der Lage war, Impulse aus seiner Umwelt aufzunehmen und sie eigenständig zu verarbeiten. Da ist zunächst das Vierteljahr in Paris auf dem Collège de la Marche. Neben ersten Kenntnissen des Lateinischen durch den reformerischen Pädagogen Mathurin Cordier, dem Calvin 1550 seinen Kommentar zum ersten Thessalonicherbrief widmete, erhielt er hier zugleich von diesem eine lebendige Anschauung von der Lebensart der „Brüder vom gemeinsamen Leben" der schon erwähnten „devotio moderna": *Die Liebe zu Christus ist das Entscheidende des Glaubens.* Das war etwas anderes als das Küssen einer Reliquie, wozu ihn einst seine Mutter genötigt hatte. Ob das seinen Widerhall in Calvins Lehre von der Christusgemeinschaft gefunden hat? Ist nicht das Einssein mit Jesus Christus das Erfahren der Liebe des gegenwärtigen Herrn? Jedenfalls ist seitdem das Leben Cordiers mit dem Calvins verbunden. Von Calvin als Schulreformer nach Genf berufen, teilt er dessen Ausweisung aus der Stadt 1538 und wird 1559 mit einer leitenden Aufgabe an der Akademie in Genf betraut.

Einige Zeit länger war Calvin auf dem Collège Montaigu. Dort herrschte im Vergleich zum ersten Collège eine völlig andere Atmosphäre. Aber auch hier lernte er, sich das für ihn Wichtige anzueignen: ein Problem in Frage und Gegenfrage aufzugliedern, so wie man im hohen Mittelalter philosophische und theologische Angelegenheiten bearbeitete. Diese formale Schulung half ihm später, sich mit seinen Gegnern brillant und überzeugend auseinanderzusetzen. Er lernte, die Dinge auf den Punkt zu bringen und bei jeder Diskussionsrunde den roten Faden zu behalten. Was man heute meistens abschätzend den „Intellektualismus" Calvins nennt, ist eben seine Fähigkeit, Probleme zu durchdringen und sie geordnet darstellen zu können. „Rhetorik" und „Logik" nannte man das in der mittelalterlichen Studienordnung, also die Fähigkeit, sich überzeugend, also logisch, auszudrücken. Übungsobjekte waren die überkommenen Philosophen und mittelalterlichen Theologen. Calvin besaß ein phänomenales Gedächtnis. Was er sich bis in die Nächte hinein erarbeitete, das wiederholte er für sich am nächsten Morgen und überdachte es erneut. Dabei konnte er vor lauter Lerneifer auch Mahlzeiten auslassen, und es ist möglich, dass die körperliche Schwäche seiner späteren Jahre auf seine nicht immer gesunde Lebensweise in seinen Studienjahren zurückzuführen ist. Ist es der Ehrgeiz, der einen jungen Intellektuellen in pausenloses Studieren treibt? Ist es die Großartigkeit der Sache, die von einem Studenten alles, auch das Letzte, verlangt?

Eifriger Schüler mit phänomenalem Gedächtnis

Die Präzision des Denkens ist bei Calvin – und das ist typisch für ihn – gekoppelt an eine *Präzision der Lebensführung* in geistlicher Hinsicht. Heute spricht man gerne von der „Ganzheitlichkeit" des Christseins. Schlimm wäre demnach ein Leben, bei dem sich das Verhalten nicht mit dem deckt, was der Geist erkannt hat. Calvin war, schon in seiner katholischen Epoche, insofern ein „ganzer Christ". Theodor Beza, sein Nachfolger in der späteren Genfer Akademie, spricht in seiner

Biographie von ihm als einem „accusativus" und einem „vitiorum censor", also einem Menschen, der bei bestimmten Dingen den Finger erhebt und Vorhaltungen macht. Calvin hatte genaue ethische Maßstäbe, die er auch an seine Mitstudenten anlegte. Hier entwickeln sich schon keimhaft die beiden Grundpfeiler seiner Theologie und kirchlichen Praxis: „doctrina" (Lehre, Erkenntnis) und „disciplina" oder „pietas" (Frömmigkeit). Offensichtlich hatte sein Cousin Robert Pierre (Olivetanus) ihm einige Anstöße aus der lutherischen Bewegung gegeben, doch Genaueres ist nicht auszumachen.

Das ihm von seinem Vater auferlegte Studium der Jurisprudenz – anstelle der Theologie – nahm Johannes gehorsam auf und stellte es erst nach dem Tod des Vaters wieder ein, und natürlich absolvierte er es mit dem schon bekannten Eifer. Man kann vermuten, dass die elementaren Kenntnisse des Juristischen ihm später bei der Organisation der Kirche in Genf halfen – ein Beispiel dafür, wie ein Mann alles das, was er gelernt und studiert hat, in den Dienst der Sache Gottes und seiner Kirche stellt. Nach den vorbereitenden Studien und dem Tod des Vaters im Jahr 1531 beschließt Calvin nun endgültig, sich nicht dem geistlichen Amt, auch nicht einer juristischen Tätigkeit zu widmen, sondern – mit noch undeutlichem Berufsziel – sich voll und ganz den humanistischen Studien zu widmen und verschafft sich auf dem Pariser Collège Royal tiefere Kenntnisse der drei klassischen Sprachen Griechisch, Lateinisch und Hebräisch. Dort kam er ganz in den Einflussbereich religiöser Humanisten wie eines Lefèvre, die auch die Bibel lasen und sich mit den Schriften des Ketzers Martin Luther befassten. Dennoch gelingt ihm nicht so ganz, sich in die Welt der Wissenschaft einzuführen, wie er sich das dachte. Seine Erstlingsschrift, ein Kommentar zur Schrift „De clementia" des römischen Philosophen Seneca, in der dieser versucht, den ungebändigten Kaiser Nero zu einer neuen Geisteshaltung, eben der „Sanftmut", zu führen, findet nicht die Annahme in den Kreisen der Humanisten, die Calvin sich gewünscht hat. Diese Schrift bindet in großer Geistesschärfe all das zusammen, was er sich bis dahin erarbeitet hat – aber warum wird sie übersehen?

Calvin scheint etwas zu dämmern, was bald in großer Klarheit in sein Leben treten wird: Er steht unter der Führung eines größeren göttlichen Gedankens, als er bisher wahrzunehmen vermochte. Was er später

„Vorsehung" nennen wird, und – aus diesem abgeleitet – „ewige Erwählung", greift zwar nicht zu einer datierbaren Stunde, wohl aber in einer Zeit, da er nicht frei von inneren Erschütterungen war, nach seinem Leben. Wir hören Calvin selbst, und zwar anhand von drei Selbstzeugnissen zunächst aus der Vorrede zu seinem Psalmenkommentar von 1557 als dem ausführlichsten Text, sodann aus seinem Brief an Sadoleto und schließlich aus der Institutio von 1559.

Als er den Vater bezüglich des neuerlich aufgenommenen Jurastudiums informierte, heißt es in der Vorrede zum Psalmenkommentar, geschah Folgendes:

Dennoch bog Gott meinen Weg durch den verborgenen Zügel seiner Vorsehung schließlich anderswohin ... Und da es sich zunächst so verhielt, dass ich dem Aberglauben des Papsttums derart zugetan war, dass es recht schwierig war, mich aus solch tiefem Sumpf herauszuziehen, hat er mein Herz, das für sein Alter schon allzu sehr verhärtet war, durch eine plötzliche Bekehrung gelehrig und gefügig gemacht (lat. subita conversione docilitatem subegit). Nachdem ich nun mit der wahren Frömmigkeit bekannt geworden war und etwas Geschmack daran gefunden hatte, entflammte mich ein solcher Eifer, darin vorwärts zu kommen, dass ich, obwohl ich die anderen Studien keineswegs aufgab, mich doch weniger fleißig damit beschäftigte. Ganz verblüfft war ich, dass, noch ehe das Jahr um war, alle diejenigen, die nach der reineren Lehre Verlangen trugen, zu mir kamen und von mir lernen wollten, der ich doch selber noch am Anfang stand. (Übers. d. lat. Textes nach van't Spijker, *Calvin*, 115f.)

Wir wollen auf das Selbstzeugnis Calvins sorgfältig hören:
* Die Umkehr zu Gott, die er hier vollzieht, wird durch Gottes verborgenes, dem Menschen unbewusstes Wirken vorbereitet.
* Zu solcher Vorbereitung gehört auch, dass Gott einen von ihm später Berufenen erst die von ihm gewählten Wege so weit gehen lassen kann, bis er mit einem Mal sein Verstricktsein in sie wahrnimmt.
* Der Grad der Verstrickung bedingt offensichtlich die Abruptheit der Hinwendung zu Gott, die eher ein Herausgerissenwerden aus dem Alten als eine freie Entscheidung für das Neue ist.
* Inwieweit die Plötzlichkeit der Bekehrung in das subjektive Erleben hineinspielt bleibt verborgen – die Verborgenheit des vorbereitenden Wirkens Gottes gilt auch für das spezielle Neuwerden eines Menschen; hier ist nicht weiterzubohren.

- Zum Glauben kommen heißt für Calvins ganzes Leben und seine kommende Lehrtätigkeit: sich Gott unterwerfen. Das, was man Herrschaftswechsel nennt, ist hier gemeint. Dass diese Unterwerfung unter Gott von diesem *erzwungen* wird, wird aber von dem also Bezwungenen nicht als Gewalttat, sondern als Befreiung erfahren – dafür gibt es in Calvins Schriften viele Beispiele.
- Wichtig ist für den Typ des Christseins, der mit Calvin in die Christenheit eingespeist wird, dass der Bekehrte weiter ein Lernender ist und das Fortschreiten in diesem Lernen von Bedeutung ist. So wird Calvin später von der Wiedergeburt als einem Geschehen sprechen, das nur darum Realität hat, insofern es eine weitergehende Geschichte in den Glaubenden hervorbringt.
- Die Beschäftigung mit wahrer Frömmigkeit kann nur mit brennendem Eifer betrieben werden. Zu beachten ist, dass Calvin, dem die Lehre als Verkündigung (doctrina) am Herzen liegt, in der wahren Frömmigkeit (vera pietas) den Dreh- und Angelpunkt alles Kommenden sieht.
- Kurz: *Bekehrung ist Berufung zu einem Leben mit Gott.*
- Die Echtheit der Bekehrung erweist sich an den Früchten. Indem er ungesucht zum geistigen Quellort für andere Gottsucher wird, zeigt sich, dass in Calvin etwas Echtes angefangen hat. Calvin wird später sagen, dass man aus den guten Früchten auch für sich selbst die Echtheit des wahren Glaubens im Nachhinein erkennen kann.

Es ist sicher richtig, wenn man die „plötzliche Bekehrung" Calvins einen theologischen Begriff genannt hat, mit dessen Hilfe er in seinen späteren Jahren Rückschau gehalten hat auf den Beginn seiner Tätigkeit. Nur sollte man daraus nicht die Folgerung ziehen, dass die *Tatsache eines radikalen Neuanfangs* für Calvins Leben keine grundlegende Auswirkung gehabt hätte. Dass sowohl Martin Luther wie Johannes Calvin einen solchen Schritt der Entscheidung vollzogen haben, weist lutherische wie reformierte Kirchen auf eine grundlegende Wahrheit hin: *Es gibt kein Christsein ohne Entscheidung.* Bei Luther ist es das Wunder der schenkenden, das heißt ihn, den verlorenen Sünder, vor Gottes Thron gerecht machenden Gottesgerechtigkeit, das ihm das Wunder der geist-

Bekehrung ist Berufung zu einem Leben mit Gott.

lichen Wiedergeburt bescherte. Bei Calvin ist es die viel herbere Gewalt des berufenden Gottes, der ihn mit Macht von der falschen Religion wegzieht und seinen harten Geist unter die Herrschaft des Evangeliums stellt. Beide Weisen der Bekehrung sind letztlich nicht als Gegensätze zu sehen, sondern beruhen auf den vielfältigen Möglichkeiten des handelnden Gottes.

Eine weitere Erwähnung dieser persönlichen Umkehr zum Gott des Evangeliums finden wir in einem Brief an Kardinal Jacopo Sadoleto (Sadolet) (1477–1547) aus dem Jahr 1539, der im Zusammenhang der Vertreibung Calvins und seiner Kollegen im Jahr 1538 versuchte, den Genfern die Rückkehr zum Katholizismus wieder schmackhaft zu machen. Papst Paul III. befahl dem oben genannten Kurienkardinal, der Genfer Bürgerschaft einen Brief zu schreiben, in dem dieser die Wiedereinführung des Katholizismus mit werbenden und dringlichen Worten ans Herz legen sollte. An sich war Sadolet der Vertreter einer humanistischen Reform, der durchaus von einem kommenden Konzil die Bereinigung aller strittigen Fragen erwartete und einen auf Versöhnung angelegten Stil pflegte – so schien es jedenfalls im ersten Augenblick.

Im evangelischen Bern hatte man erkannt, dass nur ein Johannes Calvin in der Lage war, dieser schmeichlerischen Werbeschrift Paroli zu bieten. Dieser durchstößt in seiner Entgegnung (CStA 1.2, 337 ff.) dessen warme Worte der Werbung an die Stadt Genf und sieht sofort zwei Hauptvorwürfe, die miteinander verknüpft sind: Die reformatorische Lehre von der Rechtfertigung ohne Werke allein aus Glauben verderbe erstens die Sitten der Menschen und sei zweitens überhaupt zu dem Zweck konzipiert worden, die Einheit der Kirche zu zerstören. Evangelisch sein soll also mit Vernichtung der von Gott gesetzten Einheit der Kirche verbunden sein, meint Sadolet!

In diesem Brief interessieren uns nur die Einblicke, die uns Calvin in die äußeren und inneren Umstände seiner Bekehrung gewährt. Interessant ist, dass er sie im Antwortbrief an Sadolet als Gebet ausspricht. Auseinandersetzung mit Gegnern des Evangeliums ist hier eine Sache des Gespräches mit Gott! Weiter ist aufschlussreich, dass Calvin die Rechtfertigungslehre nicht einfach abstrakt formuliert, sondern sie in einem vom erzählenden Lobpreis der herrlichen Taten Gottes geprägten

Bericht darlegt. Bekehrungsberichte müssen also keineswegs peinliche intime Enthüllungen sein, sie sind vielmehr auch *Hymnen an Gott*.

Der Text in Auszügen:

(1) Herr, wie ich von Kind auf gelehrt worden war, habe ich mich immer zum christlichen Glauben bekannt. Von diesem Glauben aber hatte ich anfangs keinen anderen Begriff als den, der sich damals allenthalben durchgesetzt hatte. Dein Wort hätte Deinem ganzen Volk wie eine Fackel voranleuchten sollen. Und damit ja niemand Sehnsucht nach mehr Licht bekäme, hatte sich in allen Herzen die Überzeugung festgesetzt, die Erforschung dieser verborgenen, himmlischen Weisheit bleibe am besten einigen wenigen überlassen, von denen man dann Orakelsprüche einholen könnte: Für den gemeinen Verstand schicke sich kein tieferes Verständnis als zur gehorsamen Unterwerfung unter die Kirche.

(2) Die Bruchstücke (lat. rudimenta) aber, in die man mich eingeweiht hatte, waren derart dürftig, dass sie mich zur rechten Verehrung Deiner Gottheit nicht anleiten konnten. Weder ebneten sie mir den Weg zu einer zuversichtlichen Hoffnung auf mein Heil noch bildeten sie mich zur Führung eines christlichen Lebens heran. Dich als meinen Gott zu verehren, hatte ich wohl gelernt; da mir das rechte Verständnis (lat. ratio) dafür gänzlich fehlte, stolperte ich gleich beim ersten Anlauf.

(3) Ich glaubte, wie man mich gelehrt hatte, dass ich durch den Tod Deines Sohnes von der Fessel des ewigen Todes erlöst sei. Doch diese Erlösung war mir ein Traumbild, dessen Wirklichkeit (lat. virtus) nie bis zu mir gelangte.

(4) Ich erwartete den kommenden Tag der Auferstehung, doch ich dachte daran mit Schaudern wie an das schwärzeste Unheil. Und dieses Empfinden (lat. sensus) war mir nicht etwa privat zu Hause eingepflanzt worden, ich hatte es vielmehr als Lehre in mich aufgenommen, die damals von den Lehrern der Christenheit allem Volk weitergegeben wurde: ... nur der werde von Dir in Gnaden aufgenommen, der sich durch seine Werke mit Dir ausgesöhnt hätte.

(5) Obwohl ich mich mit all diesen Dingen nach Kräften abgegeben habe, kam ich doch keineswegs zur Ruhe, sondern war denkbar weit entfernt von dem Frieden eines guten Gewissens (lat. aberam a certa conscientiae tranquilitate). Sooft ich mich nämlich in mich selbst vertiefte oder mein Herz zu Dir erhob, ergriff mich ein tiefes Entsetzen, das keine Sühne und Wiedergutmachung heilen konnte.

(6) In der Zwischenzeit war eine gründlich veränderte Form der Lehre entstanden, die uns nicht vom christlichen Bekenntnis abzog, sondern die das Bekenntnis an seine Quelle (lat. ad suum fontem) heranführte und wie von Schlacken

befreit in seiner ursprünglichen Reinheit wiederherstellen wollte. Befremdet von dieser Neuerung, wollte ich ihr mein Ohr kaum leihen und habe ihr – ich gestehe es – anfangs tapfer und mutig widerstanden, zumal (da die Menschen von Natur aus eigensinnig und halsstarrig sind und die einmal bestehende Ordnung aufrechterhalten wollen) ich mich nur mit Mühe zu dem Eingeständnis bewegen ließ, ich hätte mein ganzes bisheriges Leben in Irrtum und Unwissenheit verbracht. Und besonders eines hinderte mich daran, jenen Leuten zu glauben: meine Ehrfurcht (lat. reverentia) vor der Kirche.

(7) Aber nachdem ich einmal meine Ohren geöffnet und mir die Belehrung hatte gefallen lassen, erkannte ich wohl, dass meine Befürchtung, es könnte die Hoheit der Kirche geschmälert werden, völlig überflüssig war. Denn sie gaben mir den großen Unterschied zu bedenken, ob einer sich von der Kirche trennt oder ob er sich müht, sie von ihren Lastern zu reinigen, mit denen sie sich selbst befleckt hat. In herrlichen Worten redeten sie von der Kirche, legten höchsten Eifer an den Tag, ihre Einheit zu bewahren.

(8) Und als sich mein Geist nun zu ernsthafter Aufmerksamkeit bereit fand, da merkte ich erst, wie wenn mir jemand plötzlich ein Licht aufgesteckt hätte (lat. tanquam illata luce), in was für einem Sumpf von Irrtümern ich mich gewälzt hatte, mit wie viel Schmutz und Flecken ich daher verunstaltet war. Tief bestürzt über die Erkenntnis des Elends, in das ich gefallen war, und viel mehr noch dessen, das mir drohte – des ewigen Todes – tat ich, was meine Pflicht war, hielt ich nichts für dringlicher, als unter Seufzen und Tränen über meine bisherige Lebensführung den Stab zu brechen und mich auf Deinen Lebensweg zu verpflichten. Und nun, Herr, was bleibt mir Elendem anderes übrig, als Dir statt einer Verteidigung die Bitte vorzulegen, Du mögest mir diesen schrecklichen Abfall von Deinem Wort nicht zurechnen, aus dem Du mich ein für alle Mal (lat. semel) durch Deine wunderbare Güte als Dein Eigentum befreit hast.

Folgende Linien möchte ich bis in unsere Situation hinein ausziehen:
• Calvin ist ein Vertreter derjenigen Gruppe von Menschen, die eine christliche Erziehung und eine entsprechende kirchliche Unterweisung genossen haben. Wir sagen zwar mit Recht, dass das Problem heutiger Menschen nicht deren mangelhafte Erziehung im christlichen Glauben, sondern ihre absolute Unkenntnis der Glaubensinhalte, ja, sogar ihr Desinteresse an ihnen sei, doch man soll sich nicht täuschen: Auch der gottferne Mensch hat rudimentäre, wenn auch meist verschrobene Kenntnisse von Gott und seiner Wirklich-

keit. Man muss einem Menschen nicht erst einmal den Glauben absprechen, um ihn – den absoluten Heiden – dann zum Glauben zu führen, sondern wir sollten fragen: „Wo ist dir Gott schon einmal begegnet?" Die allermeisten wissen darauf etwas zu sagen. So hat auch Calvin eine ganze Menge zu sagen gewusst. Doch dann taten sich für ihn zwei miteinander verknüpfte Schwierigkeiten auf: die Erfahrung seiner Inkompetenz, in den Sachen des Glaubens weiterzukommen, weil diejenigen, die eigentlich zu dessen Vermittlung berufen sind, die Quelle des Evangeliums derart verstellen, dass es zu einer inneren Verkümmerung kommt und dass deshalb der Rest des Glaubens auf die Dauer vergeht. Anders gesagt: Wie Calvin bezeugt, fehlt es an der *Erfahrung des Ankommens der Botschaft des Evangeliums im Leben.* Reformation bedeutet: Beseitigung des Schuttes, der einem Menschen die konkrete Begegnung mit dem Evangelium verwehrt. Reformation meint nicht: Infragestellung der Grundsubstanz der Kirche durch einen gänzlich neuen Entwurf des Glaubens. Wir werden sehen, dass bei dem Thema der *Gestaltung* des Lebens auch später der Hauptakzent des Wirkens des Genfer Reformators liegt (und nicht, wie bei Luther, bei dessen *Begründung*).

- Des Weiteren ist ein Hinderungsgrund für eine Befestigung des Glaubens, so wie es Calvin in seinem sehr offenen Gebet darstellt, die Einbindung der Gnade Gottes in die menschliche Leistung. Die

Gestaltung des Lebens und Befestigung des Glaubens

Lehre der katholischen Kirche sagte (und sagt es heute immer noch), dass zwar die Vergebung der Sünde allein aus Gnade geschehe, dass aber die Gemeinschaft der Kirche, die durch jede geschehene Sünde verletzt worden sei, eine Genugtuung fordere, und wenn diese nicht geschehe, der betreffende Mensch (bis nach seinem Tod) in einem Bann stehe. Mit dieser gesetzlichen Verquickung des Evangeliums haben sich natürlich die Amtsträger unentbehrlich gemacht, sie sitzen dem Delinquenten permanent im Nacken. Diese Art der Gesetzlichkeit verhindert prinzipiell die getroste Gewissheit des Glaubens. Calvin – darin mit Luther völlig eins – sieht das Wesen der Reform der Kirche an dieser Stelle in der strikten Trennung von Gesetz und Evangelium.

- Doch gerade Calvin war es – darin wieder unterschieden von Luther –, der über *Verbindlichkeit und Gehorsam* ganz neu nachdachte. Wenn der Mensch schon durch kein Werk sich Gott angenehm machen kann, so kann er doch eines: in der Kraft des Heiligen Geistes *sich selbst Gott zum gehorsamen Opfer darbringen.* Das ist das Geheimnis der Bekehrung Calvins. Gott will nicht *etwas,* er will *uns ganz.* Keiner kann seine Bekehrung vorbereiten oder sich in Richtung auf Gott disponieren. Aber eines ist möglich: Den Geist „zu ernsthafter Aufmerksamkeit bereit" machen – das ist kein eigenmächtiges Werk, sondern die Wirkung eines plötzlich aufgesteckten Lichtes. Dieses Licht wiederum lässt das eigene Leben in schonungsloser Offenheit vor Gott erscheinen: Schmutz erscheint als Schmutz, und sei der Charakter noch so edel. Das Seufzen und die Tränen sind keine sentimentalen Erregungen, die wieder abklingen, sie zeigen das Stehen vor dem Richterstuhl Gottes an, was etwas gänzlich anderes ist als die drohend eingebläute Furcht vor dem Jüngsten Tag, von der Calvin aus seiner Frühzeit zu sagen weiß. Bekehrung ist Abkehr vom falschen Weg und erschöpft sich nicht in der Reue über falsche Wege. Calvin wird später über dieses erleuchtende Licht noch viel zu sagen wissen.

- Bekehrung ist nicht nur eine rein individuelle Angelegenheit und meint auch nicht den Übertritt in eine neue (ideale) Gemeinschaft. Gerade heute, wo man die Zugehörigkeit zu einer Kirche oder Gemeinde ins Belieben stellt und die Zugehörigkeiten je nach Geschmack wechselt, ist Calvins Ringen an dieser Stelle von exemplarischer Bedeutung. Bekehrung zu Christus und zu seinem Wort kann nie gegen, sondern immer nur *für* die Kirche als Gesamtleib Jesu Christi geschehen. Sie kann niemals das Geschehen einer einsamen Seele mit ihrem privaten Christus sein. Kirche ist immer die Christenheit als Ganze. Calvin erklärt dem Kardinal ganz offen, dass hier sein langes Zögern seinen Grund gehabt hat. Er musste sich klarmachen, was die „Erfurcht vor der Kirche" in dem Augenblick für ihn bedeutete, als ihm bewusst wurde, dass die ihm vorgegebene Kirche an vielen Stellen – nicht an allen! – im Irrtum war. Sollte er sich grollend dennoch fügen und auch die Missbräuche einfach geduldig hinnehmen? Das konnte er ebenso wenig wie Luther. Denn über der

Autorität der Kirche steht für ihn die Autorität des Wortes Gottes. An dieser Stelle musste er *unterscheiden, nicht trennen:* Hätte er Wort Gottes und Kirche prinzipiell getrennt, hätte er den Weg in die Separation gehen müssen. Das konnte und wollte er nicht. Aber Kirche und Wort Gottes zu identifizieren, war auch nicht möglich. Das Unterscheiden bedeutete praktisch für ihn: Er musste scharf protestieren, zugleich aber seinen Kontrahenten klarmachen, dass er die Einheit der Kirche damit nicht zerstörte, sondern förderte. Dass seine Gegner dies nicht akzeptieren konnten oder wollten, gehört zum grundsätzlichen Leiden der Reformatoren. Denn die andere Seite verstand elementare Kritik als Separation.

• Inwieweit die Bekehrung zu Christus die Einheit der Kirche fördert und nicht stört, wird uns klar, wenn wir später von Calvins Neufassung der Rechtfertigungslehre als Christusgemeinschaft hören. Denn die Christusgemeinschaft ist alles andere als das private Verhältnis eines Einzelnen zu Christus, sie ist vielmehr das Ferment der Einheit der Kirche.

Calvins persönlicher Werdegang hatte also in einem entschiedenen Umkehrschritt seinen ersten Höhepunkt erreicht. An dieser Stelle sei als Zusammenfassung das Resümee wiedergegeben, das Willem van't Spijker in seiner knappen Studie zum Leben und Wirken Calvins geschrieben hat:

Calvins Entscheidung stand 1534 fest. Sie war keine Entscheidung gegen die Kirche. Im Gegenteil, sie zwang ihn, sich für eine Reformation der Kirche gemäß dem Wort einzusetzen, dessen Bedeutung ihm mehr und mehr aufging. Auf diesem Wege gab es für ihn keine Umkehr. Tatsächlich bedeutete diese *conversio* nicht nur einen Bruch mit Rom. Sie implizierte auch eine Distanzierung vom religiösen Humanismus. In seiner Bekehrung hatte Calvin die überwindende Macht von Gottes Vorsehung kennengelernt. Gott selbst hat die Zügel ergriffen, die fortan sein Leben lenken sollten. Calvin erfuhr seine Bekehrung als Erlebnis. Das Gewissen, bedrückt von der Sünde, fand Freiheit in der vergebenden Gnade (van't Spijker, *Calvin*, 119).

Der nächste Abschnitt wird zeigen, wie die *Bekehrung* Calvins zur *Berufung* für einen bestimmten Dienst in der Kirche führt. Evangelisch sein heißt also: Aus dem persönlichen Christus-Verhältnis muss ein konkreter Dienst in der Kirche erwachsen. An Calvin kann man ein Zweifaches lernen: Zum einen gibt es so etwas wie ein „Noviziat", also eine Zeit der Vorbereitung, auch der Vor-Arbeiten, der Vor-Übungen, in denen die kommende Berufung sich schrittweise – dem Betreffenden aber verborgen – durch die Weisheit Gottes formt. Zum anderen lernen wir aus der Geschichte Calvins: Man kann sich nicht selbst berufen, sondern *wird* berufen, was nicht unbedingt immer nach dem Geschmack des zu Berufenden geschieht. Zu dem, wozu Calvin dann in Genf berufen wurde, hatte er überhaupt keine Lust und Neigung und fühlte sich bezüglich der von ihm erwarteten Aufgabe überfordert. Und dennoch: Das alles war Gottes Lebensplan, wie man heute sagt – Calvin nannte das Gottes Vorsehung.

B. Von Calvins Bekehrung (1532–34) bis zu seiner Berufung nach Genf 1536

1. Die Ereignisse in Paris am 1. November 1533 und ihre Folgen

Wir haben Johannes Calvin zuletzt begleitet in die Pariser königliche Akademie, wo wir ihn studierend im Kreis der reformerischen Humanisten finden. Lefèvre d'Étaples war stets auf Vermittlung aus, doch sein Schüler Calvin löste sich allmählich vom Katholizismus und auch vom reformerischen Humanismus. Aber zunächst fällt sein sich abzeichnender Sinneswandel nicht weiter auf. Er scheint im Augenblick noch vorsichtig zu sein. Es gab im Kreis dieser Reformer auch Männer, deren Gemüt heißsporniger gewesen war, die sich dem milden und versöhnlichen Geist Lefèvres auch entziehen konnten, und die die reformatorischen Vorgänge in Wittenberg und Zürich sehr engagiert beobachteten. Aber das konnte gefährlich werden. Unter diesen jüngeren Studenten findet sich, wie schon erwähnt, auch Guillaume Farel, Calvins späterer Mitarbeiter in Genf. Diesem wird der Boden in Paris dann doch zu heiß, sodass er sich ins sichere Basel begeben muss. Aber diejenigen Reformer, die in Paris blieben, nutzten eine Abwesenheit von König Franz I. im Jahr 1533, um kräftig die Thesen einer Erneuerung der Kirche aus dem Geist des Humanismus in Paris öffentlich zu vertreten.

In diesem Geist hielt am 1. November 1533 einer aus dem Kreis der Reformer, der designierte Rektor der Sorbonne-Universität, Nicolas Cop, vor hohen staatlichen und kirchlichen Würdenträgern eine Rede in der Form einer Predigt über Matthäus 5. Diese Rede ist für eine Darstellung von Leben und Wirken Calvins deswegen von Bedeutung, weil er in irgendeiner Weise an ihrer Abfassung beteiligt gewesen ist – wie, darüber gibt es unter den Historikern eine nicht enden wollende Diskussion. Ob Calvin der Autor der Rede oder wenigstens von Teilen davon gewesen ist, ist letztlich auch deswegen nicht von allzu großer Bedeutung, weil der Austausch unter den reformerischen Humanisten, denen Calvin äußerlich in dieser Zeit immer noch angehörte, gegeben war. Auch für Calvin wurde es wegen der Entrüstung, die diese Rede an der Universität auslöste, in Paris zu gefährlich, sodass er die Hauptstadt verlassen musste. Man kann daraus schließen, dass die Anklage vor dem König wegen Ketzerei, die Cop widerfuhr, ihn selbst auch betraf und daher seine Mitverfasserschaft in irgendeiner Weise durchaus wahrscheinlich ist.

Calvin musste sein Vaterland für den Rest seines Lebens verlassen (bis auf einen kurzen Besuch wegen der Regelung familiärer Angelegenheiten). Cop kehrte nach einem kurzen Aufenthalt in Basel nach Paris zurück, wo er zwei Jahre später wieder in der Liste der Unterrichtenden an der medizinischen Fakultät zu finden ist. Nie hat Martin Luther sein angestammtes Sachsen verlassen müssen, wenngleich er im übrigen Deutschen Reich unter der Reichsacht stand. Die Heimatlosigkeit Calvins hat Auswirkungen auf seine Theologie gehabt, ja, Calvins Theologie ist ein Trost- und Vergewisserungsunternehmen für verfolgte und heimatlose Christen gewesen und wird dies auch heute wieder werden können, wenn die Christenheit eine verfolgte Minderheit wird.

Calvins Theologie: Trost und Vergewisserung für verfolgte Christen

Wir wollen einige markante Aussagen aus der Kop-Rede (CStA 1.1, 1ff.) betrachten, weil sie ein Zeichen dafür sind, dass Calvins innere Umkehr nunmehr den Bereich des Privaten verlässt und die Öffentlichkeit erreicht. Mit dieser Rede, die auch Calvins Bekenntnis ist, wird die innere Entscheidung für die Einzigartigkeit Jesu Christi endgültig – auch das wird Calvins Theologie fortan prägen.

Zunächst nennt Cop das, was das Evangelium meint, eine christliche Philosophie:

Denn wenn die Erquickung des Geistes und die Ruhe vor Sorgen gesucht wird, was ja zum guten und glücklichen Leben dient, dann taugt dazu die christliche Philosophie bestens. Sie zügelt die turbulenten Bewegungen der Seele wie mit einem Halfter.

Die humanistischen Reformer sprachen also, ganz offensichtlich im Gegensatz zu ihren säkularen Nachfahren, ein sehr persönliches Problem an: dass sie nämlich ihr inneres, von Affekten bestimmtes Leben nicht in den Griff bekamen:

Wenn wir die übrigen Künste und Wissenschaften, die Naturwissenschaft und die Sittenlehre wegen ihrer Nützlichkeit loben und bewundern, so bleibt doch zu fragen: Was kann denn von dem allen mit dieser Philosophie verglichen werden, die den Willen Gottes darlegt, der von allen Philosophen je und je erforscht, aber nie ergründet wurde? Nämlich dass allein die Gnade Gottes die Sünden vergibt und dass der Heilige Geist, der die Herzen aller heiligt und das ewige Leben bringt, allen Christen verheißen ist.

Hier wird die helle Stimme der Reformation, wie sie Luther erhoben hat, hörbar. Natürlich konnten alle Anwesenden der „Gnade" zustimmen, aber so einfach, wie der Redner es ausspricht, ist es doch wohl nicht: „Wo bleiben die Gnadenmittel der Kirche?", werden die gebildeten Hörer gedacht haben. Aber dann muss die Aufregung größer geworden sein, als Cop fortfährt:

Das Evangelium ist also die gute Botschaft und die heilbringende Predigt von Christus, dass er von Gott dem Vater gesandt sei, um uns allen zu helfen und uns das ewige Leben zu vermitteln. Das Gesetz ist in Vorschriften gefasst; es droht und zwingt, und es verheißt keine Gnade. Das Evangelium dagegen wirkt nicht mit Drohungen und auferlegt keine Gebote, sondern es lehrt Gottes Güte uns gegenüber. Wer also das Evangelium rein und ehrlich auslegen will, der muss alles an der Beschreibung des Gesetzes und des Evangeliums ausrichten.

Ist nicht die Gnade Gottes auch in den Gesetzen der Kirche zu finden? Cops eindeutige Aussagen rufen Widerstand hervor. Wieso muss das Evangelium reine Gnade sein, die mit dem Gesetz nichts zu schaffen hat? Ruft das nicht leichtsinnige Gläubige hervor? Calvin, der in irgendeiner Weise hinter dieser aufrüttelnden Rede stand, teilte also den

Unterschied zwischen Gesetz und Evangelium. Das ist das eine. Das andere aber ist dies: Calvin wird bald noch genauer nachdenken über das Zueinander (nicht Miteinander) von Gesetz und Evangelium: dass das Gesetz in sich eine verborgene Ankündigung des Evangeliums enthält und dass das Wort Gottes und der Heilige Geist uns zum konsequenten Gehorsam führen. Denn Calvin hat schon früh erkannt, dass auch der aus dem Geist Gottes Wiedergeborene die Weisung Gottes nötig hat. Die Frage ist nur, auf welche Weise ihn die Forderungen Gottes *erreichen*, sodass er sie mit fröhlichem Herzen tut, also dem Evangelium und nicht dem Gesetz Gehorsam leistet. Werden dann die, die jetzt bei der Rede von Cop innerlich protestieren, zufrieden sein?

Nikolas Cop redet prophetisch über die kommende Verfolgung derer, die am reinen Evangelium festhalten. Er nennt die Widersacher nicht bei Namen, doch wer in jener illustren Versammlung aufmerksam zuhörte, wusste sofort, dass das nur die verfasste Kirche sein konnte. Doch mitten in der Verfolgung gibt es neues Leben, sagt Cop weiter, ja, eine neue Lebensstruktur für die, die ganz neu anfangen und dem Evangelium treu bleiben wollen. Auch darin ist Cop – und Calvin mit ihm – prophetisch: Die kommende Kirche ist eine sich neu organisierende und eine (mit heutigen Vokabeln ausgedrückt) missionarische Kirche. Sie wird eine Kirche sein, die sich um Heiligkeit bemüht, die gerade so den Widersachern den Wind aus den Segeln nehmen wird. Hören wir wieder diesen mutigen Mann:

Wissen wir denn nicht, ihr Männer, ihr Brüder, dass wir alle einmal vor den Richterstuhl Christi treten werden? Wenn wir das wirklich verstünden, dann stützten wir uns allein auf die Frömmigkeit, allein auf den Geist. Dann würden wir uns freuen, von Gott geübt zu werden in Schicksalsschlägen, Bitternissen, Kümmernissen und Wirrsal. Denn die nennt Christus selig, die darin geübt sind, die an ihren Kräften verzweifeln und trotzdem nach dem vollkommenen Leben trachten, die alles bewegen und sich allein darum bemühen, recht zu sein und die Mitmenschen zum besseren Leben und zum Festhalten an der Gerechtigkeit mitzureißen. Das sind die, die darum auch, weil Gottes Wort untrüglich ist, satt werden sollen.

Die Zuhörer werden sofort bemerkt haben, dass hier eine Geistesbewegung sich Raum verschaffte, die nicht gewillt war, nachzugeben, die offensichtlich mit dem Martyrium rechnete und bereit war, eine eigene Körperschaft zu gründen. „Selig sind die Friedensstifter", sagte Christus in der Seligpreisung. Das sind nicht die, die bei Schwierigkeiten den Weg des geringsten Widerstands gehen. Es geht um einen Kampf der besonderen Art, sagt Nicolas Cop gegen Ende seiner leidenschaftlichen Rede, es geht um den *Kampf des Wortes Gottes:*

Christus ist stärker; nicht Menschengeist, nicht menschliche Unterdrückung. Wer da nicht beistimmt, der folgt nicht Christus nach, sondern den verderblichen Pharisäern. Wer wüsste nicht, dass Christus einen freien, gutwilligen und entschlossenen Geist fordert? Selig also die Friedensstifter, die mit dem Wort der Wahrheit zwischen Streitenden vermitteln.

Es gibt also ein Entweder-Oder. Das ständig vermittelnde Bemühen des Vaters aller humanistischen Reformer im Reich Franz I., Faber Stapulensis, ist nicht mehr wegweisend. Kein Wunder, dass eine deftige Anklage wegen Ketzerei sofort ausgestellt und dem König überbracht wurde. Jetzt war Calvins Aufenthalt in Paris nicht mehr möglich. Jetzt waren seine bis dahin betriebenen humanistischen Studien mit biblischem Horizont auch nicht mehr so einfach fortzusetzen. Ein geistliches Amt war nicht mehr möglich, denn seine ihm vom Vater arrangierte Pfründe in Noyen gab Calvin auf. Eine auf seine juristischen Studien aufbauende Tätigkeit war ebenfalls ausgeschlossen, denn er wäre dadurch sofort mit den vom König dominierten staatlichen Stellen in Konflikt geraten.

Seine Bekehrung war auch eine Abkehr von den gut gemeinten, aber letztlich kraftlosen humanistischen Reformern. In ihre Kreise konnte er nicht zurückkehren. Was sollte er also tun? Wo war Gottes Fürsorge und Vorsehung, von der er später so viel zu sagen hatte? Hatte der lebendige Gott ihn zu sich gezogen und in seine Nachfolge genötigt, um ihn wieder fallen zu lassen? Wo war die Antwort des Himmels, nach dem er sich so sehr ausstreckte? Es gehört zu den Geheimnissen des berufenden Gottes, dass er die von ihm Berufenen geraume Zeit im Ungewissen lassen kann. Calvin wusste viel zu sagen davon, wie Gott die Berufenen prüft und stählt durch mancherlei Wege der Ungewissheit, damit die Gewissheit des Heiligen Geistes umso stärker in ihrem Leben aufstrahlen kann. Wer noch nicht genau weiß, was er im

Es gehört zu den Geheimnissen des berufenden Gottes, dass er die von ihm Berufenen geraume Zeit im Ungewissen lassen kann.

Reich Gottes eigentlich tun soll, der tue das, was als Last auf der Seele liegt, gewissenhaft und beharrlich. Gott wird sich schon melden, wenn die Stunde da ist!

Doch wir müssen nochmals unseren Blick auf die geschichtliche Situation in Frankreich werfen, damit wir Calvins theologisches und reformerisches Werk noch besser erfassen können. Franz I. war, wie schon bemerkt, an sich ein Befürworter einer Reform der Kirche aus dem Geist des Humanismus. Aber er saß in einer Zwickmühle aufgrund der geopolitischen Lage seines Reiches. Sozusagen eingeklemmt vom Kaiser des Deutschen Reiches, Karl V., dem durch eine geschickte Heiratspolitik neben dem alten Reichsterritorium auch Spanien und die Niederlande gehörten, suchte Franz I. nach Verbündeten. Es machte ihm, dem Katholiken, nichts aus, sich mit evangelischen Landesfürsten aus dem Reichsgebiet zu verbinden. Konnte er da nicht die französischen Gesinnungsgenossen jener Fürsten, die „Luthériens" genannt wurden, gewissermaßen als freundliche Gegengabe unter seinen Schutz stellen? Wer waren diese Leute überhaupt? Sicher gehörten manche von ihnen in das Weichbild jener auch ihm sympathischen humanistischen Reformer. Aber gab es da nicht noch eine andere Sorte von Kirchenkritikern, die man „Anabaptisten" (Wiedertäufer) nannte, die offensichtlich auch die staatliche Autorität untergraben wollten? Kurz, König Franz durchschaute die Sache nicht. Waren nicht die Lutheraner in irgendeiner Weise auch mit seinem Regime wenig einverstanden?

Die Situation spitzte sich zu, und der König wurde durch die Umstände gezwungen zu handeln. Zwei Ereignisse trieben die Dinge voran: Da auch er eine geschickte Heiratspolitik treiben wollte, arrangierte er einen Kontakt für seinen Sohn Heinrich mit der adeligen Dame Katharina von Medici. Von dieser Verbindung versprach er sich territoriale Vorteile auf der italienischen Halbinsel. Sie war aber, unglücklicherweise, die Nichte des derzeitigen Papstes Clemens VII. Und der verlangte sozusagen als indirekten Brautpreis die Entfernung aller Häretiker aus dem Königreich – Franz I. musste handeln.

Dazu kam noch ein Zweites: Im Herbst 1534 erschienen an den Türen von einigen Prominenten, selbst in unmittelbarer Nähe des königlichen Quartiers, gedruckte Pamphlete mit dem Titel „Wahrheitsgetreue Artikel über die schrecklichen, großen und schwerwiegenden Missbräuche der päpstlichen Messe, welche gerade wider das heilige Abendmahl Jesu Christi erdacht ist". Verfasser war möglicherweise ein gewisser Kleriker namens Antoine Marcourt, ein Schüler Zwinglis, der offensichtlich meinte, evangelisches Bekennen sei identisch mit unsensiblem Polemisieren und Verunglimpfung der anderen Seite.

Ein Aufschrei geht durch das katholische Frankreich. Der König kann sich unter keinen Umständen gefallen lassen, dass seine gallikanische Kirche Schaden leidet. Er tritt jetzt ganz auf die Seite der Konservativen. Die Kirche muss ihren Triumph haben. So wird in vielen Städten, ohne dass ein kirchliches Fest angesagt wäre, die Hostie der Eucharistie durch die Straßen getragen, die nach katholischer Lehre durch die Vollmacht des Priesters aus normalem Brot in den realen Leib Christi verwandelt wurde. An den Straßenrändern fallen die Menschen ehrfürchtig auf die Knie und beten an. Haben Calvins Betonung des zweiten Gebotes: „Du sollst dir kein Bildnis machen …" und seine Ablehnung jeglichen sakralen Kultus hier seinen Sitz im Leben? Cottret bemerkt dazu:

Dadurch kommt es zu einer deutlich sichtbaren Übertrumpfung – der Katholizismus verstärkt den Opferaspekt seiner Handlungen und seiner Botschaft gerade in dem Moment, in dem die Reformation ihn abstreitet. Das Ergebnis dieses Trennungsakts finden wir dann bei Calvin mit seiner Ablehnung der katholischen Eucharistie und seiner rein spirituellen Deutung der Realpräsenz Christi (Cottret, 115).

Der Staat schlägt mit aller Härte zu. Jetzt wird nicht mehr sorgfältig unterschieden, ob denn die nunmehr Verfolgten auch die Autoren des Pamphlets waren. Jetzt wird rigoros der Kahlschlag vollzogen. Mehrere hundert der „Luthériens" werden gefangen genommen, gefoltert, etliche auch hingerichtet.

Calvin aber hatte sich rechtzeitig abgesetzt. So kommt er Anfang des Jahres 1535 in Basel an. Während in Frankreich manche seiner Freunde den Märtyrertod erleiden, hat er in dieser Stadt einen äußeren Schutz. In Basel und von Basel aus kann er Kontakte knüpfen zu Männern, die sich der Reformation der Kirche verschrieben haben: zu Guillaume Farel, Pierre Viret, den Organisatoren der Reformation in der französisch sprechenden Schweiz, zu Joachim Vadianus, dem Reformator von St. Gallen, aber auch zu dem eigenständigen Nachfolger Zwinglis in

Zürich, Heinrich Bullinger, mit dem zusammen es Calvin in zäher Arbeit gelingt, den Schweizer Protestantismus zu einigen – eine kirchengeschichtlich einmalige Tat. Wichtig sind für ihn auch seine Kontakte zu den Straßburgern Martin Bucer und Wolfgang Capito. Calvin verfolgt aufmerksam gerade bei den letzten beiden, wie sich die Reformation in einer Stadt von einiger Bedeutung vollzieht. Auch in Basel, seiner neuen vorläufigen Heimat, wo er übrigens unter dem Decknamen „Martianus Lucianus" logiert, gibt es ein interessantes Experiment. Der damals noch in Basel wohnende Erasmus von Rotterdam zieht sich ins katholisch gebliebene Freiburg im Breisgau zurück; denn das war dem edlen Humanisten denn doch zu viel, als er die von den Baseler Reformatoren Oekolampad und Mykonius auf den Weg gebrachte neue Ordnung der kirchlichen Disziplin zur Kenntnis nehmen musste:

Die Gemeinde galt als Abendmahlsgemeinschaft, an der die Bürger teilzunehmen hatten. Den Zünften, die bei der Durchführung der Reformation eine große Rolle gespielt hatten, wurde die Kontrolle des Abendmahlsganges der Bürger übertragen (van't Spijker, *Calvin*, 127).

Hier hat Calvin wohl eine erste Anschauung für sein späteres Genfer Experiment gefunden.

Das andere, was Calvin in dieser Stadt fand, war ihre hervorragend funktionierende Buchdruckerkunst. Hier durfte er biblisch-theologische Werke abfassen, die ohne kirchliche und staatliche Zensur gedruckt werden konnten. Und das tat er denn auch. Zwei Werke sind es, die wir uns näher ansehen werden: Es handelt sich einmal um die Vorrede zur *Olivetan-Bibel*, sodann um das Widmungsschreiben der ersten Ausgabe seiner Glaubenslehre (*Institutio*) an König Franz I. von Frankreich. Beides sind Einführungsschriften. Wir werden hier schon die Ziele von Calvins kommender Wirksamkeit erkennen.

2. Eine „Bibellesehilfe"

Der bereits genannte Cousin Calvins, Pierre Robert Olivetan, hatte sich als entschlossener Anhänger Luthers schon 1528 aus Frankreich absetzen müssen und landete schließlich in Neuenburg in der Schweiz. Dort kam er in Kontakt mit Waldensern, die in der Herrschaft Piemont stark verbreitet waren. Diese vorreformatorische Laienbewegung arrangierte eine französische Bibelübersetzung. Über Olivetan wurde Calvin mit diesem Projekt bekannt und verfasste eine kurze Vorrede zur ganzen Bibel und eine zwischen Altem und Neuem Testament eingeschobene „Epistel", die der Einfachheit halber auch Vorrede genannt wird. Hier schauen wir zum ersten Mal in das reformatorisch gewordene Herz Johannes Calvins, der jetzt endgültig alle seine humanistischen Vorsichten überwunden hat, ohne freilich das humanistische philologische Handwerkszeug und gewisse Fragestellungen aus dieser Geistesbewegung zu verleugnen.

Eine Vorrede ist das, was wir heute eine „Bibellesehilfe" nennen. Zwar soll die Bibel in die Hände der Nichttheologen gelangen, aber den Einsichtigen damals wie heute ist klar, dass eine Hinführung zur Bibel durch solche Menschen, die sich länger mit ihr beschäftigt haben, für die Bibelleser von großem Wert ist. Dabei geht es nicht zuerst um die Erklärung dieser und jener einzelnen Wörter, historischen Fakten oder geographischen Angaben, sondern vielmehr um das Aufzeigen eines „roten Fadens". *Reformation ist immer auch die Hinführung der Nichttheologen zur Bibel!* Dabei ist es ganz natürlich, dass der Hinführende entsprechend der Situation, in der er selbst oder seine Hörer oder Leser sich befinden, auch Akzente setzt. Man kann gerade in dieser Vorrede Calvin ins Herz sehen – in das Herz eines Mannes, der auf Erden keine Heimat mehr hat.

Reformation: Hinführung der Nichttheologen zur Bibel

Was also ist für Calvin die Bibel? Sie ist die *Geschichte* von der Heimholung einer ursprünglich großartig geschaffenen Welt über den Umweg des Sündenfalls und seiner Folgen durch den einen Mittler (frz. mediateur) Jesus Christus hinein in das kommende Reich der Herrlichkeit Gottes. Das reformierte Profil einer kommenden starken Kirchengestalt tritt in Umrissen hervor:

- Gottes Güte und große Geduld zeichnen Gottes Art aus, wie er mit der Sünde und ihren Folgen umgeht.
- Gottes Schöpfung enthält Elemente, aus denen wir Menschen die Herrlichkeit Gottes erkennen könnten, wenn wir nur die Augen da-

für hätten: „Denn er hat überall, an allen Orten und in allen Dingen, seine Zeichen und Wappen (frz. ses enseignes et armoires) aufgerichtet."

- Weil Gott einen *Heilsweg* geht und nicht mit einem Zauberwort alles im Nu verändert, hat er ein bestimmtes Volk „aus Wohlwollen und freier Gnade" (frz. de son bon vouloir et liberale grace) aus allen Nationen der Erde erwählt und ausgesucht, nämlich das Volk Israel. *Calvin hat in besonderer Weise das heilsgeschichtliche Plus, das Israel vor allen Völkern hat, herausgestellt.*

- Gott arbeitet dabei verlässlich, indem er Verheißungen (frz. promesses) und den Bund (frz. alliance) als Mittel erwählt, an denen sich der Glaube entzündet. *Durch das Wort „Bund" hat Calvin das Gottesverhältnis in eine auch die menschliche Glaubensantwort und den Glaubensgehorsam umschließende Verbindlichkeit hineingestellt.* Die Verheißung treibt die Gottesgeschichte nach vorne zur Vollendung.

- Der Gottesbund des Alten Testaments wird durch den Neuen Bund (frz. nouvelle alliance) vollendet. Jesus Christus ist das verborgene Thema des Alten Testaments von seinen ersten Seiten an: „Auf ihm hat seit Beginn der Welt immer die Hoffnung geruht, das in Adam Verlorene wiederzugewinnen." „Von den Trübsalen, die er für unsere Errettung ertragen, und dem Tod, den er für unsere Erlösung erdulden musste", haben die Propheten geredet, ebenso von der „Herrlichkeit seiner Auferstehung und (der) Beschaffenheit seines Reiches".

Der Gottesbund des Alten Testaments wird durch den Neuen Bund vollendet.

- Die Gesetze des Alten Bundes sind lediglich „Abbilder und Schatten (frz. figures et umbres) der großen Güter, die in Christus, der allein deren Inhalt und Wahrheit war, kommen sollten". Alles, was an wunderbaren Rettungstaten geschah, sollte den Alten „einen kleinen Vorgeschmack" (frz. goust) auf das Kommende geben.

- Calvin entfaltet hier erstmalig etwas für ihn und seine Glaubenslehre Typisches, nämlich die Begriffe *Bestätigung und Besiegelung:* Alles, was von Gott her an Entscheidendem geschieht, muss für alle Zeiten befestigt werden, damit der Glaube seinerseits *festbleibt* in den Zeiten der Bestreitung, der Verfolgung und überhaupt der Anfechtung.

Durch diese Befestigung geschieht die Übergabe des Eigentlichen, sie ist nicht etwas, was auch fehlen könnte. Man hat Calvins Abendmahlslehre, von der später noch zu reden ist, so missverstanden, als solle uns durch die Gaben von Brot und Wein „nur noch" versiegelt werden, was wir ohnehin durch den Glauben schon haben. Doch wir müssen festhalten: Nur das, was *befestigt* und *besiegelt* ist, *ist* auch wirklich vorhanden. Möglicherweise hat auch an dieser Stelle Calvins juristisches Denken Pate gestanden: Nur das gilt, was durch eine schriftliche Urkunde mit entsprechender Unterschrift und Siegel versehen worden ist.

- Calvin hat hier die Dimension des *Zeugnisses* neu entdeckt. Laufen alle Taten Gottes an seinem Volk auf einen *Bund* zu, so müssen auch die Vorbereitungen zu diesem endgültigen Bund in sich stimmig sein. So kann zwischen Altem und Neuem Bund prinzipiell kein substanzieller Unterschied bestehen. Das hat nichts mit einer platten Angleichung zu tun, so als würde in der ganzen Bibel immer nur „dasselbe" gesagt. An der Übereinstimmung liegt ein starker Impuls für das Bekenntnis zur *Wahrheit der ganzen Heiligen Schrift:* „Alle diese Zeugnisse passen so gut und stimmen derart überein, dass bei einer solchen Übereinstimmung leicht zu erkennen ist, dass sie die sicherste Wahrheit sind. Wären sie Lügen, so könnten sie nicht derart zusammenstimmen." Hiermit hat der damalige Bibelleser in der Tat eine entscheidende Hilfe bekommen: Er kann nun die unterschiedlichen Texte miteinander vergleichen, ihren inneren Zusammenhang erkennen, ohne dass er ihre jeweiligen Unterschiede nivellieren muss.

- Dabei soll der Bibelleser nach Calvin den *Weg von der Verheißung zur Erfüllung und wieder zu neuen Verheißungen* innerlich mitgehen. Die biblische Geschichte hat eine Person in ihrem Zielpunkt, Jesus Christus, der wiederum ein kommendes Reich der Herrlichkeit herbeiführt und uns als Erben einsetzt: „Alle diese Dinge sind uns angekündigt (frz. annoncées), gezeigt (frz. demonstrées), aufgeschrieben (frz. escrites) und bestätigt (frz. signées) worden in diesem Testament, durch welches Jesus Christus uns zu seinen Erben des Reiches Gottes, seines Vaters, macht und uns seinen Willen eröffnet, wie ein Erblasser (frz. testateur) seinen Erben, damit sie zur Ausführung gelangen."

- Von großer Wichtigkeit ist des Weiteren, dass Calvin hier nicht, ebenso wenig wie später an vielen anderen Stellen seines Werkes, die Lehre von der Erwählung voranstellt. In der Mitte der guten Botschaft von Jesus Christus steht die Einladung an jedermann: „So sind wir alle zu diesem Erbe berufen, ohne Ansehen der Person ..., keiner wird davon ausgeschlossen, der mit sicherer Zuversicht empfängt, was ihm gegeben und umfasst (frz. embrassera), was ihm überreicht wird, kurz, der Jesus Christus als den, welcher vom Vater gesandt ist, anerkennt." Calvin gibt das Wort „glauben" sehr häufig mit dem Wort „erkennen" wieder, weil er gebrochen hat mit der abergläubischen Verehrung von heiligen Gegenständen und die Christen dadurch unabhängig von priesterlicher Bevormundung machen will. Es geht ihm immer um Klarheit und Eindeutigkeit, niemals um ein Meinen und ein stumpfes sich Beugen unter die Vorschriften der Kirche. Allein „durch die Kenntnis des Evangeliums" (frz. par la cognoissance de L´évangile) werden wir Kinder Gottes. Nur über die Verheißungen des Evangeliums, „durch dessen Hören und Erkennen (frz. intelligence) der lebendige Glaube gegeben wird". Wer den Glauben als Erkennen fasst, macht den Menschen frei für das „Schmecken", ja sogar „Fühlen" der „himmlischen Güter" und begründet eine *brennende Liebe,* die geschieden ist von den Empfindungen und Wallungen eines inneren Gemütes, das sich sehr schnell verliert an diese oder jene Einflüsse. Kurz: Erkenntnis Gottes nach der Bibel macht die Liebe kraftvoll und zupackend.

- Es fällt auf, wie Calvin in diesem seinem ersten und grundlegenden Werk die *Zukunftsdimension* des Glaubens stark herausstreicht. Er nennt das Bibellesen auch „Studium (der) himmlischen Weisheit" (frz. sapience celeste): „Daher kommt es, dass durch einen solchen, von Christus seinen Erwählten versprochenen Geist, nicht mehr wir leben, sondern Christus in uns (Gal. 2,20), und wir im Geist neben den Himmlischen thronen, derart, dass die Welt nicht mehr für uns Welt ist, auch wenn wir noch in ihr wandeln." Es ist die Situation der Verfolgung, ohne die sein eigenes Christsein und das seiner französischen Landsleute nie über längere Zeit gewesen war. Da gibt es keinen wohlwollenden Landesfürsten, der seine Hand über die kleine Pflanze der Bibelleser und Glaubenden hält, da ist Kampf und

Widerstreit von Anfang an. Welthaftigkeit des Glaubens nach Calvin und die Ausrichtung auf die obere Welt des Herrlichkeitsreiches Gottes gehören für ihn zusammen! Wer Christus wahrhaftig nachfolgt, muss in dieser Nachfolge lernen, „verachtet, verspottet, erniedrigt und verworfen zu werden und dafür beim Gericht Gottes geehrt (frz. honnoré), gewürdigt (frz. prisé), verherrlicht (frz. glorifié) und erhöht (frz. exalté) zu werden".

Die Zukunftsdimension des Glaubens

- Zusammengefasst: „Und so ist alles, was man sich an Gutem auch immer erdenken oder wünschen könnte, in dem einen Jesus Christus zu finden. Denn er hat sich erniedrigt, um uns zu erhöhen; er hat sich zum Knecht gemacht, um uns zu befreien ..." – auch aus der Herrschaft der Kirche.
- Hiermit hat Calvin schon die eigentliche Intention seiner von Gott ihm gegebenen Berufung ausgesprochen: Es ist dies die Einführung in das Verständnis der Heiligen Schrift. Auch seine *Institutio*, seine katechismusartige Zusammenfassung des Inhalts der Bibel, dient dem gleichen Zweck.

3. Die Verteidigung des guten Namens Gottes vor König Franz I. von Frankreich

Wenden wir uns nun dem zweiten größeren Werk aus Calvins Anfangszeiten zu, dem Widmungsschreiben der *Institutio* von 1536 an den französischen König Franz I. (CStA, 1.1, 59ff.). Wir finden in dieser Schrift den anderen Aspekt der Lebensaufgabe Calvins. Es handelt sich hierbei eigentlich um eine Apologie, eine Verteidigungsschrift. Warum muss man an höchster Stelle seinen Glauben kundtun und ihn verteidigen? Setzt sich die Wahrheit des Wortes Gottes nicht selber durch? Wozu müssen Menschen hier nachhelfen? Bei ihm hat „Apologie" den besonderen Aspekt der *Wiederherstellung der Ehre Gottes* angesichts der Entstellung des Evangeliums durch die Gegner der „Luthériens" im Territorium des französischen Königs. Hat Calvin daran gedacht, diesen für das Evangelium zu gewinnen? Hat der König diesen Brief überhaupt sorgfältig zur

Kenntnis genommen, abgesehen von einem oberflächlichen Überfliegen? Das sind Fragen, die kaum befriedigend beantwortet werden können.

Calvin nennt als Ziel seiner ersten Ausgabe der *Institutio* die Darlegung einiger „Grundbegriffe" (lat. rudimenta), „um all die zu wahrer Frömmigkeit heranzubilden, die heute vom religiösen Eifer ergriffen sind". Er schreibt für viele Franzosen, die „nach Christus hungern und dürsten". Das ist der eine Zweck jener Schrift, der andere ist, „Euch gegenüber ein Bekenntnis (unseres Glaubens) abzulegen, das Euch ein Urteil über die Art unserer Lehre erlaubt", damit der König sich nicht länger nach seinen zweifelhaften Ratgebern richten muss. Ein kühnes Unterfangen! Hier geht es ja nicht um ein gemeinsames Dokument vieler Persönlichkeiten oder Kirchengemeinden, sondern hier tritt ein Einzelner auf, der allerdings schon damals mit vielen Gleichgesinnten eine brüderliche Gemeinschaft pflegt.

Der eigentliche Vorwurf gegenüber den Evangelischen in Frankreich lautet, diese hätten mit ihrer neuen Glaubensweise nichts anderes im Sinn, „als alle Königreiche und Verfassungen umzustürzen". Was für ein merkwürdiger Vorwurf! Doch versetzen wir uns einen Augenblick in die Lage eines autokratischen Herrschers: Alles und jedes muss der Aufrechterhaltung der Macht des Königs dienen. Es kann eine private Überzeugung auf die Dauer nicht im Verborgenen bleiben. Und was ein empfindlicher König samt der geschlossen hinter ihm stehenden verfassten Kirche überhaupt nicht dulden kann, ist *Leidenschaft und Konsequenz*. Es ist die Leidenschaft der Evangelischen, sich allein der Autorität der Heiligen Schrift zu unterwerfen, die einen prinzipiellen Angriff auf die Autorität des Herrschers darstellt. Sobald diese nun selbstgewiss auftreten, ist dessen Geduld zu Ende:

Ja, so reden sie, nennen Irrtum und Unverstand, was doch die gewisseste Wahrheit Gottes ist, nennen unerfahrene Leute, die unser Herr immerhin der Geheimnisse seiner himmlischen Weisheit für wert gehalten hat. So sehr schämen sich alle des Evangeliums … Unsere Lehre aber muss über alle Herrlichkeit der Welt erhaben dastehen, unbesiegbar über alle Macht. Denn sie ist nicht unser, sondern des lebendigen Gottes und seines Christus.

Die evangelische Erkenntnis ist *die Wahrheit* – eine Kühnheit, die für unsere ganz auf „Toleranz" getrimmten Ohren unerträglich erscheint.

Wir sind gewürdigt worden, sagt Calvin dem König unverblümt, den Schlüssel zur himmlischen Wahrheit und Weisheit betätigen zu dürfen. Reden auf diese Weise nicht Sekten, die von sich behaupten, nur sie allein hätten die Wahrheit auf ihrer Seite? Doch es bleibt eine Tatsache: In der unerschütterlichen Gewissheit, die eine Wahrheit zu bezeugen, hat unsere Kirche einmal angefangen – das ist bei Martin Luther nicht anders!

Auf der Seite der Widersacher findet Calvin auch eine Leidenschaft, aber eine, die auf anderem Boden wächst. Es ist die Leidenschaft, das Bisherige, den Status quo, ungeschmälert zu erhalten – und die bequeme Behäbigkeit:

> Aus keinem anderen Grund forcieren sie ihren Widerstand, als weil „ihr Gott ihr Bauch" und ihre Religion ihre Küche ist ... Je mehr einer von ihnen daher für seinen Bauch besorgt ist, desto heftiger streitet er für seinen Glauben. Zuletzt haben es alle nur auf diesen einen Punkt abgesehen, entweder ihre Herrschaft ungeschmälert oder ihren Bauch wohlgefüllt zu behalten. Bei niemandem findet sich auch nur das leiseste Zeichen eines unverfälschten, lauteren Eifers.

In der unerschütterlichen Gewissheit, die eine Wahrheit zu bezeugen, hat unsere Kirche einmal angefangen.

Was aber soll der König tun? Es ist nicht als Trick anzusehen, wenn Calvin ihn von seinen falschen Ratgebern trennen und ihn für die Sache des Evangeliums gewinnen möchte. Denn die Berufung zum Königsein, unabhängig davon, wie autoritär er seine Herrschaft ausübt, liegt darin, „in der Verwaltung seines Reiches Gottes Diener zu sein". Der darauf folgende Satz ist wegen seiner Direktheit und Unverblümtheit kennzeichnend für Calvin:

> Denn wer zu einem anderen Zweck regiert, als damit Gottes Ehre zu dienen, der übt nicht Herrschaft aus, sondern Räuberei.

Hier gibt es kein Entweder-Oder, hier ist eine Entscheidung für das eine oder das andere nötig.

Damit der König die Entscheidung zum Guten wirklich treffen kann, schreibt Calvin ihm diesen Brief. In sieben Punkten entwickelt er für ihn Prüfungskriterien. Das ist das, meint er, was der Apostel Paulus den Maßstab des Glaubens nach Röm 12,6 nennt. Calvin ist sich völlig sicher: „Wenn man daher nach dieser Regel unsere Aufstellungen prüft, dann ist der Sieg auf unserer Seite."

Hat sich Calvin in einen Siegestaumel verstiegen? Ist er mit seiner Kühnheit nicht doch zu weit gegangen? So würde von uns heute keiner mehr reden, wenn er nicht das Verdammungsurteil „gesprächsunfähig" wie ein Brandmal dauernd an sich umhertragen wollte. Kann man miteinander reden, wenn man dem andern nicht wenigstens „ein Stückchen Wahrheit" zuerkennt? Wer von sich selbst derart eingenommen ist, wie es hier bei Calvin der Fall zu sein scheint, kann niemals auch nur auf das geringste Verständnis hoffen – so würde heute unsere Reaktion sein.

Doch mit einem Mal scheint Calvin einen anderen Ton anzuschlagen. Denn wie anders ist der Folgesatz nach „… dann ist der Sieg unser" zu verstehen, den er unvermittelt anschließt:

Denn was entspricht dem Glauben besser und genauer als die Erkenntnis, dass wir aller Vorzüge entblößt sind, damit Gott uns bekleide? Leer an allem Guten, damit er uns fülle?

Hier ist der eigentliche Grund der reformatorischen Kühnheit zu finden: *Wir sind vor Menschen Könige, weil wir vor Gott Würmer sind.* Auf der anderen Seite der felsenfesten Gewissheit steht die Erkenntnis der Ohnmacht und des Leerseins vor Gott. Wer leer ist vor Gott, hat eine elementare Leidenschaft zum wahren Leben. Wer so kompromisslos nach Gott verlangt, der erregt allerdings bei den Behäbigen grundsätzlich Anstoß. Diejenigen, die nach Lebensfülle durch die Garantie der natürlichen Güter gieren, gehen zur offenen Feindschaft über:

Denn sie können es nicht ertragen, dass Lob und Ruhm für alles Gute, für alle Tugend, Gerechtigkeit und Weisheit vollständig auf Gottes Seite gehören. Aber wir lesen doch nirgendwo, jemand sei dafür getadelt worden, dass er zuviel aus dem Quell des lebendigen Wassers geschöpft habe.

Wird sich der König auf diese Art des Glaubens einlassen oder einlassen können oder wird er den Bestreitern des Evangeliums das Ohr weiterhin leihen? Die sieben Punkte sollen hier nicht im Einzelnen durchgegangen werden. Es kommt uns nur auf das für Calvins Glaubenserkenntnis Typische an. Während wir heute das Neue, das noch nicht Dagewesene für beachtenswert halten, dachten frühere Generationen gerade umgekehrt: Das Alte, das durch die Jahre Bewährte ist das, was die junge Generation braucht. Der Vorwurf der Gegner der Evangelischen beginnt mit der Behauptung, das, was sie verkündigen, sei eine Novität und insofern abzulehnen. Calvin hält dagegen: „Wenn sie unsere Lehre neu nennen, beleidigen sie Gott." Wenn Gottes Ehre auf dem Spiel steht, wird Calvin unerbittlich. Er wirft den Handschuh zurück: „Dass sie so lange unbekannt geblieben und vergraben war, ist die Schuld menschlicher Gottlosigkeit." Somit versteht sich die Reformation als ein Unternehmen, das verborgene Schätze wieder ans Tageslicht hebt.

Darum, weil das Evangelium das alte ist, braucht es auch keine Legitimations-Wunder. Diese sind schon geschehen. Gibt es also nur die Zeichen, die in der Bibel von Jesus und den Aposteln getan wurden? Doch, sagt Calvin, es gibt auch heute noch Zeichen, die die wahren Boten Jesu Christi legitimieren: „Es ist aber ein treffliches Kennzeichen aller wahren Lehre, ob sie, wie Christus sagt, Gottes oder der Menschen Ehre sucht." Dieser Satz zeugt von einer erstaunlichen Reife und geistlichen Klarsicht des jungen Calvin. Zeichen anderer Art dienen nur der Befriedigung der Sensationsgier und „haben dem Götzendienst Nahrung gegeben". Auch den Hinweis der Gegner, dass die Evangelischen die kirchlichen Schriftsteller nicht als Autorität anerkennen und auch schon darum keine göttliche Legitimation besäßen, kontert Calvin mit Scharfsinn. Es gibt ja kaum jemanden in seinem Zeitalter, der diese Autoritäten besser kennen würde als er. Was von ihnen zu lernen war, hat er gelernt, vor allem von Augustin. So „bewegen wir uns in ihren Schriften nie anders als im Bewusstsein dessen, dass ‚alles unser' ist, dazu bestimmt, uns zu dienen, nicht über uns zu herrschen, wir aber ‚allein Christus gehören' (1Kor 3,21-23)".

Das alte Evangelium für eine junge Generation

Aber wenn die Heilige Schrift die oberste Autorität ist, dann *kann* nichts anderes gleichrangig neben sie treten. Dann muss man die heiligen Väter auch kritisch hinterfragen. Kritik bedeutet aber, nüchtern festzustellen, dass „doch auch diese heiligen Männer vieles nicht gewusst haben, oft miteinander im Streit liegen und sich bisweilen selbst widersprechen." Erstaunlich ist, dass Calvin hier offensichtlich so etwas wie eine im Fortgang der Kirchengeschichte sich vertiefende Glaubenserkenntnis aus der Bibel kennt. In der Tat gibt es zu gewissen Zeiten verhüllte Texte, die erst im Wandel der Zeiten aufgedeckt und zum Sprechen gebracht werden. Beispiele dafür gibt Calvin hier nicht, aber in diese Richtung gedacht hat er zumindest.

Und dennoch, Calvins (und aller Evangelischen) Gegner lassen nicht locker: Nach Calvins Meinung, so sagen sie, sei die ganze Institution Kirche durch die Jahrhunderte hindurch verkehrt geführt und der biblischen Wahrheit gemäß ins Verderben gelaufen, und das unter der Voraussetzung, dass Jesus Christus der Herr ist und ihr ewigen Bestand in dem bekannten Wort vom Petrus-Felsen zugesagt hat. Diese Schlussfolgerung wertet Calvin als eine ungeheure Unterstellung! Doch die Gegenseite beharrt darauf: Wenn die Evangelischen Recht haben, war alles Bisherige falsch und nicht dem Willen Gottes gemäß. Was wird Calvin darauf antworten? Er erwidert:

Denn ganz sicher hat die Kirche Christi gelebt, und sie wird leben, solange Christus zur Rechten des Vaters regiert: Durch seine Hand wird sie gehalten, durch seinen Schutz gerüstet, durch seine Kraft gestärkt … Unsere Gegner aber entfernen sich erheblich von der Wahrheit, wenn sie als Kirche nur das anerkennen, was sie mit ihren Augen gegenwärtig zu sehen bekommen, und ihr Grenzen zu ziehen versuchen, in die sie sich wirklich nicht einschließen lässt … Wir dagegen behaupten, die Kirche könne auch ohne sichtbare Gestalt Bestand haben, und jener äußere Glanz, den sie in ihrem Unverstand bewundern, mache keineswegs ihre Gestalt aus, sondern ein ganz anderes Kennzeichen, nämlich die reine Predigt des Evangeliums und der rechtmäßige Gebrauch der Sakramente … So dürfen auch wir nicht daran zweifeln, dass Christus seit seiner Himmelfahrt immer auf Erden regiert hat … Überlassen wir es vielmehr dem Herrn, der ‚allein die Seinen kennt‘ (2 Tim 2,19), ob er bisweilen auch die äußere Gestalt seiner Kirche dem Blick der Menschen entziehen will. Ich gebe zu, das ist eine furchtbare Strafe Gottes über die Erde.

Calvin sagt also: Kirche hat es immer gegeben, weil Jesus Christus lebt und vom Himmel aus die Seinen regiert. Die Kirche Jesu Christi ist aber *in* der verfassten Kirche *verborgen*. Sie ist nicht mit ihr identisch. Dass die wahre Kirche unsichtbar ist, ist *Zeichen des Zornes Gottes*. Gott möchte zwar ins Sichtbare hinein – und Calvin hat sich in Genf später wahrlich um die sichtbare Gestalt der Kirche gemüht –, aber Gott verbirgt sich mit den Seinen, wenn die Zerrüttung der äußeren Kirche einen gewissen Grad erreicht hat. Wir können aber noch einen anderen Gedankengang in seiner Antwort aufspüren, die ähnlich wie bei seiner

Abendmahls-Erkenntnis ist: Gottes Herrlichkeit und Gottes Heiligkeit sind nicht einschließbar in eine umrissene Gestalt, sodass man sagen müsste: Hier ist Gott – da ist Gott. Gottes Größe, besser: Gottes Reich ist mehr als die Gestalt der verfassten Kirche. Was für Konsequenzen hat dies? Zum einen: Wir müssen Gottes Wirken auch da entdecken, wo normalerweise der Blick der Zeitgenossen nicht hinfällt – eigenartige und fremdartige christliche Gemeinschaften *können* den Keim oder die Berufung zur Kirche Jesu Christi in sich tragen. Darum müssen wir vorsichtig sein mit Verurteilungen. Zum anderen: Die Kirche, in der man sich gerade befindet, ist zwar zu lieben, aber sie ist nicht zu verklären. Kirche Jesu Christi muss immer in Bewegung und im Gestaltwandel begriffen sein. Nicht von ungefähr ist die bekannte Wendung von der „ecclesia semper reformanda", der immer zu reformierenden Kirche, auf calvinischem Hintergrund entstanden.

Das alles ist wohl für König Franz eine zu schwere Kost, als dass er sie problemlos verdauen könnte. Darum lenkt Calvin gegen Ende seiner Verteidigungsschrift die Blicke des Königs noch einmal auf das auch für ihn Wahrnehmbare. Wir haben verstanden, dass Calvin die Gestalt der Kirche eine *verborgene* nannte, aber sie ist darum *nicht unsichtbar.* Christenmenschen sind immer auch Geschöpfe aus Fleisch und Blut, gerade *weil* der Heilige Geist in ihnen wohnt. König Franz könnte solche Geschöpfe treffen, wenn er nur wollte. Er müsste sich nur einmal mit deren *Lebensführung* beschäftigen. Calvin hatte zwar zuvor gesagt, dass die wahre Kirche an ihrer Verkündigung und dem richtigen Gebrauch der Sakramente zu erkennen sei. Aber das Besondere des calvinischen Kirchenbegriffs ist auch dieses, dass neben jenen zwei Standard-Kennzeichen *die Früchte* der Verkündigung und des rechten Sakramentsgebrauchs mit ins Spiel gebracht werden. Gottes Gnade und Gottes Erwählung kann man zwar nicht ergründen und beschreiben, aber man kann beider Auswirkungen *wahrnehmen.* Die Dimension der Erfahrung, die, wie noch gezeigt werden wird, in Calvins Theologie eine (meist übersehene) Rolle spielt, hat hiermit zu tun. Dieser Text lässt uns in Calvins Herz schauen:

Die Gestalt der Kirche: verborgen, aber nicht unsichtbar

Auch sind die Fortschritte, die wir durch Gottes Gnade im Evangelium gemacht haben, nicht so erfolglos geblieben, dass unser Leben diesen Verleumdern nicht ein Beispiel an Keuschheit, Güte, Mitleid, Selbstbeherrschung, Geduld, Bescheidenheit und jeder anderen Tugend geben könnte. Dass wir tatsächlich mit aufrichtigem Herzen Gott fürchten und verehren, liegt offen am Tage, da wir mit unserem Leben wie unserem Sterben nur seinen Namen zu heiligen suchen.

Könnten wir heute auch so reden? Wären wir nicht in vermeintlich christuszentrierter Frömmigkeit eher geneigt zu sagen: „Der Herr ist alles – wir sind Nichtse!" oder: „Schaut nicht auf uns, schaut auf Jesus Christus!"? Calvin spricht von einem beispielhaften christlichen Leben, das für sich schon eine missionarische Kraft hat. Warum hat er dazu die Freiheit, wohingegen bei uns nur mehr Hemmungen an den Tag gelegt werden? *Die Herrlichkeit des Evangeliums und die Ehre Gottes wird am Leben in der Heiligung der Christen offenbar.* Das ist die calvinische Sicht der Dinge, die später in die reformierte Kirche hineinwirkt. Doch wo bleibt die Erwähnung der Sünde und das Aufzeigen der Fehler auch bei den Wiedergeborenen? Könnte nicht der König gerade durch eine ehrliche Schilderung der Realität des Christenlebens eher gewonnen werden als durch solche steilen Sätze? Wir müssen jedoch Folgendes bedenken: Calvin schreibt dies alles nicht auf dem Hintergrund eines satten, wohlorganisierten, geistlich bestens versorgten Gemeindelebens. Er schreibt es aus der Situation der Verfolgten, um ihres Glaubens willen Gedemütigten, die keine Möglichkeit haben zu einer kultivierten und freundlich-dialogischen Diskussion der infrage stehenden Glaubenserkenntnisse. Erst in der Situation der Bedrängnis fängt das Leben der Christen so an zu sprechen, dass alle Selbstbeweihräucherung ausgeschlossen ist!

C. Calvins erster Aufenthalt in Genf 1536–1538

So also hatte sich Johannes Calvin sein Leben zur Ehre Gottes vorgestellt: Seinen scharfen Geist mit dem für Christus leidenschaftlich brennenden Herzen für den Dienst an seinen evangelischen französischen Glaubensbrüdern Gott zur Verfügung zu stellen. Schreiben und nochmals schreiben, Briefe, Traktate, Hinführungen zur Bibel und Auslegungen von ganzen biblischen Büchern. Und das alles aus dem sicheren Refugium Basel heraus. Er war im Herzen kein Humanist mehr, aber in der Art und Weise seiner geistigen Betätigung war er es immer noch.

Eine leise Frage tut sich auf: Kann man für das Evangelium nur literarisch streiten, ohne konkret am Prozess der sich aufbauenden evangelischen Gemeinde vor Ort teilzunehmen? Sicher, in Basel konnte er ungestört an den dortigen erneuerten Gottesdiensten teilnehmen und nahm, wach wie er immer war, auch diese und jene organisatorische Neuerung wahr. Aber das eigentlich Reformatorische war das alles noch nicht. Trotzdem kann man dem noch nicht Dreißigjährigen den Respekt nicht vorenthalten: Er hat das Französisch des 16. Jahrhunderts durch seine brillante geistliche Schriftstellerei in eine neue Gestalt gebracht, was sogar französische Literaturforscher Calvin einhellig zugestehen. Es sollte zum Nachdenken anregen, dass Menschen mit einer intensiven geistig-geistlichen Gotteserfahrung ihre Muttersprache bereichern und weiterbringen. Das Gleiche gilt für Martin Luther bezüglich des Deutschen und für Teresa von Avila bezüglich des Spanischen (Castellano).

Calvin hat das Französisch des 16. Jahrhunderts in eine neue Gestalt gebracht.

Noch ein anderer Punkt wird dem Apologeten Calvin in Basel bewusst. Da sich der französische König trotz seines ausführlichen Schreibens wohl nicht auf die Seite Calvins stellen wird, braucht er für die Sache der Evangelischen im Lager des Adels Verbündete. So reist er von Basel für eine kurze, aber intensive Begegnung an den Hof der Herzogin Renata von Ferrara, von der er wusste, dass sie eine aufgeschlossene Frau war, als Schülerin von Lefèvre d'Étaples den Ideen der Reformation zugetan. Doch ist sie eine wirkliche Förderin des Evangeliums geworden? Wir wissen es nicht genau, wenigstens zu diesem frühen Zeitpunkt noch nicht. Doch lässt Calvins spätere Korrespondenz mit dieser von ihm hochverehrten Dame erkennen, wie sie durch viele Krisen hindurch schließlich doch an der evangelischen Erkenntnis festhielt. Wir finden hier ein frühes Beispiel für Calvins Politik des Knüpfens von persönlichen Verbindungen, dem noch andere folgen werden. – Noch einmal macht er sich von Basel auf den Weg nach Paris, sich der Gefahr wohl bewusst, um einige persönliche Angelegenheiten zu klären. Noch schwankt er zwischen Basel und Straßburg als endgültigem Wohnsitz, da wird ihm alle eigene Entscheidung abgenommen durch den Gang der Dinge – oder zeigt sich hierin vielleicht doch Gottes Vorsehung?

Was war passiert? Der französische König Franz I. und der deutsche Kaiser Karl V. entwickelten sich immer mehr zu Rivalen in Europa. Im Zuge solcher Rivalitäten hört Calvin auf der geplanten Rückreise-Route über Lothringen von umfangreichen Truppenbewegungen – den üblichen Riten des Säbelrasselns. Er zieht es darum vor, einen weiten Bogen um dieses Gebiet zu machen, und will über das Herzogtum Savoyen und Genf nach Basel zurückkehren.

Da trifft ihn im Sommer 1536, als er in Genf seine Reise kurz unterbricht, der Strahl Gottes mit einer solchen Heftigkeit, dass man sich sofort an die Umstände seiner Bekehrung erinnern muss. Der schon kurz erwähnte Guillaume Farel, ein eifriger und konsequenter Prediger des Evangeliums, scheint durch eine plötzliche Eingebung begriffen zu haben, dass er diesen Mann mit seinen besonderen Begabungen der Lehre, der Fähigkeit zum Strukturieren des geistlichen Lebens und der Apologie unbedingt im Kreis der schon in Genf tätigen evangelischen Prediger braucht. 1557 schreibt Calvin aus der Rückschau:

„Maitre Guillaume Farel hielt mich in Genf zurück, nicht so sehr durch Rat und Ermahnung als vielmehr durch eine furchtbare Verwünschung, als ob Gott von oben herab die Hand ausgestreckt hätte" (Cottret, 149).

Farel hatte in der Tat angedroht, dass er, Calvin, in die Verdammnis mitsamt seinen Studien fahren solle, wenn er sich nicht dieser unbedingt notwendigen Aufgabe stelle. Natürlich zucken wir hier zurück – Calvin aber gehorchte und blieb in Genf.

1. Die Stadt Genf und ihre Besonderheit

Was für eine Situation finden wir in Genf in jenen wichtigen Jahren vor? Das Territorium der heutigen Schweiz gehörte nominell nach wie vor zum Heiligen Römischen Reich Deutscher Nation, ging aber gegen Ende des Mittelalters zunehmend seine eigenen Wege. Bekannt sind die heroischen Schlachten, in denen die Eidgenossen sich erfolgreich gegen die Herrschaft anderer stärkerer Mächte behaupteten. Die drei Ur-Kantone Uri, Schwyz und Unterwalden hatten sich längst erweitert: zum einen zum „Bund der Dreizehn Orte", wozu u.a. Basel, Bern, Zürich und Freiburg gehörten, sodann die „Drei Rätischen Bünde" und schließlich das Wallis. Die Stadt Genf stand zunächst außerhalb dieser Bünde, weil sie mit dem Herzogtum Savoyen verbunden war. Doch Genf suchte von Savoyen loszukommen. In diesen nicht einfachen Loslösungsprozessen begann die evangelische Reformation einmal als Triebkraft, dann wieder als Hinderungsfaktor zu wirken.

Das hat seinen Grund darin, dass sich in der Stadt zwei Parteien etabliert hatten, von denen die eine für die Loslösung, die andere für den Verbleib bei Savoyen arbeitete. Der Herzog von Savoyen, Karl III., wollte 1524 diesem Durcheinander ein Ende machen durch die Stärkung der Autorität des Bischofs, der in seinem Sinne als Fürstbischof in der Stadt den Frieden garantieren sollte. Das ganze Unternehmen hielt nur zwei Jahre, weil die Stadt diese Art der Herrschaft bald leid war und sich für eine Anlehnung an Bern und Freiburg entschied. Als Bern im Jahr 1528 die evangelische Predigt einführte, bekamen die zunächst rein politischen Entwicklungen einen religiösen Akzent: Wenn durch die allmähliche Kontaktnahme der Stadt Genf mit evangelisch Gesinnten aus Bern die Unabhängigkeit von Savoyen zustande käme und damit auch der Einfluss des Bischofs und seiner Kleriker gemindert werden könnte, dann sollte wohl die „Reformation" recht sein. Kurz: Reformation ist gut, wenn sie Vorteile und Unabhängigkeit verschafft.

Wir müssen wieder innehalten, denn wir hätten es gerne anders gehabt im Namen des Evangeliums: Menschen werden ergriffen von der Guten Botschaft, fangen an, evangelische Gottesdienste zu besuchen und so fort. Doch das Dilemma ist, dass es niemals eine glasklare geistliche Reformation gegeben hat. Wenn es sie ansatzweise gegeben haben sollte, dann war sie von Anfang an verwoben in das politische Kalkül derer, die sie vorantrieben. Man kann geistliche Vorgänge niemals als solche haben, sie sind in kaum zu durchschauender Weise in andere Vorgänge hineinverwickelt. Auch der Reformator Johannes Calvin, der sich dann in diesen Prozess einmischt, weil er dazu genötigt worden ist, musste zu diesen Verwicklungen ein Ja finden.

Die Dinge entwickelten sich in Genf nicht von heute auf morgen. Erst am Karfreitag 1533 wird der erste reformierte Gottesdienst gehalten. Doch dann beginnen die Vorgänge, an Geschwindigkeit und Radikalität zuzunehmen. So beschließt der „Kleine Rat", die Feier der Messe vorläufig auszusetzen. Der Bischof wird vertrieben, und mit ihm verlassen viele Ordensgeistliche die Stadt. Wer hat nun das Sagen in dieser Stadt von etwa 10 000 Einwohnern? Wir müssen uns die für damalige Zeiten bemerkenswerte Verfassung von Genf genauer ansehen, weil sie verblüffende demokratische Strukturen aufwies, mit denen sich Calvin bald auseinanderzusetzen hatte. An der Spitze der Stadt standen vier(!) Bürgermeister (lat. syndici), die jährlich im Januar von den Bürgern gewählt wurden. Sie waren Glieder des 25-köpfigen „Kleinen Rates", der dreimal in der Woche(!) zusammentrat. Diese waren dem „Großen Rat der Zweihundert" verantwortlich, der einmal im Monat tagte. Zweimal im Jahre war die Versammlung aller Bürger (frz. commune), die bei allen politischen und religiösen Fragen zu hören war. Hier konnten viele mitreden, hier gab es auch wechselnde Stimmungen und Mehrheiten, die bald auch Calvin zu schaffen machten und ihn zum zeitweiligen Rückzug aus der Stadt veranlassten. Was wie eine bewundernswürdige frühe Form von Basis-Demokratie aussieht, erwies sich im alltäglichen Regierungsgeschäft meist als ein Hauen und Stechen der einen gegen die anderen. Wenn es Mehrheitsbeschlüsse gab, agierte die andere Seite mit Energie und üblen Machenschaften dagegen. Es ist darum kein Wunder, dass ein Mann wie Calvin durch seinen konsequenten Charakter und seine Willensstärke unaufhörlich zwischen die Räder dieses seltsamen Getriebes geraten musste. Er musste sich im Namen des Evangeliums immer wieder in dieses Chaos stürzen, um durch seine biblischen Maßstäbe und seine verhasste „Kirchenzucht" ein einigermaßen erträgliches Miteinander zu bewirken.

Es kann also keine Rede davon sein, dass Calvin als Prediger hier etwas durchsetzte – es sei denn, die verschiedenen Gremien stimmten dem zu oder modifizierten es, was sie oft taten, denn sie waren auf den Ausgleich zwischen dem Politischen und Religiösen bedacht. Es ist also nicht so, dass Calvin in Genf eine „Herrschaft", ja womöglich

Geistliche Vorgänge – verwoben mit politischem Kalkül

eine „Schreckensherrschaft", aufgerichtet habe, wie in manchen Darstellungen zu lesen ist. Selbst die Worte „Gottesherrschaft" oder „Christokratie" zeugen von geschichtlicher Unkenntnis und dienen eher dazu, Vorurteile gegen Calvin zu zementieren.

Die Dinge kommen zu ihrem Höhepunkt. Als das Wunder geschieht, dass alle vier Bürgermeister sich zur Reformation bekennen, kann diese Tatsache nicht einfach in ihren Herzen verborgen bleiben. Innere Überzeugungen sind in jener Zeit keine Privatangelegenheiten. Schließlich hängt mit dem Gesinnungswandel der Mandatsträger die Verfassung der Stadt zusammen. Was wir heute nur schwer denken können, war gerade im reformierten Bereich der Reformation selbstverständlich: Von entscheidenden religiösen Vorgängen muss der Volksversammlung Kenntnis gegeben und deren Stellungnahme eingeholt werden. Ich zitiere die wichtigen Vorgänge nach der Darstellung von van't Spijker:

Als sich 1536 herausstellte, dass alle Syndici (Bürgermeister) Anhänger der Reformation waren, war die Zeit gekommen, dem Übergang Ausdruck zu geben durch einen Beschluss über die „Art des Lebens". Auf den 21. Mai 1536 wurde eine außerordentliche allgemeine Volksversammlung einberufen, in der die Bürger durch Handaufheben ihre Zustimmung zur Veränderung bezeugten. Das bedeutete, „dass man einmütig versprach und schwur, mit Gottes Hilfe in diesem heiligen, evangelischen Gesetz und dem Wort Gottes, wie sie uns gepredigt sind, leben zu wollen, dass man die Messe und die anderen Zeremonien und päpstlichen Missbräuche, Bilder und allen Aberglauben sowie alles, was darauf hinwies, abschaffte, um in Einheit und Gehorsam gegenüber dem Recht zu leben" (van't Spijker, *Calvin*, 134).

Man fühlt sich fast an den Landtag zu Sichem erinnert, von dem im Alten Testament in Jos 24 eindrucksvoll berichtet wird. Nicht der Theologe Farel mit seinem Kollegen Calvin führe diese Volksabstimmung herbei – die Vertreter der Stadt tun dies. Obwohl wir uns das nicht vorstellen können (und uns viele Fragen bleiben), ist nicht zu leugnen: Hier hat der christliche Glaube die Politik völlig durchdrungen. Wir zucken natürlich aus zwei Gründen zurück: Ist die Volksversammlung nicht doch manipuliert worden von einer Minderheit? Kann man in einhundertprozentiger Zustimmung eigentlich das Evangelium so ohne Weiteres „einführen" und zum Lebensprinzip einer Stadt erklären, sodass sich Andersdenkende schließlich fügen müssen? Theologen melden Bedenken an, ob hier nicht „Gesetz" und „Wort Gottes" einfach gleichgesetzt werden – oder sollte sich hier schon die reformierte „Unsitte" bemerkbar machen, Gesetz und Evangelium nicht mehr zu unterscheiden (wie viele Lutheraner argwöhnen)?

Farel strebte unbedingt eine geistlich-theologische Vertiefung dieses Beschlusses an. Jetzt versteht man auch, warum er Johannes Calvin so sehr bedrängte, in der Stadt zu bleiben. Es ist Ausdruck der geistlichen Reife dieses Mannes, dass er seine Begrenzung erkannte und sie auch annahm und neben sich ein starkes Charisma, eben das Calvins, dulden konnte, weil es unbedingt erforderlich war. Denn es brauchte eine geistliche Durchdringung dieses Beschlusses, und dazu war Farel nicht in der Lage. Vorgreifend auf Calvins erste Schritte in Genf, die bald folgen werden, muss hier schon Folgendes bedacht werden: Calvin konnte nicht hingehen und den Beschluss der Volksversammlung ignorieren; er konnte auch nicht in lässigem Gottvertrauen die Dinge sich entwickeln lassen. Er musste als dem Evangelium verpflichteter Bote Gottes den Einwohnern von Genf sagen: Wenn ihr schon eure Hand aufgehoben habt, um das Evangelium anzunehmen, dann müsst ihr noch einmal eure Hand betätigen und eure Unterschrift unter ein Bekenntnis setzen, das euch genauer darlegt, was ihr damals beschworen habt. Soll man die Gewissenhaftigkeit des Reformators diskreditieren und von „Gewissenszwang" reden?

Einführung des Evangeliums durch Beschluss der Volksversammlung

Zunächst aber zu Farel. Wie reagiert ein Prediger richtig darauf, wenn eine ganze Stadt geschworen hat, alle Missbräuche und alle abergläubischen Handlungen abzulegen? Soll er es dabei bewenden lassen, indem er sagt: „Nun macht das mal!" – und sich dabei bedeckt halten? Zweifellos würden wir sofort von „großer Geduld" geredet haben, die ein Geistlicher jetzt zeigen müsse; denn Unarten könne man doch nicht von heute auf morgen ablegen. Doch Farel hat mit diesen Dingen keine Geduld. Er pocht darauf, dass es hier zu Verhaltensänderungen kommt. Und das ist für ihn Konsequenz des Evangeliums. Alles Nachprüfen, ob es denn auch tatsächlich passiert ist, ist dann keine Gesinnungsschnüffelei. Oder etwa doch? Denn Calvin wird einerseits auf dieser konsequenten Linie fortfahren, aber andererseits – wir verstehen das jetzt besser! – wird er den Prozess der Heiligung als lebenslange Buße, die aus der Wiedergeburt erwächst, in seinen Schriften eingehend erläutern. Aber werden die Genfer diese biblischen Darlegungen überhaupt hören wollen? Die folgenden Monate zeigen, dass sie dies *nicht* wollten. Darum werden unsere Zweifel weiter wachsen: Warum hat Calvin nicht sorgfältiger zwischen der Kirchengemeinde und der Bürgergemeinde unterschieden? Er konnte es nicht und er *wollte* es nicht – das ist seine prinzipielle, sicher auch zeitbedingte Grenze.

Genf hatte damals sieben Pfarrgemeinden. Die dortigen Priester haben die Stadt nicht wie der Bischof oder die Ordensangehörigen verlassen. Schon allein aus Versorgungsgründen bleiben sie in ihren Gemeinden. Wie ist mit ihnen umzugehen? Es ist Angelegenheit der Stadt, bei ihnen Neues in Gang zu setzen; Farel unterstützt sie dabei tatkräftig. Cottret zitiert aus den Ratsprotokollen:

Kraft Beschluss unsres Rates haben wir uns fragend an Euch gewandt, um zu erfahren, ob Ihr leben wollt nach der heiligen evangelischen Lehre, und ebenso, um Euch davon abzubringen, dass Ihr entgegen den Verboten, die von uns an Euch ergangen sind, Messe gehalten und andres päpstliches Sakrament gespendet habt wider Gottes Gebot, was uns missfällt (Cottret, 147).

Es wird also nachgefragt. Es wird nicht einfach unterstellt, dass die Pfarrer wie früher ihre Riten vollziehen. Farel hatte ihnen einen Monat Zeit gelassen, der reformatorischen Lehre zuzustimmen, so lange sollten sie sich aller Amtshandlungen enthalten. Man hat den Eindruck, dass dieses alles fast zu viel verlangt ist von Männern, die nicht unbedingt theologisch und praktisch sehr versiert sind. Gerade auf diesem Feld wird Calvin viel tun müssen! Farel ist hier überfordert. Eigentlich verlangen die Pfarrer nach einer Berufsethik. Aber die ist so schnell nicht auf die Beine zu stellen. So lange wollen sie sich nach dem für diesen Stand Üblichen richten. Aber ist das nicht doch sehr verschwommen, wenn die ehemals katholischen Pfarrer antworten:

Wir bitten Euch, es möge Euch gefallen, uns leben zu lassen, wie wir angezeigt haben und wie unsere Nachbarn tun, und so wollen wir in allem gehorsam sein. Unsere Vorfahren waren rechtschaffene Leute, wir wollen ihnen nachfolgen. Indes, wenn wir künftig sehen, dass unsere Nachbarn eine andere Lebensweise annehmen, so wollen wir tun wie sie (ebd.).

Hier sieht man sehr deutlich, dass Reformation in dieser Phase vor allem mit der Lehre zu tun haben muss. Es muss gelehrt werden, was ein christlicher Prediger zu tun hat und was für ein Lebensstil ihm vom Evangelium her angemessen ist. Calvin wird hier einige Schritte weitergehen und zeigen, wie sehr das Leben mit der Lehre verknüpft sein muss.

2. Die Auslegung der Bibel und deren Grundsätze

Als Calvin im Sommer 1536 auf Grund des Drängens Farels endgültig in Genf zu bleiben beschließt, ist er 26 Jahre, dieser zwanzig Jahre älter. Eigentlich wollte Calvin als Professor der Theologie wirken, um der schon von anderen eingeleiteten Reformation ein solides Fundament zu geben. Ein Jahr später wird er aber zusätzlich als Pfarrer ordiniert. Das Miteinander beider Ämter kam letztlich seinem eigentlichen Anliegen entgegen; denn wenn es ihm um die Reformation nach Lehre *und* Leben ging, dann musste er als Lehrer zugleich Hirte sein und als solcher nicht allein menschliche und einfühlsame Qualitäten besitzen, sondern in der Seelsorge an der Gemeinde zugleich die Heilige Schrift auslegen. Calvins große Stärke war es, einen Bibeltext auszulegen allein durch die Herausstellung des ihm eigenen Sinnes unter Beachtung des Textzusammenhangs. Und das alles unter Zuhilfenahme der humanistischen philologisch-rhetorischen Hilfsmittel, die er allerdings entschlossen ihres dogmatischen Charakters entkleidete.

Seine Auslegungen als Bibellehrer und seine Predigten vor der Gemeinde sind jeweils von anderer Art und doch nicht sehr voneinander unterschieden. Die fortlaufende Auslegung der Bibel – hier könnte man einmal positiv von der „reformierten Sturheit" sprechen! – vor den Geistlichen und Studierenden und vor der Gemeinde gehören von Anfang an bis zu seinem Lebensende zu Calvins besonderen Leistungen.

„Reformierte Sturheit": fortlaufende Auslegung der Bibel

Er beginnt mit dem Römerbrief. In gleicher Weise hatte Martin Luther etwa zwanzig Jahre vorher in diesem theologisch grundlegendsten Dokument des Neuen Testaments seine entscheidende Erkenntnis gewonnen. Aus den Vorlesungen entsteht bis 1539 ein Kommentar, der später überarbeitet und erweitert wird, aber seine Grundstruktur beibehält. Während wir heute weitgehend um einer angeblichen Praxisnähe willen uns nicht genug tun können, Themenpredigt an Themenpredigt zu reihen, war die *reformatorische Predigt im Wesentlichen Lesen und Erklären der Heiligen Schrift.* Im Lauf der kommenden Jahre wird Calvin nahezu alle Bücher der Bibel auslegen – mit Ausnahme der Johannes-Offenbarung, zu der alle Reformatoren keinen Zugang hatten. Calvin weiß, indem er mit dem Römerbrief beginnt, dass er in einem Strom sehr vieler Ausleger aus Geschichte und Gegenwart schwimmt.

Seinem Freund Simon Grynäus, dessen Gastfreundschaft er in Basel immer wieder genießen durfte, widmet er seine erste gedruckte Auslegung. Hier erkennen wir zusammengefasst, welche Beweggründe ihn zu dieser Arbeit antrieben. Wie schon gesagt, findet er bei vielen seiner Vorgänger zwar bewundernswerte gelehrte Ausführungen, die die Leser beeindrucken, aber oft auch ermüden. Darum will er einen anderen Weg gehen. Er war sich schon früher mit Grynäus einig, „die vornehmste Tugend eines Auslegers sei durchsichtige Knappheit" (Br. 41). Calvin legt sich und anderen die Pflicht auf, dass „wir uns Mühe geben, nicht von Neuerungssucht uns reizen zu lassen, nicht uns treiben zu lassen von der Lust scharfer Polemik, uns von keiner Gehässigkeit aufstacheln, von keinem Ehrgeiz kitzeln zu lassen …". Ob er selbst in seinen Auslegungen immer diesen hohen Standard erreicht hat, ist zu bezweifeln. Manchmal hat man den Eindruck, dass er Mühe hat – um es milde zu sagen – sich zurückzuhalten. Auf jeden Fall ist festzuhalten: Kürze – Klarheit – Konfliktvermeidung sind bleibende Prinzipien jeder Schriftauslegung. Und, was heute besonders beherzigenswert ist: Man muss nicht auf dem neuesten Stand der Forschung sein und die allerletzten Neuerscheinungen verarbeitet haben, um kompetent die Bibel auslegen zu können.

Von besonderem Gewicht ist, dass Calvin sich der Heiligen Schrift gegenüber so ehrfurchtsvoll nähern will wie ein alttestamentlicher Priester der Stiftshütte oder dem Tempel:

Ja, wie es für Sünde gilt, etwas Gottgeweihtes zu beschmutzen, so ist gewiss einer, der die allerheiligste Sache auf Erden mit unreinen oder auch mit nicht vorbereiteten Händen antastet, unerträglich. So ist es auch eine Kühnheit, die an Heiligtumsschändung grenzt, die Schrift hierhin, dorthin zu wenden und wie an einem Spielzeug seinen Spaß daran haben, wie es von alters her von vielen geschehen (Br. 41).

Diese Sätze sprechen für sich. Karl Barth, der große reformierte Theologe des 20. Jahrhunderts, der selbst Calvin sehr viel verdankte, sagte 1922 in seiner Göttinger Calvinvorlesung (indem er die Art der Bibelauslegung Calvins eine „Verbindung von historischer und pneumatischer Exegese" nennt):

… dass dieser Kommentar etwas *will*, dass in diesem Kommentar etwas *geschieht*, dass hier wirklich ein lebendiges und fruchtbares Gespräch geführt wird über die Kluft der Jahrhunderte hinweg. Man ist im 1. und im 16. Jahrhundert zugleich. Man hört Paulus, *und* man hört Calvin … Diese stille Gemeinschaft von Apostel und Exeget ist für sich beredt (Karl Barth, *Die Theologie Calvins*, 530).

3. Katechismus und Kirchenordnung von 1537 – ein Kompendium der Theologie Calvins

Reformation der Kirche Jesu Christi ist im 16. Jahrhundert zugleich ein geistliches und weltliches Geschehen. Wir sollten darum nicht vorschnell dieses Miteinander kritisieren. Hier ist in eindrücklicher, wenn auch letztlich in mühseliger Art und Weise und schließlich auch nicht ganz erfolgreich der Versuch gemacht worden, die Bedeutung des Evangeliums für das öffentliche Leben zugänglich zu machen. Wenn wir heute zu Recht dem Evangelium eine öffentliche Bedeutung zuerkennen wollen, müssten wir eigentlich sorgfältig die Vorgänge der Katechismus-Abfassung und der Grundentwürfe zu einer erneuerten Kirche von damals zur Kenntnis nehmen. Aber das kann hier aus Platzgründen nicht in aller Ausführlichkeit erfolgen.

Erinnert sei hier noch einmal daran, dass die Reformation sich in wohlwollend landesherrlich regierten Ländern (wie in Luthers Sachsen) fundamental anders darstellt als in einem Stadtstaat wie Genf: Die jährliche Neuwahl der vier Bürgermeister etwa bringt zum einen ein beträchtliches Schwankungspotenzial in den Vorgang des Reformierens hinein, zum anderen wird die Reformation immer auf das austarierte Miteinander von Kirchengemeinde und Zivilgemeinde angewiesen sein. Hier wird von Calvin und seinen Freunden zwar *unterschieden*, aber nicht *getrennt*. Der Aufbau der Kirchengemeinde dient dem Aufbau des Stadtstaates Genf, wie umgekehrt die dringend notwendige erneuerte Verfassung der Stadt nicht ohne den entscheidenden Beitrag der Kirchengemeinden zu schaffen ist. Wenn wir das alles aus heutigem Standpunkt mit guten Gründen kritisieren mögen, so gilt doch für jene Zeit, die den Start unserer evangelischen Kirchen markiert: Staat und Kirche sind beide auf Gedeih und Verderb aufeinander angewiesen.

Wenn wir uns das nicht vor Augen halten, wird die Beurteilung jener Aufforderung Calvins und Farels an die Bevölkerung der Stadt, das neue Glaubensbekenntnis durch die persönliche Unterschrift jedes einzelnen Bürgers zu beeiden, von vornherein ungerecht. Es musste dringend gehandelt werden, nachdem die bischöfliche Verfassung und mit ihr die herzogliche abgeschafft worden war.

In der Reformationszeit waren Kirche und Staat auf Gedeih und Verderb aufeinander angewiesen.

Bei diesen Bekenntnisschriften (CStA 1.1, 131ff.) handelt es sich erstens um die „Artikel zur Ordnung der Kirche und des Gottesdienstes in Genf, dem Rat vorgelegt von den Predigern" (Calvin war also hier nur Mitautor), zweitens um die „Unterweisung und Glaubensbekenntnis, die in der Genfer Kirche in Gebrauch sind" (Calvin ist Autor, wobei man aber die Zusammenarbeit mit seinen Kollegen voraussetzen darf), und drittens das „Glaubensbekenntnis – von allen Bürgern und Einwohnern der Stadt Genf sowie von den Untertanen der Landschaft zu beschwören und zu halten; Auszug aus der in der Kirche dieser Stadt geltenden Unterweisung".

Die erste Schrift, kurz „Artikel" genannt, ist kurz gefasst und will in der augenblicklichen Situation dem Rat der Stadt und den Bürgern eine erste Orientierung geben. Vier Punkte werden angesprochen: Zuerst geht es um das Abendmahl und das Problem des Ausschlusses von diesem, sodann um die Erneuerung des Psalmengesangs als Weise des öffentlichen Betens, drittens um die Jugendunterweisung und schließlich um die Erneuerung der Ehegesetzgebung.

Ich beschränke mich in meiner Darstellung auf die Erläuterungen zum Abendmahl und der damit verbundenen „Kirchenzucht" und nehme Calvins Ausführungen zur Taufe hinzu, weil gerade hier Erkenntnisse vermittelt werden, die später zwar wieder zum Teil wegfallen (Katechismus von 1542), aber dennoch nach vorne weisen. Ich sehe hier Ansätze zu einem missionarischen Umgang mit der Taufhandlung. Zum Schluss werden einige Aspekte der Neuordnung des Gemeinde-Gesangs dargestellt.

a) Das Abendmahl als Gemeindefeier zur Festigung zum Christsein

Calvin und seine Freunde konzentrieren diese erste Kirchenordnung um das Abendmahl herum. Damit gehen Calvin und die reformierte Kirche mit ihm und nach ihm einen entscheidenden Schritt über Luther hinaus: Während das Luthertum die Kirche als *Auditorium,* also als Hörgemeinschaft beschreibt und den Gemeinschaftscharakter eher unbetont lässt – trotz der Formulierung „Kirche ist Gemeinschaft der Heiligen" (communia oder congregatio sanctorum) –, wird hier die Kirche wesentlich als *Bekenntnis- und Lebensgemeinschaft* konstituiert. Anders gesagt: Neben dem *Hören* des Wortes Gottes gehört die *Antwort* auf das Wort Gottes zur Wesensbestimmung der Kirche hinzu.

Kirche als Bekenntnis und Lebensgemeinschaft

Denn die Feier des Abendmahls, also das bewusste Herzutreten zum Sakrament, ist ein Akt des Bekennens *und* des Vollzuges von Gemeinschaft. Kirche wird hier eindeutig als *Leib Christi* verstanden.

Der Kern des Gemeinschaftlichen liegt in der Gemeinschaft mit Jesus Christus, „dass wir wirklich des Leibes und des Blutes Jesu teilhaftig gemacht sind, seines Todes, seines Lebens, seines Geistes und aller seiner Güter (frz. tous ses biens)". Wenn wir Teilhaber des Lebens Jesu und seines Geistes sind, gehören uns auch „alle seine Güter". Ich sehe hierin, ohne dass der Begriff Wiedergeburt erscheint, die Perspektive der Erneuerung des Lebens mitgedacht, auf der Basis des stellvertretenden Sühnetodes Jesu. Das neue Leben wird real erfahrbar durch Jesu Christi Auferstehung, und die wiederum wird real durch die Gabe des Geistes, und die wiederum hat noch andere Dimensionen als die der Sündenvergebung. An unendlich vielen Stellen des Werkes Calvins erscheinen „die

Güter" in der Mehrzahlform. Im Kern liegt hier schon das angelegt, was wir heute die „Gaben des Geistes für den Gemeindeaufbau" nennen.

Bedenkenswert ist, dass hier nicht auf die Einsetzungsworte aus den Evangelien Bezug genommen wird, sondern der *Vollzug* der Mahlfeier nach Apg 2 im Mittelpunkt steht:

> Daher soll die christliche Gemeinde davon Gebrauch machen, wie wir in Apostelgeschichte 2 geschrieben finden: Die Jünger unseres Herrn verharrten im Brechen des Brotes, also in der Feier des Abendmahls.

Während die katholische und auch die lutherische Kirche dem „Amt" die allein gültige Austeilungsvollmacht geben, ist hier die ganze Sache um etliches niedriger gehängt (wenngleich es auch hier um eine Ordnung geht). Wegen der notwendigen Würde, die bei der Austeilung des Mahls vonnöten ist, „scheint es uns das Beste zu sein (man beachte die Formulierung!), wenn die Diener am Wort das Brot und den Wein … austeilen." Die „Diener des Wortes", die hier agieren, sind Diener in einem Chor von vielen anderen.

Nun gibt es aber eine eigenartige Begründung für die Einschränkung der Häufigkeit der Mahlfeiern, die mit Sorgfalt bedacht sein will:

> Wegen der noch großen Schwachheit des Volkes würde aber die Gefahr bestehen, dass man dieses heilige und erhabene Geheimnis verachtet, wenn es zu oft gefeiert würde. Deshalb scheint es gut zu sein, zu warten, bis das schwache Volk stärker wird, und das heilige Mahl einmal im Monat an einem der drei Orte, wo jetzt gepredigt wird, zu feiern, also in Saint-Pierre, Rive, Saint-Gervais. Dies aber so, dass es im ersten Monat in Saint-Pierre, im zweiten in Rive, im dritten in Saint-Gervais gefeiert wird und man dann in der Reihe wieder von vorn beginnt. Dennoch soll es nicht nur für ein Quartier der Stadt, sondern für die ganze Kirche stattfinden.

Zunächst ist festzuhalten, dass es ein unhinterfragtes Miteinander von Wort und Sakrament im reformierten Bereich nicht gibt. Denn wir haben schon erkannt, dass die *Reaktion* auf das gepredigte Wort zum Kirchesein dazugehört. Darum ist die *Wahrnehmung* der Art und Weise der glaubenden Reaktion der Gemeindeglieder hier ein Thema. Heute haben wir uns schon längst abgewöhnt, zu fragen, ob denn jemand in der Gemeinde „schon so weit ist", dass er oder sie dieses oder jenes richtig und angemessen verstehen oder tun kann. Ja, es scheint für viele von uns ausgemacht zu sein, dass nur ein Sektierer so etwas sagt: „Du bist noch nicht so weit." Wir nennen das alles christliche Demut und den Verzicht auf ein Richten, das doch nur Gott zustehe. Dass hier eine biblische Dimension ausgeblendet worden ist, wird nicht mehr gesehen. Anders aber der Anfang der Reformation in Genf!

Nicht weil die Freunde Calvins im Geheimen doch Rationalisten gewesen sind, wie ihre Kritiker denken könnten, sondern weil sie reale Erfahrungen mit einem *sakramentsbezogenen Aberglauben* gemacht haben, haben sie an diesem Punkt weitergedacht. Zum Wesen des Christseins gehört elementar das geistliche Wachstum hinzu. Was im Luthertum nur als Nebengedanke erscheint, ist hier Zentralpunkt. Wenn man also in den biblischen Kategorien des Wachstums denkt, dann muss man auch mit den Worten des Apostels Paulus sagen können: Hier gibt es noch eine „kindische" oder eine „fleischliche" Einstellung zu den Gaben Gottes. Die Viermonatsfrist in der Feier des Mahls bietet die Möglichkeit der *Vorbereitung*, auch durch entsprechende Gottesdienste. Dennoch gibt es für den geistlich Heranreifenden eine Möglichkeit, häufiger das Mahl zu feiern. Er oder sie müsste

Die biblische Dimension des Wachstums im Glauben darf bei der Diskussion um das Herrenmahl nicht ausgeblendet werden.

dann einen bewussten Schritt machen, seinen Lieblingsplatz im Kirchengestühl einmal verlassen und den Gottesdienst der benachbarten Parochialgemeinde besuchen. Wir sehen deutlich, wie sehr Calvin und seine Mitarbeiter die ganze Stadt als einen Corpus im Gesamt-Corpus des Leibes Christi verstehen, was natürlich nicht unproblematisch ist.

Taufe und Herrenmahl erhalten durch Calvin und die reformierte Tradition einen einzigartigen Stellenwert im Gesamtaufriss einer heilsgeschichtlichen Formung der christlichen Glaubenserkenntnis. In diesen Zeichen ist nicht das ganze Heil versammelt, aber das ganze Heil in Christus bekommt durch sie eine besondere Zuspitzung oder Richtung. Diesen kleinen, aber feinen Unterschied gilt es zu hören. Natürlich hat Luther deutlich gesagt, dass ohne den Glauben Taufe und Herrenmahl „nichts sind". Aber er hat noch viel vehementer gesagt, dass *das gesprochene Wort* durch den berufenen Amtsträger den Wert des Sakraments ausmacht. Demgegenüber sagen Calvin und die ihm folgende reformierte Tradition, dass der *Aspekt des Feierns* (hier besonders beim Herrenmahl), das heißt der Vorgang inmitten der Gottesdienst feiernden Gemeinde, der springende Punkt ist, auf den alles ankommt. Luther fragt nach dem, was *jetzt an Heil* geschieht, wenn es um Taufe und Mahl geht, Calvin fragt danach, was *vorausging und was nachfolgt* und was jetzt *geschieht* unter den versammelten Brüdern und Schwestern der Christengemeinde – die *Handlung* ist entscheidend! Es leuchtet bei einigem Nachdenken ein, dass Calvins Erkenntnis wertvolle Impulse für eine *Gestaltung* des Gemeindelebens gibt, während man bei Luther ansatzweise einen *Sakramentalismus* sehen kann, der den Christen tendenziell zu einem *passiven Konsumenten* macht, was sich bekanntlich für einen Gemeindeaufbau verhängnisvoll auswirkte und noch auswirkt. Außerdem konnte dort das platte Missverständnis aufkommen: „Am Sakrament teilgenommen – alles gut!" Man darf nicht sagen, dass das Sakramentsverständnis Calvins „rational" oder „verkopft", während das Luthers für den schlichten Menschen „nachvollziehbar" und „erlebnisträchtig" sei. Calvins Deutung der beiden Sakramente macht diese zwar „schlanker", gibt ihnen aber damit den Raum, neben Taufe und Abendmahl eine Fülle weiterer Vergewisserungen des Glaubens zu entdecken. Nach diesen Vorüberlegungen wollen wir uns die kurz gefassten Darlegungen zu den Sakramenten anschauen, die Calvin mit seinen Kollegen 1541 dem Rat der Stadt Genf vorlegte:

In der Einleitung heißt es:

Die Sakramente sind zu dem Zweck eingesetzt worden, als Übung (frz. exercices) unseres Glaubens vor Gott und den Menschen zu dienen. Vor Gott üben sie uns im Glauben, indem sie ihn in der Wahrheit Gottes bestärken (frz. confirment en la verite de Dieu).

Geben also Taufe und Abendmahl nichts, sondern sind nur menschliche Übung? Wir sehen deutlich: Es muss etwas *vorausgegangen* sein, nämlich der Glaube. Ist das eine Verarmung des Sakraments? Keineswegs! Das Wirken des Heiligen Geistes hat den Glauben begründet durch die Heilige Schrift. Aber die *Übung* ist es, die den Glauben befestigt. Gibt es keine Befestigung („Konfirmation"), ist der Glaube weg. Insofern *gibt* das Sakrament etwas ganz Wesentliches, aber es kann das Fundament nicht legen. Die Begründung liegt außerhalb dieses Zeichens, *nämlich in dem Bezeichneten – Christus.* Das „*solus Christus*" ist hier in hellen, eindeutigen Farben gezeichnet. Wir sehen nebenbei, dass das Thema „Heiligung", das Calvin so sehr am Herzen liegt, hier ebenfalls verankert ist.

Auffällig ist, und wiederum für Calvin typisch, dass die sakramentlichen Glaubensübungen auch „vor Menschen" geschehen sollen. Das Zeichen dient hier der *missionarischen Anzeige,* also der Einladung zum Glauben. Die „hohen und himmlischen Geheimnisse" erscheinen „in irdischer Gestalt", weil unser Glaube grundsätzlich schwach und schwankend ist. Darum haben wir die Sakramente unbedingt nötig:

Den Sakramenten muss der Glaube vorausgehen.

Denn immer geht die Verheißung voraus, die im Wort enthalten ist; das Zeichen ist angefügt (frz. le singe est adiouste), das diese Verheißung befestigt und versiegelt (frz. confirme et seelle) und sie uns noch besser bezeugt sein lässt, in einer Weise, wie Gott es für unsere beschränkte Fassungskraft als geeignet erachtet.

Dass das Wort „voraus" geht, meint nicht nur, dass die Einsetzungsworte gesprochen werden. Es sind die Verheißungen schon des Alten Testaments, ja, es ist die Kunde von der ewigen Erwählung. So ist also das Sakrament

ein äußerliches Zeichen (frz. signe exterieur), durch welches der Herr uns seinen uns gegenüber gültigen Willen darstellt (frz. represente) und bezeugt (frz. testifie), um die Schwachheit unseres Glaubens zu stärken …

Das, was Calvin „Repräsentation/Darstellung" nennt, ist das, was die lutherische Seite mit dem „ist" meint. Eine Darstellung stellt eine dramatische Geschichte in Kurzform dar, eben das Geheimnis der Erlösung in der Menschwerdung Christi, in seinem Tod und seiner Erhöhung zum Vater. Eine solche Darstellung animiert den Menschen, sich seinerseits „darzustellen" – als fest an Gott Glaubenden, und das sogar vor außenstehenden Menschen. Die Darstellung schließt das Sein ein, ist aber sozusagen „das Sein in Bewegung". Wir sehen hier zum wiederholten Male, wie Calvin der lutherischen Erkenntnis nicht entgegengesetzt ist, sie aber vertieft.

Wenn wir vom „Herrenmahl" sprechen, betonen wir den *einladenden* Herrn, „Abendmahl" bezieht sich auf das Abschiedsmahl an jenem letz-

ten Abend, der die Passion Jesu einleitet. Das französische Wort „cene"
heißt einfach nur „Mahl", wobei der Vorgang der „Mahl-Zeit" mitge-
hört werden soll, weil bei Calvin und den Seinen der *Vorgang des Essens
und Trinkens* im Mittelpunkt steht. Das Herrenmahl gibt nichts über
das hinaus, was das Wort und der Geist des Herrn nicht schon längst gegeben haben. So wenig, wie die Taufe zum alles entscheidenden Faktor
des Christwerdens hochstilisiert wird, so wenig wird hier das Mahl des
Herrn zum Höhepunkt der Wortverkündigung aufgegipfelt. Durch das
Mahl werden wir „konfirmiert", wie es schon vorher allgemein von den
Sakramenten gesagt wurde. Wir erkennen, inwiefern dieses Mahl unser
Fortschreiten im Glauben stabilisiert,

… nämlich uns darin zu bestärken, dass der Leib des Herrn ein einziges Mal so
für uns gegeben wurde, dass er jetzt unser ist und es auch für alle Zeiten sein wird,
und sein Blut ein einziges Mal so für uns vergossen wurde, dass es immer unser
sein wird. Die Zeichen sind Brot und Wein, mit welchen der Herr uns die wahre
Gemeinschaft (frz. la vraye communication), nämlich die geistliche (frz. spirituelle)
vorstellt (frz. presente); ihr genügt das Band seines Heiligen Geistes, und sie verlangt in keiner Weise eine Gegenwart, wo der Leib im Brot oder das Blut im Wein
eingeschlossen wäre (frz. une presence enclose).

Der Leib des Herrn, also seine reale geschichtliche Existenz, der „damals" für uns gekommen und „damals" für uns gelitten und gestorben
ist, der „damals" zum Vater im Himmel erhöht worden ist und nicht
ständig aufs Neue stirbt und aufersteht, eben dieser Leib soll heute „unser sein". Einfach ausgedrückt: Ich muss „heute" von dem etwas haben,
was „damals" zu bestimmten geschichtlichen Stunden geschehen ist.
Das gibt das Herrenmahl, nicht der Kult einer Kirche mit ihren besonders geweihten Personen, sondern Jesus Christus wird „mein Eigen".
Diese wie ein Besitzdenken klingende Formulierung, die für Calvin typisch ist, ist alles andere als eine Vereinnahmung des Göttlichen durch
das Menschliche. Sie meint das Wunder der *Christusgemeinschaft,* über
die noch ausführlicher geredet werden wird. Es geht um eine *wahre,* das
heißt um eine reale und nicht bloß symbolische Gemeinschaft. Es geht
um eine tiefe Realität, wie sie nur durch den Heiligen Geist gegeben
werden kann.

An dieser Stelle haben sich die Geister geschieden und scheiden sich
vielfach noch heute. Zunächst nur dieses: *Geistliche Gemeinschaft mit*

Christus ist reale Gemeinschaft mit Christus, wie sie nicht intensiver und tiefer sein kann. Weil der Heilige Geist Gott-in-Person ist, „genügt das Band des Heiligen Geistes und sie verlangt in keiner Weise eine Gegenwart, wo der Leib im Brot und Wein eingeschlossen wäre". Luther hatte gesagt: Der Leib des Herrn hat Anteil an der vollen Göttlichkeit, darum kann er, der Leib, auch real in den Elementen Brot und Wein „drin" sein. Wie dieses Drin-Sein zu denken sei, haben wir nicht zu wissen, meint Luther. Calvin hingegen, dem die abergläubische Verehrung der Hostie und aller anderen sakramentsähnlichen Dinge lebenslang in den Knochen steckt, kann das so nicht sagen und denken. Was ihn bewegt, ist dies: Christus ist nach seiner Auferstehung aufgefahren in den Himmel zur Rechten des Vaters. Damit hat er, biblisch korrekt, Christi reales Hohepriesteramt ganz stark in den Blick genommen. Jesus bringt also seinen verklärten Leib der Herrlichkeit an der Rechten Gottes als Betender sozusagen zum Einsatz – aber nicht mehr auf Erden. Darum ist sein verklärter Herrlichkeitsleib nicht in den Elementen Brot und Wein.

Die abergläubische Verehrung der Hostie steckte Calvin lebenslang in den Knochen.

Dort würde er die Feier sprengen, wenn er denn wirklich mit dem verklärten Herrlichkeitsleib anwesend wäre. Dennoch hat man kritisiert, dass Calvin sich die reale Person Jesu im Himmel eben doch „rationalistisch" vorstelle: Eine Person müsse eine umrissene Form haben, aber das sei doch für die erhöhte Person nicht mehr relevant. Dagegen ist zu sagen: Wenn es in der Bibel heißt, dass Jesus *so* vom Himmel wiederkommen werde auf die Erde, *wie* die Jünger ihn haben gen Himmel fahren sehen, ist daraus klipp und klar zu schließen: Der himmlisch verklärte Christusleib hat eine umrissene Gestalt, sonst könnte man ihn nicht mit leiblichen Augen sehen. Und zu sagen, dass dieser Leib unsichtbar immer und überall auf Erden sei, wann immer das Mahl des Herrn gefeiert werde, ist dann nicht mehr möglich.

„Sind wir also von Christus auf Erden verlassen?", fragt der ängstliche glaubende Mensch. Nein, sagt Calvin, niemals mehr bis zum Jüngsten Tag, aber er sagt es unter der Voraussetzung, dass *Christus nach seiner Himmelfahrt nur durch seinen Heiligen Geist unter uns gegenwärtig ist.* „Nur" bedeutet keine Qualitätsminderung, „nur" heißt einfach: bis zum

Tag seiner sichtbaren Wiederkunft. So weist seine Gegenwart im Heiligen Geist ganz entschieden auf sein Kommen in Herrlichkeit hin. Es bleibt also bestehen:

Denn obschon der zum Himmel erhobene Christus diese irdische Stätte, wo wir noch Pilger sind, verlassen hat, kann dennoch kein Abstand seine Kraft zunichte machen, sodass er die Seinen nicht mit sich speisen könnte … Christus mit all seinen Reichtümern ist für uns hier gegenwärtig, nicht weniger, als wenn er uns vor Augen gestellt würde.

Was aber bringt uns das Herrenmahl anders als die Taufe mit Wasser? Manchmal hat man den Eindruck, es ist beide Mal „dasselbe". Richtig, aber „dasselbe" *in anderer Situation.* Jetzt, beim Abendmahl, kommt es nicht auf Glaubens*gründung*, sondern auf Glaubens*beharrung* an. Zweifellos hängt eins am anderen – aber es ist nicht jeweils „dasselbe" in der gleichen Art:

Wie das Brot das Leben unseres Leibes ernährt, so ist der Leib Christi Speise und Schutz (frz. protection) unseres geistlichen Lebens; wenn der Wein uns als Zeichen des Blutes hingestellt (frz. presente) wird, sollen wir entsprechend dafür halten, dass wir jenen Nutzen, den er dem Leib bringt, in geistlicher Weise durch das Blut Christi empfangen.

Es geht also beim Empfang von Brot und Wein um unseren Schutz und unsere Bewahrung auf dem *Weg zum ewigen Leben.* Beides sind die belebenden geistlichen Grundnahrungsmittel auf dem Weg zu einem Auferstehungsleben. Der Heilige Geist, der in den beiden Elementen wirkt, gibt „nicht nur unserem Geist ein sicheres Vertrauen auf das ewige Leben, … sondern (macht) uns auch der Unsterblichkeit unseres Fleisches gewiss …". Ich weiß jetzt, dass ich das Ziel erreiche, wenn ich in der Gemeinschaft der Brüder und Schwestern das Mahl genieße. Ich habe zugleich für mein der Sünde immer wieder ausgeliefertes Fleisch eine Hoffnung auf Unsterblichkeit. Die Auferstehung des Fleisches ist mit gemeint, wenn Calvin hier den Begriff der Unsterblichkeit gebraucht. Es geht also keineswegs um die philosophische Unsterblichkeit der Seele, sondern um das Wiedererwachen des hinfälligen Leibes zum ewigkeitlichen Leben.

Aber auch beim Herrenmahl ist der *Bekenntnisaspekt* zu sehen. Allerdings hat er hier keinen direkten missionarischen Zielpunkt. Es geht jetzt um das *Bekenntnis zur Geschwisterschaft der Gemeinde* und damit zugleich um das *Gotteslob als Bekenntnis vor Gott.* Das bloße Empfangen der Gnade ohne die Einbindung des Einzelnen in einer verbindlichen Gemeinschaft ist nicht möglich. Was bei Luther höchstens ein Neben-aspekt ist, damit nur ja nicht der Empfangscharakter des Mahls abge-schwächt wird, wird von Calvin betont, wobei er das Neue Testament auf seiner Seite haben dürfte:

Darüber hinaus sollen wir uns gegenseitig so zu einer Gemeinschaft (frz. unite) zusammenfinden, wie die Glieder eines Leibes unter sich verbunden zusammen-gefügt sind. Denn kein stärkerer und wirksamerer Ansporn konnte uns gegeben werden, um uns zu gegenseitiger Nächstenliebe (frz. mutuelle charite) zu bewegen und anzutreiben, als indem Christus sich uns schenkt und so uns nicht nur durch sein Beispiel einlädt, sich einander gegenseitig zu schenken (frz. exposions mutu-ellement) und zu widmen, sondern auch so, wie er sich mit allen vereint, uns alle in sich eint.

Man versteht von hier den starken ethischen Aspekt, der von der calvi-nischen Reformation ausgeht. Und schließlich vollendet sich auf Erden in der rechten Feier des Herrenmahls die Christusgemeinschaft: Wie Christus sich mit uns durch den Geist eint, so sind wir durch denselben Geist untereinander geeint.

b) Die „Kirchenzucht"

Der zweite Punkt erscheint unserem heutigen Empfinden heikel, geht es doch um die Kirchenzucht im Kontext der Abendmahlsfeiern. Wäh-rend heute von den deutschen Landeskirchen zumeist an dieser Stelle mit den „offenen Sündermahlen" Jesu argumentiert wird und solche offenen Angebote die herausragende ganzheitliche Komponente des Evangeliums anzeigen sollen und wir in den Freikirchen eine Band-breite beobachten können, die von Rigorosität, gemäßigtem bis hin zu landeskirchlich-offenem Verhalten reicht, war der reformierte Zweig in der Reformationszeit an dieser Stelle unerbittlich. Wir sind heute ge-neigt zu fragen, warum denn ausgerechnet die Abendmahlsfeiern mit diesen Dingen beschwert werden müssen – es gibt doch das seelsorger-liche Gespräch, in dem man die Dinge bereinigen kann. Und wenn es keine Einigung gibt? Dann heißt es oft: „Dann musst du das mit deinem eigenen Gewissen vereinbaren." Der Mensch sei ja mündig, heißt es, und Gott habe schließlich einen langen Atem, jeder müsse selbst zur Umkehr finden, erzwungene Umkehr sei keine.

Warum Calvin und seine Freunde an dieser Stelle so schroff sind, kann man nicht aus deren Charakter erklären. Der Grund liegt in der oben dargelegten Erkenntnis, dass die Kirche der lebendige Leib Christi ist. Wer Kirche vorrangig als Hör-Gemeinschaft beschreibt, kann hier milder sein. Die Genfer Kirchenordnung sah hier Handlungsbedarf, „damit Jesus Christus nicht gelästert und entehrt wird, als ob seine Kirche eine Verschwörung von entarteten und in alle Laster ausschweifenden Leute wäre". *Die Ehre Gottes ist der Zielpunkt der Theologie Calvins.* Das Heil des Einzelnen hat sich dem unterzuordnen. Der Leib Christi muss darum handeln, nicht der Amtsträger. Die „Versammlung der Gläubigen" ist hier gefragt, ihr allein steht „Kenntnis und Macht der Exkommunikation" zu. Man erkennt die Logik: Wenn es sich bei der Gemeinde um den Leib des Herrn handelt, der hier verachtet wird, sofern der oder die Ermahnte nicht hören will, steht alles auf dem Spiel:

Die Ehre Gottes ist der Zielpunkt der Theologie Calvins.

Deshalb haben wir uns entschlossen, von euch zu verlangen, es möge euch belieben, einige Personen mit guter Lebensführung und gutem Leumund aus den Gläubigen auszuwählen, die standfest und unbestechlich sind. Nachdem sie über alle Quartiere der Stadt verteilt worden sind, soll man sie beauftragen, ein Auge auf das Leben und Betragen eines Jeden zu haben. Und wenn sie bei jemandem einen schwerwiegenden (frz. notable) Fehler sehen, sollen sie es einem der Pfarrer mitteilen, damit, wer auch immer der Fehlbare sei, er ermahnt und brüderlich aufgefordert wird, sich zu bessern.

Erst bei hartnäckigem Sich-Verweigern erfolgt der *zeitweilige* Ausschluss vom Abendmahl, aber nicht von der Predigt:

Zum Zeichen (frz. en signe) dafür soll er vom Abendmahl ausgeschlossen werden, und den anderen Gläubigen soll man raten, nicht mehr näheren Umgang mit ihm zu pflegen. Er soll es jedoch nicht unterlassen, der Predigt beizuwohnen, um immer wieder die christliche Verkündigung zu hören. So soll unablässig erprobt werden, ob es dem Herrn gefällt, ihm das Herz zu berühren und ihn auf den richtigen Weg zurückzubringen.

Diesen entscheidenden Zielgedanken des Unternehmens Kirchenzucht muss man ernst nehmen, wenn man das Ganze auch nur annähernd richtig bewerten will, und man muss die Situation bedenken, in die hinein diese Kirchenordnung erlassen worden ist. Wenn man, wie heute üblich, individualistisch-privatistisch denkt, wird man hier von „Gesinnungsschnüffelei" sprechen. Aber um Gesinnungen geht es hier gar nicht, auch nicht um Herzenseinstellungen. Die Genfer Brüder wissen auch, dass nur Gott die Herzen prüfen kann. Hier geht es um eine Gemeinschaft, die in ihrem Wohl grundlegend gestört ist, wenn „schwerwiegende" Vergehen vorliegen. Es geht um das Wohl der Kirchen – *wie auch* um das Wohl der Bürgergemeinde. Darum wird auch die Stadtregierung gebeten, die Oberhoheit über die Zuchtmaßnahmen zu übernehmen. Ein alter Spruch lautet: „Im Dorf achtet man aufeinander." Das soll man nicht auf das leidige Schwätzen, Tuscheln und Gerüchteerfinden beziehen. Hier ist eine „soziale Kontrolle" im positiven Sinn gemeint, denn die spätmittelalterlichen Städte sind im Grunde nichts anderes als große Dörfer gewesen. Es geht also um Verhaltensweisen, die die Gemeinschaft nachhaltig stören. Die Kirchenordnung nennt „dauernde Lüstlinge, Geizhälse, Götzendiener, Verleumder, Trunksüchtige oder Räuber …", für die solche Zuchtmaßnahmen gedacht sind. Wenn also solche *offensichtlichen und hartnäckigen* Übertreter der Gebote Gottes ungehindert zur Gemeinschaft der Feiernden hinzutreten, würde der Leib Christi nachhaltig verletzt. Um es noch einmal zu sagen: Der Genfer Kirchenordnung geht es nicht um Kontrolle der Gesinnung, sondern um die Aufdeckung und Beseitigung der sozialen Übel, die auch ein politisches Gemeinwesen zerstören. Die in den Stadtbezirken arbeitenden bewährten Männer sind keine Spitzel, sondern Zwischenglieder, die eine Seelsorge erst ermöglichen sollen. Dass die Kirchenordnung niemand vom Wortgottesdienst ausschließt, ist in diesem seelsorgerlichen Gesamtzusammenhang zu sehen.

Ob die Mittel zum Zweck die richtigen waren, ist eine andere Frage, und natürlich lässt sich dieses Modell nicht auf unsere heutigen Gemeinden anwenden. Heute würde jemand, der zeitweilig vom Abendmahl ausgeschlossen würde, dies wahrscheinlich als einen generellen Affront verstehen und würde aus Protest auch keinen sonstigen Gottesdienst mehr besuchen. Grundsätzlich stellt sich die Frage, welche Qualifikation die „bewährten Männer" haben müssen – zu leicht können diese das in sie gesetzte Vertrauen in der Tat dazu missbrauchen, eine Atmosphäre des Ausspionierens zu schaffen und könnten durch das Anzeigen der Delinquenten auch persönliche Rachegelüste zu stillen suchen. Problematisch ist auch die Anweisung an die übrigen Gemeindeglieder, die vom Mahl des Herrn Ausgeschlossenen in dieser Zwischenzeit nicht zu kontaktieren. Es gäbe in jener Zwischenzeit im Grunde nur ein tötendes Verachten, was den Ausgeschlossenen erst recht eine Rückkehr zur Gemeinde unmöglich machen würde. Die Durchführung der Kirchenzucht würde eine geistlich reife Gemeinde erfordern, die das stille, aber konsequente Mittragen der Problematischen eingeübt hätte, ohne innerlich mit ihnen abzuschließen.

Insgesamt muss man auch in heutiger Zeit einen Gedanken unbedingt festhalten, obwohl er in der Praxis schwer durchzuführen ist: Das Mahl des Herrn als Vorwegnahme des „Hochzeitsmahls des Lammes" erfordert eine gereinigte Gemeinde, die im Vorfeld der Feier viele zwischenmenschliche Probleme angegangen hat und in einen Reinigungsprozess eingetreten ist. Von daher ist eine nicht allzu häufige Mahlfeier durchaus erwägenswert, wie sie die Genfer Ordnung vorsieht. Der abschließende Gedanke der Ordnung lautet:

> Wir haben also bedacht, dass eine Kirche nicht im richtigen Zustand sein kann, ohne diese Anweisung des Herrn in Mt 18 ernst zu nehmen, und dass bei ihrer Missachtung eine strenge Vergeltung Gottes zu fürchten ist.

Wir sollten nicht dem heute üblichen Gedanken Raum geben: „Was für ein schreckliches Gottesbild ist es, wenn von Gottes strenger Vergeltung gesprochen wird!". Das Wort des Paulus im ersten Korintherbrief, dass bei der Verweigerung der Gemeinschaft der Gemeinde durch ungebührliches Verhalten Krankheit und früher Tod um sich greifen, ist zwar unbequem, muss aber festgehalten werden, wenn wir die Bibel ernst nehmen.

c) Die Taufe – Zeichen für den Beginn des Christseins

Gerade dieses Zeichen des Wassers dient einmal dem Glauben an Gott „und zweitens unserem Bekenntnis vor den Menschen". Das, was Gott tut, dient *zugleich* dem Zeugnis vor Menschen. Diese Doppelstruktur des Sakraments ist für Calvin wesentlich, es ist die *missionarische Dimension des Sakraments.* Immer sind auch die anderen, ist der Leib Christi im Blick. Es geht also niemals ausschließlich um mein persönliches Heil. Aber zuerst natürlich um dieses. Und das zeigt sich in *zwei Dimensionen:*

> Das eine ist die Reinigung, die wir durch das Blut Christi erhalten, das andere die Abtötung unseres Fleisches, die wir in seinem Tod empfangen haben … Weiter erläutert (der Apostel Paulus), wie wir in seinem Tod begraben sind, damit wir in einem neuen Leben wandeln.

Die Taufe ist also das Zeichen für die Sündenvergebung (Rechtfertigung), aber sie ist auch das Zeichen für das Absterben des alten Lebens und das Anfangen des neuen Lebens (Heiligung). Man kann also nicht ohne Vergebung *beginnen,* wie man nicht ohne Gottes Gnade *fortfahren* kann. Wie aber hängt dieses Wunder mit dem Element Wasser zusammen? Calvin präzisiert:

> Mit all dem ist jedoch nicht gemeint, dass das Wasser Ursache (frz. cause) oder auch bloß Werkzeug (frz. instrument) der Reinigung und Wiedergeburt sei, sondern nur, dass die Kenntnis (frz. cognoisssance) dieser Dinge in diesem Sakrament empfangen wird, in der Absicht, dass uns gesagt wird, wir würden all die Gaben des Herrn, an die wir glauben, auch wirklich empfangen, erhalten und erreichen, sei es, dass wir dann zum ersten Mal davon erfahren, oder dass wir es schon wissen und dann noch mehr überzeugt werden.

Wenn man das Wort „Kenntnis" bloß rational versteht, sagt man, Calvin habe die Gabe der Taufe ausgedünnt und sie nur zu einem „geistigen Erinnerungsvorgang" herabgestuft. Wenn man jedoch, im Sinne des Eingangssatzes seiner Institutio, die „Gotteserkenntnis" als das Ziel aller Frömmigkeit erklärt, sich klarmacht, dass es hierbei um die alles entscheidende Glaubens- und Liebesbeziehung zu Gott geht, erscheinen die Dinge in einem anderen Licht. Wenn ich auf diese Weise etwas „erkenne", hilft mir das Zeichen des Wassers, Gottes Erlösungstat im Glauben wahr- und anzunehmen. Ich starre dann also nicht auf das „Element Wasser", sondern ich dringe durch dieses hindurch zu dem, den das Wasser bezeugt, nämlich zu Christus und seinen Gaben der Sündenreinigung und der Auferstehung zu neuem Leben. So kann es *keine Taufwiedergeburt* in der Linie Calvins geben, wohl aber die *Wieder-*

geburt, die das Wasser bezeugt. Noch einmal: Wo etwas „bezeugt" wird, geschieht etwas – aber nicht durch das Zeichen, sondern nur durch den Bezeichneten. Liest man den Schluss des Satzes mehrmals, könnte man den Gedanken nicht gänzlich abweisen, dass eine Tauflehre schon stattgefunden hat, *bevor* die Handlung der Taufe vollzogen wird – eine *Erwachsenentaufe* wird also nicht gänzlich ausgeschlossen. Freilich führt Calvin diesen Gedanken nicht weiter aus.

Die andere Dimension der Taufe:

> Die Taufe dient ebenfalls dem Bekenntnis vor den Menschen; denn sie ist ein Kennzeichen, durch welches wir öffentlich bekannt geben (frz. *publiquement nous faisons profession*), dass wir zum Volke Gottes gezählt werden wollen, um Gott in ein und derselben Religion mit allen Gläubigen zu dienen und zu ehren.

Von diesen Sätzen aus kann es keine schnelle Taufe möglichst in den ersten Stunden nach der Geburt noch in privatem Familienkreis geben. Bei Licht besehen durchstößt Calvin hier (prophetisch) die Vorstellung, dass sowieso alle Menschen schon Christen sind. Denn wenn es öffentlich mitzuteilen ist, man wolle dem Volk Gottes angehören, hieße das doch, „Eulen nach Athen tragen". Alle anderen könnten hier heftig protestieren: „Also wollt ihr sagen, wir seien keine Christen, da in unserem Hause gerade keine Taufe angesagt ist?" Die Logik der Sätze Calvins schließt ein, dass für ihn das übliche volkskirchliche Denken („Alle sind sowie schon Christen") zumindest anfänglich in Frage gestellt wird. Eine offene Frage ist schließlich auch, *wer* hier bekennt. Ist es der oder die Getaufte oder sind es seine oder ihre Eltern und Paten? Wenn es Säuglinge sind, wird die Sache schwierig. An dieser Stelle ist Calvin mit seiner Erkenntnis und seinen Texten weiter, als es seiner tatsächlichen Praxis entspricht.

Immerhin begründet er die Taufe von Unmündigen *heilsgeschichtlich.* Verheißungen sind in der Tat, im Alten Testament besonders bei Abraham, immer so ausgesprochen, dass der Empfänger mitsamt seinen Nachkommen angeredet ist. Wenn Calvin die Kindertaufe mit dem alttestamentlichen Beschneidungsgebot an allen männlichen Nachkommen begründet, ist zumindest der Aspekt der *Bundesverpflichtung* mit zu hören. Ein männliches Kind wurde beschnitten in Erwartung seines *kommenden Gehorsams.* So kann auch die Kindertaufe nur gültig sein, wenn der Getaufte einen Weg zum *Glaubensgehorsam* findet. Damit zeigt dieses Sakrament in der Tat den Ernst des Glaubensbeginns an. Gott erfüllt zwar seine Zusagen, aber er will, dass wir in sie glaubend hineintreten. Von einer Taufwiedergeburtslehre, wie sie im Luthertum bisweilen begegnet, ist Calvin also weit entfernt! In diesem Zusammenhang ist zu beachten, dass die beliebte Perikope von der Kindersegnung Jesu als Begründung für die Kindertaufe *nicht* angeführt wird.

d) Neugestaltung des Psalmengesangs
Sie wird so begründet:

Die Gebete der Gläubigen sind bei unserer Art zu beten ja derart kalt (frz. si froides), dass uns dies tief beschämen muss. Die Psalmen können uns dazu ermutigen, unsere Herzen zu Gott zu erheben. Sie können in uns das Verlangen (frz. ardeur) entfachen, seinen herrlichen Namen anzurufen und durch unser Lob zu erheben (frz. exalter).

Der Hintergrund ist zunächst der, dass die katholische Kirche um der Betonung des Geheimnisses willen die für die normalen Kirchenbesucher nicht verständliche lateinische Psalmensprache gewählt hatte, die in der Praxis ohnehin zu einem akustisch nicht wahrzunehmenden Gemurmel entartet war. Reformation ist ohne das neue Lied nicht durchführbar. Nun hatte die lutherische Reformation durch den Reformator selbst als Autor den großen Vorteil, eine Reihe von neuen Liedern schaffen zu können, die in Text und Melodie einfach, aber tief waren und die Reformation in ihrem Bereich rasch vorantrieben. Dass dieses im reformierten Bereich so nicht vorhanden war, ist zugegebenermaßen ihr großes Manko. Dazu kommt für Calvin und seine Freunde noch der Aspekt der Treue zu den biblischen Vorgaben hinzu. Man wird nicht zuerst selbst auf dem Feld der Liturgie kreativ, sondern fragt, wie es denn in der Bibel vorgegeben ist. Und da stieß man natürlich sofort auf die alttestamentlichen Psalmen.

Man kann davon ausgehen, dass gerade der gottesdienstliche Gebrauch der Psalmen die besondere Art der calvinischen Theologie prägte: die Erhebung des Herzens in die himmlische Welt – die Verherrlichung des Gottesnamens durch das Lob –, dies sind Erkenntnisse, die durch die heutige charismatische Bewegung wieder in das Bewusstsein der Christenheit gerückt worden sind. Darüber hinaus ist bedeutsam: der Sieg Gottes gegen die übermächtigen Feinde und die Anrufung des gerechten Gerichtes Gottes. Insgesamt hat der calvinische Psalter den *geistlichen Kampf durch den Lobpreis und das Sich-Bekennen zu Jesus Christus in die Mitte der Liturgie gestellt.* Vermissen könnte man die persönliche Dimension, wie sie in den „Ich"-Liedern Luthers in großer geistlicher Tiefe zum Ausdruck kommt, ebenfalls scheint der Klage-Charakter zugunsten des Sieghaften im Psalmengesang zu kurz zu kommen. Durch das Vorsingen einiger Kinder, die in der Art der „Schola" mit der Gemeinde den Psalmengesang einübten, soll der Gottesdienst einen durchaus dialogisch gefärbten Charakter haben. Das setzt natürlich voraus, dass den Kindern das Evangelium erklärt wurde.

III. Entfaltung der Lehre Calvins in ihren Schwerpunkten

A. Gottes Herrlichkeit in seinem Erlösungswerk

1. Die Art und Weise des Lehrens, wie Calvin sie sieht

Von seiner humanistischen Bildung herkommend, verknüpfte Calvin mit seinem theologischen Werk den Gedanken des „Nützlichen". Das meint eine leidenschaftliche Ablehnung jedweder Spekulation – wir werden das insbesondere bei dem umstrittenen Thema der Erwählung studieren – und jeglicher filigranen Verästelung in der Darstellung sowie der Abweisung aller spitzfindigen Argumentationen. Erkenntnisse werden klipp und klar formuliert, und wir dürfen bei Calvin damit rechnen, dass bei ihm nichts in der Schwebe bleibt.

Nun müssen wir uns allerdings an dieser Stelle vor einem Fehlurteil hüten. Viele verwechseln heute Einfachheit mit Plattheit. Einfachheit ist tiefgehend, Plattheit hingegen liebt die nichtssagende, aber gängige Floskel. Das, was einfach und klar gesagt wird, trifft uns existenziell, das Simple jedoch kitzelt unser Empfinden nur an der Oberfläche, unterhält uns bloß und hält uns bei Laune. Wir treffen nun bei Calvin auf eine Denkstruktur, an die wir uns gewöhnen müssen: Sie ist einfach, aber nicht simpel. Es gibt zwar „richtig" und „falsch", aber es gibt auch das „Einerseits – Andererseits". Die Wahrheit ist zwar einfach, aber sie hat zwei (oder auch mehrere) Seiten. Ein plattes Schwarz-Weiß-Denken ist dann nicht möglich. Zugegeben, dies macht manchmal Mühe, aber man darf und kann dieses Denken *einüben*.

Man kann die Lehrentscheidung des Konzils von Chalcedon im Jahr 451 über die zwei Naturen Christi (ganzer Mensch – ganzer Gott) mit der darin vorkommenden Formel „unvermischt – aber ungetrennt" als einen Grundsatz erkennen, der das ganze Denken Calvins bestimmt: Wir sind im Glauben mit Christus vereint – aber nicht mit ihm vermischt; Rechtfertigung und Heiligung gehören zusammen – aber beides muss man voneinander unterscheiden; Altes und Neues Testament haben die gleiche Botschaft – aber sie sagen das Gleiche in unterschiedlicher Form aus; Gesetz und Evangelium sind jedes für sich genommen Gottes heiliges Wort – aber sie haben in Gottes Heilsplan einen unterschiedlichen Auftrag: Das Evangelium ist nicht eine Neuauflage des Gesetzes – aber durch den Glauben halten wir das Gesetz; wir dürfen im Glauben ganz vollkommen sein – aber wir werden niemals auf Erden perfekt; das Wort Gottes lässt sich nicht vom Heiligen Geist trennen – aber der Heilige Geist geht nicht im Wort Gottes auf; Gott und Mensch sind im Glaubensbund echte Partner – aber wir sind nicht Gottes Kumpane; Christus ist durch den Heiligen Geist ganz im Abendmahl gegenwärtig – aber sein personaler Leib ist im Himmel an der Seite Gottes; wir sind wiedergeboren durch den Heiligen Geist – aber die Wiedergeburt ist auf Erden noch nicht vollendet; der Glaube ist nie ohne Erfahrung – aber die Erfahrung macht nicht das Wesen des Glaubens aus. Und schließlich und endlich: Die Personen der Trinität sind völlig eins – aber sie sind nicht dasselbe.

„Unvermischt, aber ungetrennt" – ein Grundsatz, der das ganze Denken Calvins bestimmt.

Calvin versucht also, das Geheimnis Gottes in Jesus Christus verständlich und klar zu lehren, ohne dabei eine primitive Sammlung von schlagwortartigen Wahrheiten vorzuführen. Er nimmt wach die Erkenntnisse von rechts und links auf und bezieht sie auf biblische Aussagen. Neben den Impulsen aus der lutherischen Reformation nimmt er auch Gedankenlinien auf, die dem *Katholizismus* seiner Zeit am Herzen lagen, nämlich die Frage nach der *Realität* des glaubenden Menschen, und er verschließt sich auch nicht gänzlich dem *Anliegen der Täufer,* wenn es nämlich um die Frage geht, ob der Mensch nicht nur im Stillen etwas zu glauben, sondern auch *in der Öffentlichkeit zu bekennen* habe. Van't Spijker schreibt in einer Kurzdarstellung über Calvin den zunächst geheimnisvoll klingenden Satz: „Calvins Weg war eine *via media (ein Mittelweg)* zwischen Rom und den Wiedertäufern" (van't Spijker, *Calvin,* 119).

Von Ernst Saxer stammt ein ähnlicher Satz mit Blick auf den Katechismus von 1545: Mit der Verbindung von Lehre und Leben bei Calvins Entwurf „wird ein Anliegen der Täufer, auch Schwenckfelds aufgenommen, die Ende der 1520er und anfangs der 1530er Jahre in Straßburg großen Einfluss besaßen" (CStA 1.1, 131ff.).

Zugleich befindet er sich sowohl dem Katholizismus als auch den Täufern gegenüber in einer kaum zu überbietenden Ablehnung. Wie passt beides zusammen? Das in uns schlummernde Schwarz-Weiß-Denken wird jetzt unruhig; denn wie kann man von einer kirchlichen Gruppierung etwas lernen und zugleich sie ablehnen? Doch hier wird erprobt, ob wir die oben skizzierte Art Calvins („unvermischt, aber ungetrennt") in der Tiefe verstanden haben.

Es kommt also auf das *Leben mit Gott* bei Calvin an, während Luther sozusagen den Eingang in dieses Leben oder die Voraussetzung zu diesem Leben in die Mitte stellte, eben die *Rechtfertigung*. Noch einmal van't Spijker:

> Man begegnet einer existentiellen Einheit, die darin gründet, dass der Glaube jederzeit genährt wird von der Einfachheit als einem Moment der docilitas (Gelehrigkeit), des Offenseins für die Furcht des Herrn, wie es zu einem zum Gehorsam gebrachten Herzen gehört (van't Spijker, *Calvin*, 193.).

Dieses Leben mit Gott *lernt* unaufhörlich und befindet sich in einer lebenslangen Schülerschaft oder Jüngerschaft. Die Jünger Christi brauchen eine *Lebens-Lehre:* Lehre für das Leben, aber auch Lehre durch das Leben, und das alles eingebunden in die Lebens-Lehre der Heiligen Schrift. Von daher spielt das Wort *Erfahrung* bei Calvin eine nicht unbeträchtliche Rolle. Erfahrung unterscheidet sich von Erlebnis dadurch, dass es um eine reflektierte oder durchdachte *Begegnung mit Gott* geht. Erfahrung rührt an die Person-Mitte unserer Existenz, an unser Herz oder Gewissen, während das Erlebnis nur unsere äußeren Sinne berührt: Ich fühle mich erfrischt, erfreut oder auch niedergeschlagen. Gefühle bleiben unbestimmt und in der Schwebe: „Es ist mir so …", heißt es dann vage. Zwar gibt es durchaus Erlebnisse mit Gott, aber diese müssen durch das Wort Gottes und seinen Heiligen Geist erst zu tief greifenden Erfahrungen geläutert werden. Bei Calvin sind die parallelen Begriffe wie „Geschmack" (lat. gustus), aber auch „Sinn" (lat. sensus) zu beachten.

Bei Luther ist der Begriff Erfahrung nicht eindeutig („ambivalent"): Es gibt großartige Ausführungen dazu in positiver Hinsicht aus seiner

Frühzeit, aber auch eine leidenschaftliche Ablehnung der Erfahrung in seinen späteren Schriften. Obwohl man Calvin und der reformierten Theologie weithin den Ruf des Trockenen und Theoretischen anheftet, reden die Texte eine andere Sprache. Der Göttinger reformierte Theologe Otto Weber schrieb in seinen „Grundlagen der Dogmatik" (Bd. 1, 600; vgl. auch Bd. 2, 405), dass die „klassische reformierte Theologie, *Calvin* an der Spitze, der experientia (Erfahrung) eine bedeutsame Rolle zuerkannt (hat)". So auch wieder van't Spijker:

Calvin hat ein breites Interesse für die Eigenart der christlichen Spiritualität, und quodammodo (gewissermaßen) kann man seine Theologie wegen der starken Beachtung der experientia eine Erfahrungstheologie nennen (van't Spijker, *Die Lehre vom Heiligen Geist bei Bucer und Calvin*, 79f.).

Ebenso sprach Emil Brunner (*Vom Werk des Heiligen Geistes*, 38) von der Christusgemeinschaft als der „Mitte des ganzen calvinischen Denkens". Und Werner Krusche (*Das Wirken des Heiligen Geistes nach Calvin*, 266) nennt in seinem grundlegenden Werk zur Wirkung des Heiligen Geistes bei Calvin die Christusgemeinschaft den „Fluchtpunkt" seiner Lehre von Christus,

weil Jesus Christus, der sich in der Menschwerdung zum Immanuel, zum Gott-mit-uns erklärt hat, zum Gott-in-uns werden will, weil also das ganze Christusgeschehen erst in der vom Heiligen Geist hergestellten unio cum Christo (Gemeinschaft mit Christus) zur Wirkung kommt.

Geht es um geistliche Erfahrung, ist sicher die *Lebenserfahrung* dabei. Es geht also um eine geordnete Summe von Ereignissen, die Gott gewirkt hat. Diese haben die ganze Existenz des Menschen berührt, haben ihre Formung durch sein Denken erhalten, haben seinen Charakter und sein Verhalten geprägt und sind immer wieder durch die Heilige Schrift und das Wirken des Heiligen Geistes in die auf Christus zentrierte Richtung gebracht worden. Insofern haben Erfahrungen zwar eine subjektive Färbung, aber *keine subjektive Herkunft*. Wie ich in der Einleitung schon sagte, ist das Wort *Christusgemeinschaft* am besten geeignet, die erfahrungsbezogene und bibelorientierte geistliche Erkenntnis Johannes Calvins an uns Heutige weiterzuvermitteln. So wird seine Lehre gerade in unserer Zeit, da das Gemeinschaftsmäßige zwar ständig beredet wird, aber zunehmend aus Kirche und Welt verschwindet, neu zu sprechen beginnen. Doch zuvor muss von der Grundlage allen geistlichen Lebens und aller geistlichen Erfahrung bei Calvin geredet werden:

2. Die Heilige Schrift – Grundlage von Erkenntnis, Glaube und Frömmigkeit

a) Der Weg Gottes und seines Geistes vom Alten zum Neuen Bund – das Alte Testament als Schatztruhe für den Glauben an Jesus Christus
Als gewissenhafter Humanist ist Johannes Calvin ein gründlicher Bibelausleger gewesen als Martin Luther. Spätestens seit der von ihm verfassten Einleitung in die französische Bibelübersetzung („Olivetan-Bibel") sieht er *die ganze Bibel als Urkunde von Gottes Heilsgeschichte* an. Weil er die Geschichte als Gottes „Schaubühne" (lat. theatrum) erkannte, nimmt er die *Schritte der Offenbarung* Gottes ernster als Luther. Auch bei Calvin läuft alles auf Jesus Christus zu, aber nicht so „schnell" wie bei Luther.

Die ganze Bibel – Urkunde von Gottes Heilsgeschichte

Was für eine praktische Bedeutung hat das? Wenn Gott selbst einen Weg geht zu unserer Erlösung, können wir auch im Glauben einen Weg der Heiligung auf der Basis der geistlichen Neugeburt gehen. Es ist das Eigentümliche der biblischen Geschichte, die Gott offenbart, dass Gott zuerst *Abschattungen des Kommenden* setzt, um den Menschen *verlangend nach dem Vollkommenen* zu machen. Anders gesagt: Wir brauchen *Hinführungen* oder *Verheißungen* des Kommenden, um das Kommende dann auch wirklich erfassen zu können. Und wir benötigen *Zeichen,* die uns die *Sache* selbst verdeutlichen, damit wir das Ziel erreichen. Weil die Wiedergeburt uns auf den Weg der Nachfolge Christi stellt, haben wir auf diesem Weg *Stationen* zu erreichen. Ich möchte hier nicht von „Stufen" sprechen, weil dieses Bild das Missverständnis nahelegt, hierbei handele es sich um einen „Weg *aufwärts".* Nein, es geht um einen „Weg *vorwärts"* – hin zum Tag Jesu Christi und der Vollendung seines Reiches.

In fünf Kapiteln des zweiten Buches der Institutio von 1559 stellt Calvin seine ihm von Gott geschenkten Erkenntnisse über Sinn und

Hauptinhalt des Alten Testaments dar. In vielen Kommentaren und Predigten hat er dies näher ausgelegt. Ich stelle nur die Hauptlinien zusammen.

Im Unterschied zu Luther misst Calvin dem *Gesetz* einen anderen Stellenwert bei. Hier zeigt sich erneut, dass er Luthers Grunderkenntnis („Das Gesetz dient uns zur Erkenntnis der Sünde") voll und ganz aufnimmt, sie aber gesamtbiblisch weiterführt. Zunächst dies: Die Überschrift zum siebenten Kapitel des zweiten Buches der Institutio spricht eigentlich schon alles aus, was Calvin über das Alte Testament zu sagen hat:

Das Gesetz ist nicht dazu gegeben, um das Volk des Alten Bundes bei sich selbst festzuhalten, sondern um die Hoffnung auf das Heil in Christus bis zu seinem Kommen zu bewahren.

So sind auch die vielen Opfervorschriften den Israeliten dazu gegeben, „um ihr Herz emporzurichten" (Inst. II, 7.1). Wohin? Dorthin, wo die Erfüllung ist, zu Christus. Im Sinne von Gal 3,24 ist das Gesetz ein Erziehungsmittel („Zuchtmeister") auf Christus hin.

Das Gesetz will von uns *nicht erfüllt,* wohl aber *getan* werden. Hier hilft uns wieder Calvins Denkweise: Unterscheiden, aber nicht trennen. Praktisch heißt das: Nur Christus kann das Gesetz erfüllen, er gibt es uns als schon von ihm erfülltes wieder zurück, damit wir es in der Einfalt des Heiligen Geistes gehorsam tun. Neben der Bedeutung des Gesetzes für die Erkenntnis der Sünde (lat. usus elenchticus) und den Maßstäben für das öffentliche Leben (lat. usus politicus) gibt es den „dritten Gebrauch" (lat. usus in renatis), der Calvin besonders am Herzen liegt:

Die dritte Anwendung des Gesetzes ist nun die wichtigste und bezieht sich näher auf seinen eigentlichen Zweck: sie geschieht an den Gläubigen, in deren Herz Gottes Geist bereits zu Wirkung und Herrschaft gelangt ist. Ihnen ist zwar mit Gottes Finger das Gesetz ins Herz geschrieben, ja eingemeißelt; das bedeutet: sie sind durch die Leitung des Geistes innerlich so gesinnt und gewillt, dass sie Gott gern gehorchen möchten. Aber trotzdem haben sie noch einen doppelten Nutzen vom Gesetz. Denn es ist (1.) für sie das beste Werkzeug, durch das sie von Tag zu Tag besser lernen, was des Herrn Wille sei, nach dem sie ja verlangen, und durch das sie auch in solcher Erkenntnis gefestigt werden sollen. Wenn ein Knecht auch noch so sehr von ganzem Herzen danach trachtet, sich bei seinem Herrn recht zu bewähren, so hat er doch noch immer nötig, die Eigenart seines Herrn genauer zu erforschen und zu beachten, der er sich ja recht anpassen will ..., (es dient) (2.) der Ermahnung ... denn (die Knechte Gottes) mögen zwar nach dem Geiste mit noch solchem Eifer nach der Gerechtigkeit Gottes sich ausstrecken – es belastet sie doch immer noch die Trägheit des Fleisches ... (Inst. II, 7.12).

Wenn wir also die Gesetzestexte des Alten Testamentes lesen, danken wir zunächst für den vollkommenen Gehorsam Jesu Christi:

Da trat unser Herr selber als wahrer Mensch ins Mittel, nahm die Gestalt Adams an, legte sich einen Namen bei, um an seiner Statt dem Vater den schuldigen Gehorsam darzubringen, um unser Fleisch als Versöhnung vor Gottes gerechtes Gericht hinzustellen und in diesem Fleische die Strafe zu leiden, die wir verdient hatten! (Inst. II, 12.3)

Die „irdische Gestalt" des Alten Testaments mit seiner unendlichen Fülle von vergossenem Blut und seiner schier nicht enden wollenden Gesetzesflut ist niemals in dem Sinne anzunehmen, dass man versucht – als könnten wir in die Haut eines Juden schlüpfen! –, sie buchstabengetreu, ohne viel nachzudenken, zu „halten". Wenn wir von Jesus Christus absehen, haben wir das Alte Testament grundsätzlich missverstanden. Ist das eine nicht lediglich eine „übertragene" Auslegung der Gebote? Calvin geht jedoch über eine derartige übertragene Deutung hinaus.

Kurz gesagt: Wenn wir etwa das herrliche geschmückte Gewand des Hohenpriesters betrachten, dessen Einzelteile sicher viel „bedeuten" – die katholische sakrale Kleidung der verschiedenen Amtsträger ist voll von solchen dem Alten Testament entnommenen „Bedeutungen"! – lassen wir uns an das Gewand Christi erinnern, das ganz „normal" war und nur in der Passionsgeschichte vorübergehend durch den roten Mantel des Tribunen ersetzt wurde. Dieses menschliche Gewand trug die Spuren seines Leidens. Jesus ist als unser Hoherpriester ganz einer von uns, er sieht nicht anders aus als wir und trägt menschliche Kleidung. Aber gerade darum wird dieses menschliche Gewand uns zu einem königlichen, herrlichen Gewand, das wir im Glauben anziehen sollen als neue Menschen.

Das ist keine übertragene Auslegung des Alten Testaments, das ist eine zutiefst geschichtliche Auslegung, aber eine solche, die durch das Nadelöhr Jesus Christus hindurchgeht. Weil Jesus Christus Gottes Fleisch gewordenes und Geschichte gewordenes ewiges Gotteswort ist, kann die christusbezogene Auslegung des Alten Testaments nicht spiritualistisch, also ungeschichtlich, sein.

In der Erfüllung der Gebote des Alten Testaments durch Jesus bekommen auch die Zehn Gebote ihre gottgewollte Bestimmung und Aufgabe. Hier schlägt besonders das Herz von Calvin. Zwar hat auch Luther viel vom Halten der Gebote gesprochen als Äußerung der guten Frucht am gut gewordenen Baum. Aber erst Calvin hat die Gebote viel tiefer in das Wunder der Erlösung und der Wiedergeburt eingebaut. Er scheut sich nicht, hier auch vom „Gesetz" und nicht nur vom „Gebot" zu sprechen. Wir sollen zwar die Gebote halten, sagt Luther, aber das Gesetz sieht er ausschließlich unter dem Aspekt der Verurteilung des Sünders. Dennoch, ergänzt Calvin, der hier Luther zunächst völlig zustimmt, zeigt auch das Gesetz im Alten Testament, wenn man es denn richtig versteht, den Weg zum Leben. Eine generelle Polarisierung von Gesetz und Evangelium, wie es Luther vollzog, mag er in der Bibel nicht zu erkennen:

keine übertragene, sondern eine zutiefst geschichtliche Auslegung des Alten Testaments – die durch das Nadelöhr Jesus Christus hindurchgeht

„Aber das Evangelium tritt nicht in der Weise an die Stelle des Gesetzes, dass es etwa einen anderen Weg zum Heil eröffnete, sondern es sollte vielmehr die Verheißungen des Gesetzes beglaubigen und in Wirksamkeit setzen, zum Schatten den Körpers selbst fügen!" (Inst. II, 9.4)

Man muss an dieser Stelle den Apostel Paulus richtig verstehen: Ein von der letzten Erfüllung des Gesetzes in Christus losgelöstes Umgehen mit den Werken des Gesetzes führt in der Tat in den Tod. Aber wenn wir an Christus glauben, „richten wir das Gesetz auf", und durch unser Leben im Kraftfeld des Heiligen Geistes „werden die Gerechtigkeitsforderungen des Gesetzes in uns erfüllt" (Röm 8,4). Nicht erst die prophetischen Schriften geben uns Verheißungen auf den Kommenden. Schon im Gesetz selbst, sagt Calvin, entdecken wir Verheißungen auf den Neuen Bund in Christus.

Nun gibt es in den Gemeinden aller Schattierungen eine berechtigte Angst vor einer „Gesetzlichkeit", die das Christsein im Kern schädigt. Zweifellos hat es im späteren Calvinismus – weswegen dieser Name heute noch bei vielen sofort einen Schauder auslöst – solche Entartungen gegeben: schwarze Kleider am Sonntag, traurige Gesichter beim Abendmahl, Kampf gegen Sport und Vergnügen am Sonntag, rigorose Handhabung der Kirchenzucht und dergleichen mehr – während das Luthertum entarten konnte in einen auch heute nicht ausgerotteten bedenklich verkürzten Rechtfertigungsglauben: „Sündige kräftig, aber glaube noch kräftiger an die Vergebung der Sünden." „Gesetzlichkeit" und „Tun des Gesetzes" ist für viele heute leider das Gleiche. „Sei nicht so gesetzlich!", tönt es manchem Gemeindeleiter auch aus frommen Kreisen entgegen, wenn dieser etwa Kriterien für Gemeindemitgliedschaft formuliert.

Wer das Gesetz hält, wird damit nicht ethisch vollkommen und sündlos. Gehorsam gegenüber dem Willen Gottes, wie er in den Zehn Geboten zusammengefasst ist, ist gleichursprünglich mit dem Glauben, sagt Calvin. Erst das Widerfahrnis der Wiedergeburt ermöglicht den Gehorsam, das hat Calvin immer wieder seinen Zeitgenossen eingeschärft. Gehorsam aber macht frei; wir halten dann die Gebote Gottes nicht verdrießlich und gezwungen. Gesetzlichkeit hingegen ist eine Haltung, die anderen gegenüber Barrieren aufbaut, die sie hindert, spontan und liebevoll zu sein: „Erst musst du dich zu dieser bei uns üblichen Ausdrucksweise beim Beten bequemen, sonst erkennen wir dich nicht als vollwertiges Gemeindeglied an." Das wäre eine kurze Beschreibung des Wesens der Gesetzlichkeit: Sie fügt den Geboten Gottes immer etwas hinzu und gibt keine Hilfestellung zur Gottes- und Nächstenliebe. Sie vermag auch den Unterschied zwischen Selbst-Verleugnung (positiv) und Selbst-Verneinung (negativ) nicht zu fassen.

Das Alte Testament ist die Verkündigung des Evangeliums in anderer Gestalt.

Kurz: *Das Alte Testament ist die Verkündigung des Evangeliums in anderer Gestalt, insofern es den Weg vom Kindesalter des Gottesvolkes zu ihrem vollkommenen Mannesalter in Christus schrittweise ankündigt und anfangsweise enthüllt.* Die „irdischen" Güter weisen hin auf die „himmlischen" Güter, die irdische Königsherrschaft Davids weist auf die Herrschaft Jesu im Himmelreich hin. Immer geht der *Weg vom Schatten zur Realität.*

Calvin macht es an der *Tatsache des Bundes* deutlich, wie er den Zusammenhang zwischen dem Alten und Neuen Testament versteht. Zunächst haben wir hier wiederum eine charakteristische Akzentsetzung Calvins gegenüber Luther vor uns. Der Bund nimmt sowohl Gott in seiner Treue als auch den Glaubenden in seinem Gehorsam „in Pflicht". Bund ist immer zweiseitig, wenngleich auch nicht gleichgewichtig – auch hier müssen wir wieder im calvinischen Sinne unterscheiden. Ein Bund, den Gott schließt, kann nur ewig gültig sein, sonst ist er kein Bund Gottes. Der Bund ist so die Klammer zwischen den Testamenten:

Hier gewinnen wir nun den rechten Maßstab zum Vergleich des Bundes unter dem Gesetz mit dem Bunde unter dem Evangelium, dem Amte Christi mit dem Amte des Mose! Würde der Vergleich die Verheißungen selber in ihrer Sache treffen, so bestünde offenbar ein gewaltiger Zwiespalt zwischen den beiden Testamenten; aber unsere Untersuchung führte uns ja bereits auf einen anderen Weg, und wir müssen ihr folgen, um die Wahrheit zu finden. Wir stellen also den Bund in die Mitte, den Gott für die Ewigkeit gemacht hat und nicht untergehen lassen wird. Seine Erfüllung, durch die er also erst volle Gewähr und Bestätigung erhält, ist Christus. Solange nun diese Bestätigung erwartet wird, schreibt der Herr durch Mose die Zeremonien vor, die gewissermaßen feierliche Zeichen dieser Bestätigung sind… „Alt" war dieser Bund des Herrn deshalb, weil er in die schattenhafte und an sich unwirksame Ausübung von Zeremonien gehüllt war (Inst. II, 11.4).

So wird das Alte Testament, wenn man so will, „Wörterbuch" und „Sprachlehre" für den Glauben an Jesus Christus. Dass wir diese Urkunde des Wortes Gottes also immer im Horizont seiner letzten Erfüllung sehen müssen, hilft dem Bibelleser ungemein, mit diesem Buch zurechtzukommen.

Von hierher ist auch Calvins Verhältnis zum Judentum zu verstehen. Dass man, wie man heute von manchen übertrieben israelbegeisterten Kreisen vernimmt, dem Volk Israel etwas „wegnehme", wenn man seine Hinordnung auf Christus in den Mittelpunkt stelle, wäre für Calvin ein absurder Gedanke. *Israels Hinordnung auf Christus zieht keineswegs notwendig die Verachtung für den jetzigen heilsgeschichtlichen Stand dieses Volkes nach sich.* Nun muss man allerdings zugeben, dass sich der folgende Satz aus der Institutio für manche heutige Ohren sehr hart anhört:

Umso verwunderlicher ist die Verstockung, zu der es einst die Sadduzäer gebracht haben, die ja die Auferstehung und auch das bleibende Dasein der Seele leugneten, obwohl ihnen doch für beides die klarsten Zeugnisse der Schrift bekannt sein mussten! Und ebenso sehr müsste uns heutzutage die törichte Hoffnung des ganzen Judenvolkes auf ein irdisches Reich des Messias wundernehmen, wenn uns nicht die Schrift schon zuvor gesagt hätte, dass die Juden für die Verwerfung des Evangeliums auf diese Weise bestraft würden. Denn darin offenbarte sich Gottes gerechtes Gericht, dass ein Volk, welches das dargebotene Himmelslicht verschmäht und sich deshalb freiwillig in die Nacht des Irrtums begeben hat, nun mit Blindheit geschlagen ist! (Inst. II, 10.23)

Weil Calvin Gottes Angebot der Gnade so ernst nimmt, nimmt er auch das Gericht Gottes ernst, das er mit Paulus Verstockung und Verblendung nennt, das gilt für das Volk des Alten wie für das Volk des Neuen Bundes. Von einer Verwerfung Israels zugunsten der Kirche ist hier nicht die Rede. Die Kirche ersetzt für Calvin das Volk Israel nicht. Dafür denkt er viel zu geschichtlich. Bei genauem Hinsehen *überschreitet* die alttestamentliche Verheißung einer kommenden Christus-Herrschaft über Israel das platte diesseitige Verständnis eines irdischen Messias-Reiches.

> *Weil Calvin Gottes Angebot der Gnade so ernst nimmt, nimmt er auch das Gericht Gottes ernst.*

b) Die Wahrheit der Heiligen Schrift und das innere Zeugnis des Heiligen Geistes

Wir hatten uns aufgemacht, Gottes geheimnisvolles Wirken, wie es die Bibel bezeugt, unter dem Aspekt der Geschichte des Heils zu sehen, so wie es Calvin durch Gott geschenkt worden ist. Nun wollen wir bedenken, wie die bewahrende Macht des Schöpfers, der zugleich der Neuschöpfer in Christus ist, genauer zu beschreiben und zu erfahren ist. Das Gewicht, das Calvin der Lehre von der Vorsehung beimisst, wies schon in Richtung auf den Heiligen Geist; denn Gott wuchtet die Menschen nicht wie leblose Klötze durch die Stationen der Geschichte. Er lenkt sie durch seinen Geist: durch das *generelle* Wirken des Geistes auch die Nichtglaubenden, durch das *spezielle* Wirken des Geistes die von ihm erwählten Glaubenden. In dieser Linie ist das Lehrstück vom inneren oder verborgenen Wirken des Heiligen Geistes in den Glaubenden zu sehen. Diese Erkenntnis Calvins hat viele Missverständnisse hervorgerufen: Er würde die Erwählten im Tiefsten doch einer falschen Heilssicherheit zuführen wollen; zudem werfe er die Christen auf eine ungute Innerlichkeit zurück; sie würden sich dann nur mit sich selbst beschäftigen. Doch bei sorgfältigem Hinsehen zeigt sich, dass Calvin gerade in diesem Lehrstück ein Beispiel von der Weltzugewandtheit seiner Glaubenserkenntnis gibt. Man kann sogar sagen, durch das innere Zeugnis wird der Christ für Gottes Absichten „geschichtsfähig": Er kann und darf Geschichte schreiben und beschäftigt sich nicht unentwegt mit sich selbst.

In einem ersten Gedankengang zeigt Calvin, wie die Wahrheit der Heiligen Schrift, die man an objektiven Kriterien erkennen kann, also ihre historische Zuverlässigkeit, umfangen wird vom verborgenen Zeugnis des Heiligen Geistes in uns:

Wollen wir nun dem Gewissen aufs Beste raten, um es davor zu bewahren, in stetem Zweifel zu schwanken oder zu wanken und bei den geringsten Anlässen hängenzubleiben, so muss solche Festigkeit der Überzeugung an höherer Stelle begründet sein als in menschlichen Vernunftgründen, Urteilen oder Mutmaßungen, nämlich im geheimen (lat. arcanum) Zeugnis des Heiligen Geistes (Inst. I, 7.4).

Wir sehen hier eine grundlegende Erkenntnis über das *Miteinander von Wort und Geist,* wir könnten auch sagen: von Geschichte und Erfahrung. Keineswegs geht es darum, dass der Menschengeist, durch welche Lichtquelle auch immer, einfach „erleuchtet" wird. Das, was später in der Aufklärung behauptet wird, ist hier nicht gemeint. Calvin geht es um einen *Zusammenklang* von Objektivität und Subjektivität, also von dem, was *ohne mich* wahr ist und was *in mir* wahr ist. Von der „Symphonie" zwischen Gott und Mensch wird noch an anderer Stelle die Rede sein. Calvin meint nicht, dass die Bibel durch das Zeugnis des Geistes erst wahr *wird,* wohl aber dass dieses zum Wahrsein der Heiligen Schrift *hinzutreten* muss. Der Heilige Geist ist *im* Wort, insofern er *immer wieder zum Wort hinzutritt.* Diese Freiheit des Geistes ist nicht mit Beliebigkeit und Willkür zu verwechseln, sie ist aber immer wieder *zu erbitten und darum zu empfangen.*

Calvin ist durch die Umtriebe der sogenannten Schwärmer genötigt worden, intensiv über das Verhältnis von Wort Gottes und Geist Gottes nachzudenken. Ich erinnere an das nachdenkenswerte Wort von Willem van't Spijker, dass wir bei ihm einen „Mittelweg" finden zwischen einer reinen Wort- und einer reinen Geist-Theologie. Calvin hat den Wahrheitsaspekt, den die sogenannten Schwärmer der Reformationszeit allerdings einseitig übertrieben haben, in einen neuen Zusammenhang gestellt:

Der Heilige Geist ist mit seiner Wahrheit, die er in der Schrift kundgemacht hat, derart verbunden, dass er erst dann seine Kraft äußert und erweist, wenn man sein Wort mit gebührender Ehrfurcht und Achtung vor seiner Würde aufnimmt ... (Doch) der Herr hat die Gewissheit seines Wortes und seines Geistes wechselseitig verknüpft. So kommt es einerseits erst dann in unserem Herzen zu einer festen Bindung an das Wort, wenn der Geist uns entgegenstrahlt, der uns darin Gottes Antlitz schauen lässt. Und andererseits empfangen wir den Geist ohne alle Furcht vor Täuschung, wenn wir ihn an seinem Bilde, an dem Wort wiedererkennen (Inst. I, 9.3).

Der Heilige Geist ist redendes Subjekt Gottes und wird nicht „verwortet". Aber der Heilige Geist als der Geist der Liebe lebt aus dem Empfangen, darum wartet er sozusagen auf das Wort Gottes, um ein „Gesicht" zu bekommen. Ohne das Wort wäre der Geist stumm, ohne den Geist wäre das Wort leer!

Was heißt das praktisch? Meist wird gesagt: „Das Reden des Geistes in der Gemeinde muss mit der Bibel übereinstimmen." Das ist zwar richtig, aber noch nicht konkret. Das Prüfen allen Redens des Geistes an der Schrift ist kein buchhalterischer Vorgang, so als müsste man die gleichen Formulierungen hier wie dort wiederfinden. Man kann auch nicht einfach Bibelstellen suchen und sie zusammenstellen. Sondern darauf kommt es an: Wir müssen dem *Gefälle oder dem Zielgedanken* der Heiligen Schrift nachspüren. Wir fragen dann nicht mehr simpel: „Wo steht das in der Bibel?", sondern fragen: „Ist das *biblisch*, was der Geist dir gerade eingegeben hat?" Das setzt natürlich voraus, dass die prüfende Gemeinde so mündig wird, dass sie den Gesamtduktus der Schrift zu erkennen vermag und Hauptprinzipien der Bibel erfasst hat. Wir sehen hier erneut, wie Calvin uns das Rüstzeug an die Hand gibt, mit den verschiedenartigen christlichen Geistesbewegungen in eine fruchtbare ökumenische Begegnung zu kommen.

Weil die Heilige Schrift die Geschichte Gottes bezeugt, in die wir hineintreten sollen durch den Glauben und die Wiedergeburt, bedarf es des helfenden Wirkens des Geistes Gottes, damit dieses Hineintreten auch wirklich geschieht. Warum aber nennt Calvin dieses Geisteswirken „verborgen"? Heute müsste man sagen: Es ist „nicht methodisierbar". Der Geist kommt, wann und wie er will, wenn wir ihn bitten. Auch die Erfahrung des Geistwirkens ist nicht so zu verstehen, dass man sich in die Ratsversammlung der Engel Gottes versetzt weiß. Weil der Heilige Geist Gott selbst in Person ist, darf man sich kein Bild von ihm machen und dieses dann anbeten. Der Geist wirkt „innerlich" (lat. internum), weil er in die tiefste Schicht unseres Menschseins mit Sanftmut und Behutsamkeit gelangt, um dort die Erkenntnis des Heils zu befestigen. Das ist sein „Kerngeschäft"!

Der Satz in Eph 1,13, wo vom Siegel des Geistes die Rede ist, wird von Calvin in entsprechender Weise gedeutet:

Der Heilige Geist ist nach diesem Wort der inwendige Lehrer, durch dessen Wirkung die Verheißung des Heils in unser Gemüt eindringt – sonst würde sie allein die Luft oder das Ohr treffen! (Inst. III, 1.4)

Wir sollen also nicht Wissende werden, sondern Menschen, die sich vom Wort Gottes treffen lassen. Dieses Betroffensein öffnet uns für den Glauben, der die Wiedergeburt schenkt. Dieser Glaube aber braucht die *Einbindung in Gottes Heilsgeschichte*. Und diese Heilsgeschichte Gottes wird nur in der Heiligen Schrift bezeugt. Wir müssen also die Heilsgeschichte Gottes „geistlich" lesen, nicht nur als interessierte Historiker oder Archäologen (das zum Verständnis der Schrift natürlich auch). Ohne das befestigende Zeugnis des Geistes in unseren Herzen würden wir an der Geschichte Gottes achtlos vorübergehen. *Wir können die Bibel nur mit dem Heiligen Geist als Buch der Verheißungen lesen.* Darum ist dieser Abschnitt zugleich die Basis für das, was jetzt zu entfalten ist.

Der Glaube braucht die Einbindung in Gottes Heilsgeschichte.

3. Das Herzstück der Glaubenserkenntnis Calvins – Die Christus-Gemeinschaft durch den Heiligen Geist

a) Calvins Brief an Pietro Martire Vermigli von 1555

Die Mitte von Lehre und Frömmigkeit bei Johannes Calvin ist und bleibt Jesus Christus – aber es ist *nicht* wie bei Martin Luther nur der Jesus Christus, der uns *rechtfertigt*. Es ist vielmehr Jesus Christus, *in und mit dem wir leben.* Die Rechtfertigung ist der *Grund* dieses Lebens. Aber Grund und *Entfaltung* sind nicht dasselbe – hier müssen wir beides unterscheiden und doch zusammensehen. Wilhelm Kolfhaus hat in seinem grundlegenden Werk von 1939 „Christusgemeinschaft bei Calvin" die Dimensionen dieses Herzstücks der Lehre Calvins ausgeleuchtet und geschrieben:

> *Es geht nicht nur um den Christus, der uns rechtfertigt – sondern um den Christus, in und mit dem wir leben.*

> Weder die Rechtfertigung noch die Heiligung, noch die Beharrung (der Gläubigen), noch die Endvollendung sind möglich ohne die Insertio (=Einsaat) in Christum, die der Heilige Geist durch den Glauben bewirkt.

Es ist immer gut, eine persönlich gefärbte Äußerung zur Verfügung zu haben, aus der wir kurz zusammengefasst das Wesentliche einer Sache entnehmen können. Und eine solche liegt zum Thema der „Christusgemeinschaft" in dem genannten Brief Calvins vor. Pietro Martire Vermigli war ein zum evangelischen Glauben gekommener Italiener, der in Straßburg und später in Zürich als theologischer Lehrer wirkte.

In dem Brief schreibt Johannes Calvin:

> Dass der Gottessohn unser Fleisch annahm, um unser Bruder zu werden, teilhaft der gleichen Natur wie wir, von diesem Teilhaben brauche ich dir nicht zu reden. Denn nur um das Teilhaben handelt es sich, das aus seiner himmlischen Herrlichkeit fließt und uns Leben einhaucht und bewirkt, dass wir in einem Leib mit ihm zusammenwachsen. Ich behaupte aber, sobald wir im Glauben Christus aufnehmen, wie er sich uns im Evangelium darbietet, werden wir wahrhaftig seine Glieder, und Leben strömt in uns ein, nicht anders als vom Haupte (in die Glieder). Denn nicht anders versöhnt er uns durch das Opfer seines Todes mit Gott, als weil er unser ist und wir eins mit ihm. So erkläre ich die Stelle bei Paulus, wo er sagt, die Gläubigen seien berufen zur Gemeinschaft mit ihm (1Kor. 1,9). Denn das Wort Genossenschaft oder Gesellschaft scheint mir den Sinn dieser Stelle nicht genügend

auszudrücken, sondern mir bedeutet sie jenes heilige Einswerden, durch das uns der Gottessohn in seinen Leib aufnimmt, um alles, was ihm gehört, mit uns zu teilen. So schöpfen wir unser Leben aus seinem Fleisch und Blut, so dass es nicht mit Unrecht unsere Nahrung genannt wird. Wie das geschieht, geht weit über das Maß meines Verständnisses hinaus …

Das ist die eine Seite der geistlichen Erkenntnis Calvins (lat. doctrina): Es geht hier um das Geheimnis der Versöhnungstat Gottes in Christus an uns Menschen. Die andere Seite seines Denkens (lat. disciplina, pietas) ist wesensmäßig in dieser wunderbaren Anteilgabe an den Gütern Christi begründet. So schreibt er weiter:

… Ich komme nun zur zweiten Gemeinschaft, die mir als Frucht und Wirkung jener ersten gilt. Denn nachdem Christus uns durch das innerliche Wirken des Geistes mit sich verbunden und in seinen Leib aufgenommen hat, macht er noch eine zweite Wirkung des Geistes offenbar, indem er uns reich macht an Geistesgaben. Dass wir also stark sind im Hoffen und Dulden, dass wir nüchtern und mäßig uns der weltlichen Lüste enthalten, dass wir uns eifrig bemühen, die Leidenschaften des Fleisches zu bändigen, dass das Streben nach Gerechtigkeit und Frömmigkeit kräftig in uns lebt, dass wir eifrig sind zum Gebet, dass uns der Gedanke an das ewige Leben aufwärts zieht, das fließt, sage ich, aus dieser zweiten Gemeinschaft, indem Christus, um nicht müßig in uns zu wohnen, die Kraft seines Geistes in deutlichen Gaben zeigt. Es ist auch gar nicht widersinnig, dass Christus, wenn wir zu seinem Leib gehören, uns seinen Geist mitteilt, durch dessen geheimnisvolles Wirken unser Geistesleben erst entstanden ist, wie ihm denn die Schrift diese beiden Tätigkeiten öfters zuschreibt. Wenn auch die Gläubigen schon am ersten Tage ihrer Berufung in diese Gemeinschaft kommen, so bietet Christus, indem sein Leben in ihnen wächst, sich ihnen jeden Tag wieder zum Genusse dar. Das ist das Teilhaben, das wir beim heiligen Abendmahl erhalten … (Br. 458).

Wir haben hier im Kern den Gesamtentwurf der Lehre Calvins vor uns. Es ist eindeutig, dass ihre Quelle in der Christusgemeinschaft (lat. unio cum Christo, insitio oder insertio in Christum) liegt. Folgende Kernaussagen sind im ersten Teil zu beobachten:
• Weil Jesus einen menschlichen *Leib* bekommen hat in seiner Menschwerdung, können auch wir Menschen *mit ihm* einen Leib bilden. Heute würden wir das eine „ganzheitliche Christusbeziehung" nennen. Leib ist der ganze Mensch hinsichtlich seiner Möglichkeit, sich selbst als Geschöpf wahrzunehmen und sich mit anderen Mitgeschöpfen zu verbinden. Darum ist es wichtig, dass unser geistliches

Leben durch seinen Leib („Fleisch und Blut") sozusagen „genährt" wird: Es gibt keine Christusgemeinschaft „privat" unter Verachtung des Abendmahls und der Gemeinde. Jetzt wird auch verständlich, warum Calvin zeitlebens so entschlossen um das rechte Verständnis des Abendmahls kämpfte.

- Es ist bemerkenswert, dass Calvin hier nicht mit dem Heiligen Geist beginnt und sagt, dass wir mit Christus ja eines Geistes sind. Nein, *Leib muss zu Leib kommen* – das ist eine realistische Lehre! Hier riecht nichts nach „Spiritualismus". Wenn wir mit Jesus eins werden im Glauben, sind wir sofort eins mit allen anderen, die an ihn glauben. Christusgemeinschaft hat also im Ursprung eine „soziale Komponente".

- *Glaube also ist Teilhaben an der lebendigen Person des Christus.* Gleichwohl hat dieser Realismus der Beziehung nichts mit einem plumpen und dinghaften Aneinanderkleben von Körpern zu tun. Denn dieses geschenkte Teilhaben an Christus wird von „oben", aus seiner himmlischen Herrlichkeit, her gewirkt. Darum ist es zwar real, aber nicht materialistisch (so wie es Calvin in der katholischen Kirche wahrnahm).

Glaube ist Teilhabe an der lebendigen Person des Christus.

- Die Gemeinschaft mit dem Leib des Herrn ist die Gemeinschaft mit seinem für uns gekreuzigten Leib. Dieses leibliche Opfer ist im Glauben anzunehmen. Erst dadurch, nicht durch eine bloße Teilnahme am Sakrament, wird die Gemeinschaft mit Christus begründet. Am Nadelöhr des Kreuzes kommt keiner vorbei, der die Gemeinschaft mit Gott in Christus sucht.

- Durch die so beschriebene Gemeinschaft mit Christus strömt uns das *Leben in Fülle* zu. Alles, was Christus hat, kommt uns zu. Er teilt alles mit uns. Durch das Austeilen der Gaben, die durch das enge Tor des Kreuzes fließen, wird die Christusgemeinschaft immer neu gefestigt und intensiviert.

Damit sind wir schon im zweiten Teil der Christusgemeinschaft, der mit dem ersten organisch verbunden ist:

- Wenn Christus durch den Glauben in uns und wir in ihm sind, ist das eine Wirkung des im Verborgenen wirkenden Heiligen Geistes, und dieser Geist teilt alles aus, was Christus gehört – seine Geschenke sind die „Geistesgaben". Alles, was nun folgt, sind Auswirkungen dieser Geschenke.

- Der Geist Gottes fegt das aus, was in uns von der alten Natur gegen Gott gerichtet ist, und legt in uns hinein neue Impulse zum Verfolgen von Gerechtigkeit und Frömmigkeit. Beides ist kein angestrengtes Streben des Menschen, sondern Wirkung des Geistes.
- Nüchternheit, Maß und Eifer kennzeichnen das Wirken des Geistes. Ein besonderes Werk des Geistes Gottes ist, dass er unseren natürlichen Geist erneuert und in Bewegung bringt.
- Der Anfang des Christseins liegt in der *Berufung*: Das Leben Christi wird in die Glaubenden eingepflanzt, und diese Erfahrung ist einem „Genuss" zu vergleichen und mehrt sich von Tag zu Tag, weil der lebendige Christus durch seinen Geist in den Glaubenden nicht untätig bleibt.

b) Das erste Geschenk der Christusgemeinschaft: Die Erfahrung der Wiedergeburt aus dem Heiligen Geist

Wir sahen, dass Christwerden und Christsein ein ganzheitlicher Vorgang ist. „Geburt" lässt an ein ganzes Wesen denken. Es werden ja nicht einzelne Glieder geboren, die sich erst später zu einem Körper zusammenfinden. Das neue Wesen, das da in den Armen seiner Eltern liegt, hat alles, was später noch aus ihm werden soll, schon in sich angelegt – alles ist an ihm „dran", aber es ist noch nicht alles in sich „drin". Mit anderen Worten: Die Geburt ist die Voraussetzung für das spätere Wachstum und die spätere Ausbildung und Entwicklung eines Menschenkindes; ohne die wirklich stattgefundene Geburt gibt es kein späteres Wachstum und keine Entwicklung. Die *Realität* des Geborenseins zeigt sich im nunmehr beginnenden fortlaufenden *Wachsen* – wo das Wachsen und Reifen zum Stillstand kommt, ist der Tod! Und kein Neugeborenes kann von der Erfahrung berichten, „wie das beim Geburtsvorgang gewesen ist". Aber ein Neugeborenes weiß von Anfang an, was Ablehnung und was Zuwendung ist. Es „erfährt" also die Tatsache seines Geboren*seins*, ohne dass es sich der Erfahrung des Geburtsvorganges bewusst wäre.

Ich habe diese einfachen und sofort einleuchtenden Überlegungen aus der natürlichen Geburt vorangestellt, weil sie uns helfen können,

Johannes Calvin in seiner Lehre über das Geheimnis der Wiedergeburt zu folgen. Denn das ist schon klar herausgekommen: *Die Christusgemeinschaft kennt ein Beginnen und sie kennt ein Fortschreiten* – das hatte Calvin in seinem Brief an Vermigli deutlich gemacht. Die Wiedergeburt schenkt eine *Christuserfahrung,* die dem Glauben nicht widerstreitet, sondern ihn erst ermöglicht und festigt. Das Wort „Wiedergeburt" darf natürlich nicht im Sinne fernöstlicher Religiosität missverstanden werden – es ist nämlich keine „Wiederverkörperung" (Re-Inkarnation) gemeint. Gemeint ist eine „Neuschöpfung aus dem Geist" oder ein „neues Sein aus dem Geist". Calvin nennt diesen Vorgang „regeneratio".

Nun genießen Begriff und Tatsache der Wiedergeburt bei den meisten evangelischen Theologen kein Wohlwollen. François Wendel sagt es noch milde, wenn er die Beobachtung, dass Calvin im dritten Buch der Institutio von 1559 nicht die Rechtfertigung, sondern die Wiedergeburt als die erste Frucht der Christusgemeinschaft bezeichnet, mit den Worten kommentiert: „Dieser recht ungewöhnliche Aufbau hat die meisten Ausleger überrascht." Die Kritiker weisen darauf hin, dass die Voranstellung der Wiedergeburt den *Glauben* sträflich aus der Mitte der reformatorischen Erkenntnis nehme. Dabei zeigt es sich erneut, dass hier Reformation mit Martin Luther gleichgesetzt wird. Denn bei diesem erscheint der Begriff der Wiedergeburt zugunsten des Glaubens höchstens am Rande, bei Philipp Melanchthon schon mehr, bei Calvin aber in unübersehbarer Zentralstellung. Man wehrt sich dann gegen die „Vorherrschaft der Erfahrung" zugunsten eines Glaubensbegriffes, der im Wesentlichen als *unanschaulich* verstanden wird. Die Warnung steht beharrlich im Raum, dass hier das *fromme Ich* in den Mittelpunkt gerückt werde. Und damit sei die *Objektivität* unseres Heils, das nicht in uns, sondern in Gott liege, aufs Äußerste gefährdet. Schließlich werde hier durch die Herausstellung der Wiedergeburt ein ungutes *Besitzdenken* gefördert, das die Umwelt in hässlicher Weise in „wiedergeboren" und „nicht wiedergeboren" einteile – doch die weitere Beschäftigung mit Calvin wird zeigen, dass dies Unterstellungen sind!

Die Lehre von der Christusgemeinschaft lenkt also auf das *Geheimnis der Wiedergeburt* hin. Zwar hat Calvin im 3. Buch der Institutio den *Glauben* als erste Frucht der Gemeinschaft mit Christus herausgestellt, weil es in der Tat *nicht* um eine *Verschmelzung* mit Christus, sondern um eine *Beziehung* zu ihm, geht (Inst. III, 2,1ff.), doch hatte er im 2. Buch die wesentlichen Linien zur Wiedergeburt schon herausgestellt, denen wir uns zuerst zuwenden wollen. Zur Begrifflichkeit sei dies noch hinzugefügt: Wenn wir beispielsweise in Inst. III, 1.3 den Satz lesen:

Das ist auch der Sinn jener heiligen Ehe, durch die wir Fleisch von seinem Fleisch und Bein von seinem Bein (Eph.5,30), ja, mit ihm gänzlich eins werden. Aber er vollzieht diese Einung mit uns einzig und allein durch den Heiligen Geist. Die Gnade und Kraft dieses Geistes macht uns auch zu seinen Gliedern, so dass er uns unter seiner Leitung zusammenhält und wir wiederum ihn besitzen …

– Das Wort Wiedergeburt erscheint zwar nicht, die Sache aber wohl.

Bevor die entscheidenden Sätze des ersten Kapitels des dritten Buches besprochen werden, soll ein Blick auf die beiden Überschriften dort fallen. Das ganze Buch wird so überschrieben: *„Auf welche Weise wir der Gnade Christi teilhaftig werden; was für Früchte und was für Wirkungen sich daraus ergeben."* Calvin gibt sich sehr viel Mühe mit der *Vermittlung* des Evangeliums in das Leben des Einzelnen. Wir könnten die Frage stellen: Ist das überhaupt ein Thema? Wenn Gott „für uns" etwas Entscheidendes getan hat, dann kommt dies doch auch bei uns an – wie könnte Gott halbe Sachen machen? Könnte es nicht bei dem einfachen lutherischen Modell bleiben: Wo das Wort ist – da ist der Heilige Geist – wo der Heilige Geist ist, ist der Glaube? Gibt es bei Calvin auf Grund seiner humanistischen Bildungstradition so etwas wie eine Glaubens-Psychologie, das heißt eine Untersuchung über die Transportwege, Abzweigungen, Einbahnstraßen und so fort, die das Christsein betreffen? Geraten wir da nicht auf gefährliche Abwege? Man hat in der Tat so gefragt, und mancher blieb bei dem einfachen lutherischen Modell „durch den Glauben", und alles war für ihn klar (aber für die seelsorgerliche Praxis weniger).

Calvin zeigt sich hier anders als Luther als *Lehrer der Moderne.* Denn der Mensch der Neuzeit fragt nicht nur nach Inhalten, sondern er fragt mit Leidenschaft nach dem *Wie*: Wie komme ich „heute" mit dem „damals" in eine lebendige Beziehung? Die alte katholische Antwort: „Komm zur Kirche und nimm die Sakramente in Anspruch", genügt dem reformierten Zweig der Reformation nicht mehr. Es ist nichts anderes als Barmherzigkeit, „Herablassung Gottes" (lat. Kondeszendens), was Calvin meint: Angleichung der Größe Gottes an das Kleinsein von uns Menschen. Der Heilige Geist nun ist das Transportband schlechthin: „Was uns von Christus gesagt ist, kommt uns durch das verborgene Wirken des Geistes zugute", heißt es weiter in der Institutio in einem Leitsatz. Ist nicht der lebendige Christus der Transporteur seiner eigenen Botschaft, da ihm doch nach seiner Auferweckung von den Toten alle Macht im Himmel und auf Erden gegeben ist? Jede Person Gottes hat ihr spezifisches Werk. In der Logik dieser Tatsache liegt auch, dass dieses von uns so genannte Transportband nicht ein Etwas oder nur eine Kraft sein kann, sondern Gott selbst ist; *denn Gott kann nur durch Gott vermittelt werden.* Also ist der Heilige Geist – Gott! Man darf aus dem Verborgensein des Geistwirkens nicht schließen, dass dieses nicht erfahrbar sei. Wohl aber meint „verborgen": Es ist für Menschen nicht ergründbar. Schließlich liegt in dem Wort „zugute" das, was wir das Praktische oder Erfahrbare nennen.

c) Die Frage nach der Begründung des Heils „außerhalb von uns"
Folgende Sätze zeigen deutlich, wie Calvin an der Bibel die Vermittlung des Heils, die Christus für uns erworben hat, erkannt hat:

… solange Christus außer uns (lat. extra nos) bleibt und wir von ihm getrennt sind, ist alles, was er zum Heil der Menschheit gelitten und getan hat, für uns ohne Nutzen und gar ohne jeden Belang! Soll er uns also zuteil werden lassen, was er vom Vater empfangen hat, so muss er unser Eigentum werden (lat. nostrum fieri) und in uns Wohnung nehmen …; denn ich wiederhole, dass alles, was er besitzt, uns solange nichts angeht, als wir mit ihm in eins zusammenwachsen. Es ist freilich wahr, dass wir dies durch den Glauben erreichen; aber wir sehen doch auch, dass nicht alle unterschiedslos die Gemeinschaft mit Christus ergreifen, die uns im Evangelium angeboten wird, und deshalb lehrt uns die Vernunft selbst, tiefer einzudringen und die Frage nach der verborgenen Wirksamkeit des Geistes zu stellen; denn durch sie kommt es dazu, dass wir Christus und alle seine Güter genießen (lat. fruimur) … (Inst. III, 1.1).

Ich gebe noch einen zweiten Text wieder, damit deutlich wird, dass der obige nicht vereinzelt dasteht. Hier wird unmissverständlich klar, dass uns erst die Christusgemeinschaft das schenkt, was der lutherischen Re-

Der Marginalie am linken Rand:

Calvin –
Lehrer der Moderne

formation so sehr am Herzen lag: die Vergebung der Sünden als unsere Rechtfertigung:

Man sagt: „Wenn du auf Christus schaust, so ist dir das Heil gewiss, wenn du dich aber wieder zu dir selber wendest, so ist dir die Verdammnis sicher! So müssen Vertrauenslosigkeit und fröhliche Hoffnung abwechselnd in deinem Geiste die Herrschaft führen!" Als ob wir uns Christus gleichsam als einen solchen denken sollten, der in weiter Ferne stünde! Als ob wir ihn nicht vielmehr als den ansehen sollten, der in uns wohnt! Wenn wir von ihm das Heil erwarten, so geschieht das doch nicht deshalb, weil er uns etwa in der Ferne erschiene, sondern weil er uns in seinen Leib eingefügt und damit nicht bloß aller seiner Güter und Gaben, sondern seiner selbst teilhaftig gemacht hat! … Christus hat sich dir mit der ganzen Fülle seiner Güter derart zu eigen gegeben, dass alles, was sein ist, nun dein sein soll, und dass du sein Glied und auf diese Weise mit ihm eins wirst! Seine Gerechtigkeit macht deine Sünden zunichte, sein Heil tut deine Verdammnis ab, mit seiner Würdigkeit tritt er selber bei Gott für dich ein, sodass deine Unwürdigkeit nicht vor Gottes Angesicht kommt! Es ist doch wirklich so: Es geht nicht im entferntesten an, Christus von uns oder uns von ihm zu trennen, sondern wir müssen mit beiden Händen die Gemeinschaft festhalten, in der er sich mit uns geeint hat … Christus ist nicht außer uns, sondern wohnt in uns …, bis dass er ganz mit uns eins wird (Inst. III, 2.24).

Ist der Heilige Geist in uns, ist Gott selbst in uns. Wenn also die Gemeinschaft mit Christus durch den Geist Gottes, also durch Gott selbst vermittelt ist, schafft er in uns ein echtes Gegenüber zu sich selbst. Wäre der Geist Gottes eine bloße Kraft, so würde die Gemeinschaft mit Christus ein schieres „Aneinanderbacken" bewirken. Jeder, der schon einmal den Schlauch seines Fahrrads geflickt hat und durch den Auftrag einer „Gummilösung" den Flicken mit dem gelöcherten Schlauch verbunden hat, entdeckte zu seinem Staunen, dass nach kurzer Zeit der Flicken mit dem Gummi des Fahrradschlauches regelrecht verschmolzen war mit dem wunderbaren Ergebnis: Keine Luft konnte mehr entweichen.

Aber so wirkt der Heilige Geist *nicht*! Der Geist Gottes ist „heilig" und das, was in der Bibel heilig genannt wird, meint auch immer ein *Getrenntsein* des Göttlichen vom Menschlichen. Nun aber gibt es ein wunderbares Geheimnis: Der heilige Gott zieht mit Macht Menschen an sich heran, die diese Gemeinschaft mit ihm als glückselig beschreiben können. Aber weil sie in dieser seligen Gemeinschaft erst richtig die *Gottesfurcht* lernen, die sie zum *radikalen Gehorsam* leitet, erleben sie jetzt erst die echte und wahre Gemeinschaft mit ihm.

Ich möchte diesen nicht ganz einfachen Sachverhalt an einem einleuchtenden Beispiel aus der Automobiltechnik deutlich machen: Wenn
das Getriebe eines Motors mit seinen vielen ineinandergreifenden
Zahnrädern kein Getriebeöl enthalten würde, dann würden wir zwar
den Motor starten können, aber in kürzester Zeit würde das Auto stehen
bleiben. Was wäre geschehen? Die Zahnräder des Getriebes hätten zwar
ineinandergegriffen, aber durch die Reibungshitze hätte sich das Me-
tall ausgedehnt und die Zahnräder hätten sich selbst blockiert. Deshalb
wird ein besonderes Öl mit einer hohen Schmierfähigkeit, Viskosität
genannt, dem Getriebe hinzugeführt, und der Motor läuft buchstäblich
„wie geschmiert". Was macht denn das Öl eigentlich? Es *trennt* durch
seine besondere Eigenschaft die Zahnräder voneinander – und lässt sie
gerade so ineinandergreifen. Kurz gesagt: Ohne Trennung keine Verbindung!

So etwa wäre das Wirken des Heiligen Geistes in uns zu beschreiben.
Er macht Gott heilig: Gott bleibt Gott – der Mensch bleibt Mensch.
Gott ist heilig und herrlich, der Mensch aber armselig und antriebsunfä-
hig. Nun kommt der Heilige Geist aus dem Herzen des auferstandenen
Gekreuzigten und gießt sein heiliges Öl zwischen uns und Gott – das
Wunder geschieht: Wir werden eins mit ihm, ohne mit ihm zusammen-
zubacken. Wir können „laufen, ohne matt zu werden", wie Jesaja sagt.

Auf die reformatorische Erkenntnis bezogen, dass das Heil „außerhalb von uns" (extra nos) ist, heißt das: *Durch das
„in uns" (lat. in nobis) des Heiligen Geistes bleibt das
„außerhalb von uns" (lat. extra nos) das, was es ist,
aber Gott ist mit seinem Heil nicht „fern von uns".*
Calvin hat damit Luthers Erkenntnis bestätigt,
aber sie zugleich weitergeführt: Er hat das „extra
nos" geschützt vor einer – man verzeihe mir den

Das Heil: „extra
nos" – der Heilige
Geist: „in nobis"

Ausdruck – „gemütlichen Unverbindlichkeit", die zumal bei gebildeten
Theologen sehr zu Hause ist. Sie können dann mit Pathos die Objektivität des Heils verkündigen, aber in ihrem Inneren feiert die Gottlosigkeit die höchsten Triumphe („Wie's drinnen aussieht, geht niemand was
an"). Diese Einstellung war das Elend der nachreformatorischen Zeit,
der altprotestantischen Orthodoxie, dem erst die Bewegung des Pietismus, der die Reformation fortsetzte, entgegenwirkte.

Dass wir das Einssein mit Gott und das Einssein mit Jesus Christus nur durch den Heiligen Geist vermittelt genießen können, ist in der heutigen heftig rollenden religiösen Welle von ausschlaggebender Wichtigkeit. Da kämpft der unreine, der unheilige Geist dieser Welt (mit dem Apostel Paulus gesprochen) durch die Aufrichtung neuer Spiritualitäten regelrecht um unsere Seelen. Immer geht es um den gleichen Vorgang: Durch bestimmte Techniken, Körperübungen, Formeln, Riten und so fort drängt sich der Mensch, wie er leibt und wie er lebt, an das Göttliche oder Transzendente heran. Ganzheitliche Heilungen und übersinnliche, erhebende Erfahrungen werden von den jeweiligen Propheten versprochen, wenn man dieses und jenes tut, ganz bestimmte Kurse belegt und nicht zuletzt einen gehörigen Batzen Geld auf den Tisch legt. Was geschieht, wenn der Mensch so, wie er ist, ohne den Heiligen Geist Gottes, mit dem vermeintlich Göttlichen verschmilzt? Er verliert sein Leben, so wie die Zahnräder im Getriebe des Autos zusammenbacken und dem Gefährt den Garaus machen. Er verliert sein Leben allerdings auf makabre Weise: Er fühlt sich so, als sei er Gott. Und wenn der Mensch wie Gott ist, wird er grausam und despotisch.

Diese Art der Religiosität hat Calvins wacher Geist schon bei einem Nürnberger Theologen seiner Zeit namens Andreas Osiander aufgespürt, mit dem er in der Inst. III, 11.5-12 eine ausführliche Auseinandersetzung führt. Osiander verkündigte die „wesenhafte Gerechtigkeit" (lat. essentialis iustitia) des Christen: Durch den Heiligen Geist bekämen wir direkt Gottes Wesen in unser Inneres eingegossen. Das nennt Calvin eine unerlaubte Wesensvermischung: „Osiander behauptet, wir seien mit Christus eins. Das geben wir zu; dagegen bestreiten wir, dass Christi Wesen mit unserem vermischt werde." Vorher hatte er über Osianders Ansinnen gesagt: „Es ist uns aber leicht, alle seine Knoten aufzulösen, da wir daran festhalten, dass unsere Einung mit Christus durch die verborgene Kraft seines Geistes erfolgt" (Inst. III, 11.5). Machen wir uns klar, was die Konsequenzen Osianders sind: Wenn Gottes wesenhafte Gerechtigkeit regelrecht in uns einfließt, werden wir „vergottet" – wenn wir vergottet sind, ist die Sünde nicht mehr da – wenn die Sünde nicht mehr da ist, sind wir schon im Himmel – wenn wir aber jetzt schon im Himmel wären, hätten wir Gottes Heilsgeschichte und Gottes Heilsplan verachtet – wir gingen dann als kleine Götter in Ewigkeit verloren!

Im Johannes-Evangelium zielt Jesus in seinem Gespräch mit Nikodemus bekanntlich auf die geistliche Wiedergeburt. Calvin sagt in seiner Auslegung dieses Evangeliums: „Das Ergebnis des Gesprächs besteht darin: Wir müssen neue Menschen werden." Und: „Nur ein neuer Mensch kann den ersten Schritt in das Reich Gottes tun." (*Auslegung der Heiligen Schrift, Johannes-Evangelium*, 62ff.) Calvin, der eine Tauf-Wiedergeburts-Lehre ablehnt, erkennt, dass bei Johannes Geist und Wasser das Gleiche meinen:

> Nikodemus hätte doch endlich erkennen müssen, dass Christi Wort der allgemeinen Lehre der Propheten entnommen war (Hes. 36,25). Also ist Wasser nur ein Bild für die im Inneren wirkende, reinigende und lebenspendende Kraft des Heiligen Geistes. Hinzu kommt, dass bei einer Verbindung von zwei Begriffen gewöhnlich der zweite die Erläuterung des ersten bietet.

Joh 3,8 („Der Geist weht, wo er will, aber du hörst sein Sausen wohl") wird gerne von Theologen, die geistliche Erfahrungen ablehnen (vermutlich weil sie von der Nähe Gottes nicht bedrängt werden wollen), ins Feld geführt für die Behauptung der Unanschaulichkeit des Wirkens Gottes im Menschen. Ganz anders aber Calvin, der erkennt, wie „Christus erklärt, bei der Neuwerdung des Menschen könne man die Bewegung und die Tätigkeit des Geistes genauso wahrnehmen wie die des Windes hier in unserem irdischen Leben".

Die Wiedergeburt prägt unser ganzes Leben und nicht nur den ersten Augenblick der Christuserfahrung. Das erkennt Calvin an der Geschichte von der samaritanischen Frau in Joh 4, wo das lebendige Wasser, Christus selber, „die geheime Wachstumskraft (ist), mit der er unser inwendiges Leben erneuert, hegt und zur Reife bringt". Der Brunnen des Wassers, der in das ewige Leben sprudelt, ist der nicht versiegende Quell des Heiligen Geistes, der uns durchströmt. Calvin scheut sich nicht, in die *Nähe der mystischen Sprach- und Empfindungswelt* zu geraten:

> So dürsten die Gläubigen ihr ganzes Leben lang, und zwar brennend, und doch haben sie Überfluß an lebenspendender Feuchte; wenn sie auch nur ein ganz geringes Maß an Gnade erfahren haben, belebt sie das für immer, und sie können niemals mehr verschmachten. Deshalb dämpft die Stillung des Durstes nicht das Verlangen danach, mehr zu trinken, sondern verhindert nur das Verschmachten ... Also strömt nicht nur für kurze Zeit die Gnade Christi in uns, sondern sie ergießt

sich, bis wir die ewige Seligkeit erlangt haben; denn sie hört so lange nicht auf zu fließen, bis das unvergängliche Leben, das in ihr beginnt, vollen Bestand gewonnen hat (Calvin, *Auslegung der Heiligen Schrift, Johannes-Evangelium*, 93f.).

Der Wiedergeborene hat keinen „Standpunkt" bezogen, er hat vielmehr Beine bekommen, die in das ewige Leben eilen, wie Calvin in der Auslegung zu Joh 7,38 sagt:

Denn während ein gewöhnlicher Trank den Durst nur für kurze Zeit löscht, sagt Christus, durch den Glauben schöpfen wir den Heiligen Geist, der die Quelle ist, die zum ewigen Leben sprudelt. Doch lehrt er nicht, dass die, die an ihn glauben, schon am ersten Tage gesättigt werden, so dass sie danach weder hungert noch dürstet – vielmehr zündet der Genuß Christi stets ein neues Verlangen nach ihm … Und gewiss, wenn ein jeder nur nach dem Maß seines Glaubens der Gaben des Heiligen Geistes teilhaftig würde, so kann nicht in diesem Leben schon ihre gesamte Fülle vorhanden sein, sondern die Gläubigen haben bei ihrem Fortschreiten im Glauben Sehnsucht nach immer neuem Wachstum des Geistes, aber schon die ersten Gaben des Geistes, mit denen sie erfüllt sind, reichen für das ewige Leben.

Noch einmal stellt sich die Frage: Also hat die Wiedergeburt nichts mit der Wassertaufe zu tun? Doch, sagt Calvin, aber wir müssen hier die Gewichte richtig verteilen. An vielen Stellen seines Auslegungswerkes *unterscheidet* er das Zeichen von der Sache, die bezeichnet werden soll. Aber er *trennt nicht*, was zusammengehört. Beides kann man sehr gut erkennen aus seiner Auslegung zu einer Stelle aus dem Titusbrief, wo Paulus (Tit 3,5) vom „Bad der Wiedergeburt" und „Erneuerung im Heiligen Geist" spricht:

Der Wiedergeborene hat keinen „Standpunkt" bezogen – er hat Beine bekommen, die in das ewige Leben eilen.

Ich zweifle nicht daran, dass hier nur eine Anspielung auf die Taufe vorliegt. Doch ich lasse es gern hingehen, wenn man die Stelle im Blick auf die Taufe auslegt (Calvin, *Auslegung der Heiligen Schrift, Die kleinen paulinischen Briefe*, 616f.).

Es geht um die Taufe von Glaubenden, die sich selbst taufen lassen wollen oder ihre Kinder zur Taufe bringen, „in denen die Taufe stets wirksam ist, und (Paulus) verbindet daher mit Recht die Taufe mit der ihr innewohnenden Wahrheit und Wirkung". Ist der Glaube da, hat das Zeichen seine ihm innewohnende Kraft. Dann gilt der Satz:

Daher heißt die Taufe zutreffend und wahrhaftig das Bad der Wiedergeburt. Kraft und Anwendung der Taufe wird man dann richtig verstehen, wenn man Sache und Zeichen zusammendenkt und dabei das Zeichen nicht unwirksam werden lässt, aber auch nicht zur Erhöhung seiner Ehre dem Heiligen Geist abspricht, was ihm doch zukommt.

Welche Rolle spielt die Sünde im Leben des Wiedergeborenen? Wenn sie durch den Anteil am Tod Jesu und durch das Einssein mit Christus vergeben ist, ist sie dann noch „da"? Calvin nimmt die Sünde des Christen sehr ernst und ist auch deshalb so energisch gegen Osiander vorgegangen, weil dieser die Sünde im Christenmenschen bagatellisierte. Wenn wir durch den Heiligen Geist Gemeinschaft mit Christus haben, dann wird eben dieser Geist in uns nicht untätig sein – der Heilige in uns kann das Unheilige nicht dulden, das heißt: Der Heilige Geist deckt die Sünde auf und zeigt uns als Frucht der Christusgemeinschaft den Segen der Rechtfertigung, die wir „genießen" dürfen.

d) Glaubens-Genuss contra Genuss-Frömmigkeit – das Wachsen im Glauben

Zweierlei ist miteinander zu verbinden: Das Vorwärtskommen im Glauben, wobei der Gehorsam gegenüber dem Willen Gottes das Wesen und Leben des Glaubenden immer mehr prägt und gestaltet, und das „geistliche Genießen". Beides steht auch bei Calvin dicht nebeneinander; denn man kann nur *gehorsam* sein, wenn man es *gerne* ist. Alles andere wäre eine abzulehnende Sklavengesinnung.

Was steht hinter dem Wort „genießen"? Zunächst mag dieses Wort hier sehr befremden. Abgesehen davon, dass man so etwas bei dem allzu strengen Calvin nicht vermutet hätte, argwöhnen wir auf dem Hintergrund heutiger misslicher Entwicklungen der Christenheit: Wie kann denn dieser Reformator einer „Genuss-Frömmigkeit" das Wort reden? Wo kommen wir denn hin, wenn wir in der Gnade „schwelgen" oder gar „baden"? Bleiben da nicht der Gehorsam und der Ernst der Nachfolge auf der Strecke? Sind unsere Leute in den Gemeinden, vor allem die Jugendlichen, nicht schon verwöhnt genug? Muss man ihnen darum nicht das Gegenteil davon verkündigen? Doch es ist wichtig, dass wir uns hierzu einige wesentliche Belege aus Calvins Äußerungen ansehen, damit dieses alles ins rechte Licht gerückt werden kann. Vorangestellt sei die These: *Erst wenn wir wieder gelernt haben, Gott zu genießen, werden wir auch die Kraft und den Willen haben, den Weg der Selbstverleugnung und der Kreuzesnachfolge zu gehen.* Und von Letzterem weiß Calvin wahrhaft genug zu sagen. Das hat man ihm sehr angekreidet und hat dabei vergessen, auf welchen Pfeilern seine Lehre vom Kreuztragen ruht!

Calvin erweist sich hier als getreuer Schüler des Kirchenvaters Augustin. Dieser unterschied „genießen" (lat. frui) von „gebrauchen" (lat. uti). Genießen darf und soll man die Gnade Gottes in Christus, weil wir nur so *Genüge* finden und darum alles Zweitrangige aufgeben können. Wo es keine Sättigung gibt, brennen Hunger und Durst in uns, und wir machen uns auf, diese bei fremden Göttern zu stillen. Die altrömische Religion lebte nach dem Grundsatz der Religionen überhaupt: „Ich gebe, damit du (Gottheit) gibst" (Do ut des). In gleicher Weise könnte z. B. heute ein junger Mensch beten: „Gott, ich will an dich glauben, wenn du mir diesen Partner, diesen Beruf schenkst." Das alles kannte Augustin aus seiner nichtchristlichen Umwelt und verabscheute es. Hier wird Gott „gebraucht" und letztlich nicht geehrt. Das Genießen im Sinne Augustins und Calvins bedeutet dies: Gott meint es in Christus wirklich gut mit mir, da ist kein Hintergedanke bei ihm, kurz: Ich habe es gut, weil Gott zu mir gut ist. Soll man das mit unserer Gefühlsebene verbinden? Theologen und ängstliche fromme Menschen sind hier meistens skeptisch, weil ihnen das Gefühl ein viel zu schwammiger Untergrund ist. Doch wenn man mit *Gefühl* nicht bloß das Kitzeln in oberflächlicher Weise, sondern *eine ganzheitliche Begegnung* meint, für die im Augenblick noch nicht die richtigen Worte zur Verfügung stehen, könnte man diesen Begriff akzeptieren.

Doch bleiben wir bei den Worten „Genuss/genießen" und dem parallelen Begriff „Geschmack/schmecken". Diese Begriffe gebraucht Calvin ziemlich häufig. Wir sehen uns dazu einige Textzusammenhänge aus der *Institutio* an:

Erst wenn wir wieder gelernt haben, Gott zu genießen, werden wir auch die Kraft zur Selbstverleugnung und Kreuzesnachfolge haben.

Sobald auch nur das mindeste Tröpflein Glaube in unser Herz gesprengt ist, da fangen wir auch schon an, Gottes Angesicht als sanftmütig und freundlich und uns gnädig anzuschauen, freilich vielleicht weitab in großer Ferne, aber doch mit solch sicherem Blick, dass wir wissen: wir sind keineswegs einer Täuschung verfallen! Schreiten wir dann fort – und wir müssen ja stets fortschreiten! –, so kommen wir, gewissermaßen im Weitergehen, mehr und mehr zu einem näheren und deshalb auch gewisseren Schauen seines Angesichts: so wird es uns gerade im Vorwärtsschreiten immer vertrauter. Ist also unser Sinn durch die Erkenntnis Gottes erleuchtet, so sehen wir ihn am Anfang noch von allerlei Unwissenheit umhüllt, die langsam entweicht. Dadurch, dass der Glaubende vieles nicht weiß, und auch das, was er sieht, noch dunkel erschaut, wird er doch nicht gehindert, die klare Erkenntnis des göttlichen Willens ihm gegenüber zu genießen – und das ist doch das Erste und Wichtigste im Glauben… Aber wie Gott uns auch durch das geringste Tröpflein Glaube einen sicheren und ganz untrüglichen Geschmack (lat. gustus) von ihm zu spüren gibt, das bezeugt Paulus an einer anderen Stelle, indem er betont: durch das Evangelium schauen wir Gottes Herrlichkeit mit aufgedecktem Angesicht, ohne jede Decke, mit solcher Kraft, dass wir „verklärt werden in dasselbe Bild!" (2Kor. 2,18) (Inst. III, 2.19).

Dieser von großer seelsorgerlicher Weisheit durchzogene Text ist in vielerlei Hinsicht interessant. Calvin schreibt ihn in einem Abschnitt, in dem er vom *Glauben* handelt. Bekannt sind Formeln aus der lutherischen Reformation, wie diese: „Der Glaube ruht auf den Verheißungen Gottes", „Der Glaube kommt aus dem Wort der Predigt". Unendlich viele Formulierungen gibt es, die verkürzt sagen: „Durch den Glauben" haben wir die Erlösung und die Gewissheit des Heils. Calvin hat diese reformatorischen Erkenntnisse natürlich voll und ganz akzeptiert, aber er hat sie nicht bis ins Unendliche wiederholt. Insofern führt er den Ansatz der Reformation der ersten Stunde weiter und scheut sich wiederum nicht, Anleihen bei der mystischen Tradition der Kirche zu machen.

Ich möchte sogar noch einen Schritt weiter gehen und sage: Calvin, der wachen Auges natürlich die katholische Frömmigkeit hinsichtlich ihrer Werkerei und ihrer theologischen Spitzfindigkeiten rigoros ablehnt, hat die *katholische Tradition der Seelenführung* evangelisch umgeformt und für seine reformatorische Arbeit fruchtbar gemacht. Gerade weil wir uns heute in einer elementaren missionarischen Herausforderung sondergleichen befinden, müssen wir Wege finden, um die richtigen reformatorischen Erkenntnisse *formellos,* das heißt seelsorgerlichpraktisch weiterzugeben. Ich halte den oben wiedergegebenen Text für ein Paradebeispiel für ein solches Vorhaben!

Calvin kennt „erste Anfängerübungen im Glauben" (Inst. III, 2.39), denen ein „Fortschreiten im Glauben" gegenübersteht. Zwar hat auch Luther von einem „Fortschreiten in der Rechtfertigung" geredet, aber insgesamt hat er wegen seiner Ablehnung der von ihm sogenannten „Schwärmer" zum Fortschreiten des Glaubens nicht viel sagen können. In der Tat sind diese insofern weit über das Ziel hinausgeschossen, als sie eine durch und durch geistgewirkte menschliche Existenzweise behaupteten. Wenn man auf der anderen Seite jedoch immer nur vom ständig wiederholten Neuanfangen redet, vergisst man das Fortschreiten. Calvin hingegen spricht hier von „Tröpflein" des Glaubens, von ungefügten, rudimentären, mit allerhand anderem untermischten Glaubensimpulsen. In Inst. III, 2.32 redet er von einem „geringfügigen Geschmack" des Evangeliums und weist auf Naeman im Alten Testament und den Kämmerer aus Äthiopien und den Hauptmann Cornelius im Neuen Testament hin. Wenn man sagen würde: Hier ist das Angebot des Evangeliums, ergreife es im Glauben, würde Calvin sagen: Beachte die

*„Anfängerübungen"
und „Fortschreiten"
im Glauben*

Rührungen und vorbereitenden Vorgänge in der Biografie eines Menschen, dann wirst du das verborgene Wirken des Heiligen Geistes erkennen, wie er Menschen suchend und verlangend macht, und dann erst kommt *schrittweise* der Glaube, denn

„einerseits wird des Menschen Verstand gereinigt, um die Wahrheit kosten zu können, und andererseits wird unser Herz in dieser Wahrheit fest gegründet. Denn der Heilige Geist ist nicht nur der Anfänger unseres Glaubens, sondern er mehrt ihn auch stufenweise, bis er uns in ihm in das Himmelreich hineinführt!" (Inst. III, 2.33)

Mit dem ersten Glaubensimpuls schenkt der Heilige Geist dem, den er zum Glauben führen will, einen „Vorgeschmack": Es zieht ihn das Wort der Bibel und die Gemeinschaft der Glaubenden an, er spürt in sich mit einem Mal eine Interessenverlagerung, Prioritäten werden neu gesetzt. Man kann das an den oben aufgeführten biblischen Personen sehr gut erkennen. Dann, sagt Calvin weiter, wird unser Verstand und Herz weit über das erhoben, was wir aus uns selber erfassen können. Denn die Seele empfängt, wenn er sie erleuchtet hat, gleichsam eine neue Sehschärfe, mit der sie die himmlischen Geheimnisse zu betrachten vermag, deren Glanz sie zuvor in sich selbst blendete. Ist einmal der Verstand durch das Licht des Heiligen Geistes hell gemacht, dann fängt er auch erst an, die Dinge des Reiches Gottes zu schmecken ... (Inst. III, 2.34).

Unser Denken fängt an, tätig zu werden, wenn unsere Empfindung angerührt worden ist. Durch das Schmecken des Evangeliums erhalten Verstand und Seele einen *neuen, erweiterten Erfahrungsraum*. Dieses Schmecken begleitet den Glaubenden auch weiterhin, nicht nur am Anfang seines Glaubenslebens. Diese Empfindungen gehören zum Menschsein. Es gibt eine verbreitete Furcht in vielen frommen Kreisen, aber auch bei etlichen Theologen vor dem Gefühl und den Empfindungen. Angeblich widersprächen sie dem biblischen Gebot zur „Nüchternheit". Nun hat Calvin in der Auslegung des Johannesevangeliums einen tiefen Satz geschrieben:

Christus selbst hatte nicht nur unser Fleisch angenommen, sondern auch unsere Empfindungen (zu Joh 12,27).

Deswegen brauchen wir uns unserer Empfindungen nicht zu schämen! Dass sie durch das Wirken des Geistes gereinigt werden müssen, steht auf einem anderen Blatt.

Nach der Erleuchtung des Verstandes und der Stärkung des ansonsten verzagten oder zweifelnden Herzens bleibt der Heilige Geist nicht müßig:

Deshalb ist der Heilige Geist wie ein Siegel: er soll in unseren Herzen die gleichen Verheißungen versiegeln, deren Gewissheit er zuvor unserem Verstande eingeprägt hat (Inst. III, 2.36).

Hier hat der Geist des Herrn eine langwierige Arbeit zu leisten, damit das, was zuerst im Verstand ankommt, „auch in das Herz überfließen" kann. Dann kommen die ersten Anfechtungen des jungen Glaubens, weil vom Widersacher (oder den Widersachern) das Wirken des Geistes in den Glaubenden bestritten wird: „weil (diese) sich der Gegenwart des Heiligen Geistes zu rühmen wagen; denn ohne dieses Rühmen hat das Christentum keinen Bestand". Dieser Satz ist zu beachten, meint er doch keinen Selbstruhm, wohl aber das Bekennen zum gegenwärtigen Wirken des Geistes Gottes.

Gerade in den Anfechtungen spüren wir die Freundlichkeit, ja, die Lieblichkeit Gottes, wie Calvin im Kommentar zum Römerbrief sagt:

Mit herrlichem Ausdruck sagt der Apostel „ausgegossen". Denn die überreiche Offenbarung der Liebe Gottes durchflutet unser ganzes Herz. Sie durchdringt jeden Winkel und mildert nicht allein die Traurigkeit. Sie mischt sich wie eine milde Würze allen Anfechtungen bei und verleiht ihnen Wohlgeschmack (Calvin, *Auslegung der Heiligen Schrift, Römer- und Korintherbriefe*, 109; zu Röm 5,5).

Wachstum des Glaubens ist das *Entflammen der Gottesliebe* durch den fortgesetzten Geschmack der Gottesgüte. Man setze sich bei der Lektüre der folgenden Sätze einmal der Innigkeit und Begeisterung an Gott aus, zu der der angeblich so gesetzliche und trockene Johannes Calvin fähig ist:

Wie aber soll sich unser Herz dazu erheben, in dieser Weise einen Geschmack von Gottes Güte zu bekommen, ohne zugleich ganz und gar zur Gegenliebe zu Gott entflammt zu werden? Denn diese Fülle des Köstlichen, die Gott denen verborgen hat, die ihn fürchten, können wir gar nicht erkennen, ohne dadurch innerlich heftig ergriffen zu werden. Hat sie aber einmal einen Menschen erfasst, so zieht sie ihn gleich ganz an sich und reißt ihn mit sich fort (ebd.).

Der Glaube ist kein mühsames Streben des Menschen, Gott wohlgefällig zu leben. Der Glaube ist ein Emporgerissenwerden zu Gottes Heilswerken. Dass er sich immer wieder neu erhebt aus dem Alten und immer wieder aufs Neue an das Herz Gottes gerissen wird, ist das Wesen des Glaubens. Zusammengefasst: Der Glaube an Gott durch Jesus Christus ist eine wachsende liebende Erkenntnis.

Und in der Auslegung des Johannesevangeliums heißt es:

Wachstum des Glaubens ist das Entflammen der Gottesliebe durch den fortgesetzten Geschmack der Gottesgüte.

Und gewiss in dem Maße, wie ein jeder im Glauben fortschreitet, kommt er der Fülle des Lebens näher, weil in ihm der Geist wächst, der das Leben ist (Calvin, *Auslegung der Heiligen Schrift, Johannesevangelium*, 265; zu Joh 10,10).

Wir sehen, dass Calvin das *Wachsen des Heiligen Geistes* in den Glaubenden stark betont. Denn der Geist Gottes, einmal gegeben, bleibt nicht müßig, wie Calvin immer wieder unterstreicht. Es gibt also ein „Mehr" an Geist, obwohl der Geist „ganz" dem gegeben wird, der anfängt zu glauben. Hier werden uns Dimensionen einer *Geisterwartung* aufgezeigt, die zur Zeit der Reformation allerdings noch nicht ausgeschöpft werden konnten; denn damals ging es um die Neupflanzung der Kirche und noch nicht um ihr Weiterkommen.

Gerade diese leidenschaftliche Gottesliebe als Frucht des Glaubens hat eine zweite Seite – *die Gottesfurcht*. Sie bewahrt den „Glaubensgenuss" vor einer platten „Genussfrömmigkeit". Beides ist strikt auseinanderzuhalten:

Die kühne Freudigkeit des Glaubens, die sich auf Gottes Erbarmen stützt, ist verbunden mit der scheuen Frucht (lat. religioso timore), die uns jedes Mal notwendig ankommt, wenn wir vor das Angesicht der göttlichen Majestät treten und an ihrem Glanze erkennen, wie groß unsere Unreinigkeit ist (ebd.).

Ohne leidenschaftliche Gottesliebe entsteht keine demütige Gottesfurcht. Das ist die andere Seite der Lehre Calvins von der Wiedergeburt.

e) Die Notwendigkeit der Rechtfertigung im Leben der Wiedergeborenen beim Ringen um die Heiligung

Wir schauen noch einmal zurück: Der heutige Christ steht vor einem Zwiespalt, der offensichtlich früheren Generationen so nicht gegenwärtig war: Zum einen stehen wir vor einer Wirklichkeit, die immer komplexer wird, einfache Lösungen gibt es nicht mehr. In der Tat muss unsere jüngere Generation viel stärker, als das früher notwendig war, *lernen zu differenzieren*. Dass man lebenslang lernt, können die Alten oftmals nicht verstehen – sie konnten noch sagen: ‚Da hatte ich *ausgelernt*‘. Man ergriff den Beruf, den man dann lebenslang ausübte. Bildung heute ist nicht länger die Sache einer eingegrenzten Jugend- und Lehrzeit, sondern ein Programm für das ganze Leben. Und vielen Zeitgenossen dämmert immer mehr, dass es bei allen Fort- und Weiterbildungsmaßnahmen im Kern um die *Reifung der Persönlichkeit und des Charakters* geht.

Calvin hat stärker als die lutherische Tradition dem Christenmenschen eine Perspektive geboten, wie man sein Leben unter der Gnade Gottes entwickelt und voranbringt. Zunächst muss es eine elementare Verankerung unserer Existenz in der Existenz Jesu Christi geben. Das ist das Wunder der Christusgemeinschaft durch den Heiligen Geist. Wer nicht in das Leben Jesu durch Gottes Kraft hineingezogen wird, kann nicht glauben und kann nicht weiterkommen im Leben. Wer nicht durch das Wunder der Wiedergeburt aus eben diesem Geist die Herrlichkeit des Evangeliums schmeckt, hat kein Grundkapital für das, was weiterentwickelt werden soll. Aber auch das, was er dann erwirbt, wird ihm nicht so geschenkt, dass er eine steile Karriereleiter ohne Brüche und Verzögerungen betritt. Auf dem Weg der Heiligung oder dem Weg der wachsenden Gottesfurcht gibt es eine Merkwürdigkeit, die man sich in der Radikalität, wie sie hier stattfindet, in einem normalen menschlichen Leben überhaupt nicht vorstellen kann: *Man kann nur weiterkommen im Glauben, wenn man immer wieder auf den Anfängen seines Christseins aufbaut.*

Wir können uns das an dem eigenartigen Abschnitt Hebr 5,11-6,8 deutlich machen. Dort hören wir von einer *Grundverkündigung,* die die „Anfangsgründe der Lehre" (5,12) entfaltet, und es gibt eine *Wachstumsverkündigung,* die „Vollkommenheitslehre" (5,14; 6,1). Dort schlägt beim Autor des Hebräerbriefes das Herz. Doch in 6,3 heißt es mit Blick auf die Grundverkündigung: „Das wollen wir tun, wenn Gott es zulässt." In die weiterführenden Schritte des Glaubens ruft Gott, wenn es nach seinem Willen dran ist, von Zeit zu Zeit die Anfangsgründe des Glaubens hinein, die „erste Liebe".

Aus antikatholischen Affekten heraus hat die evangelische Theologie und Frömmigkeit an diesem Punkt große Hemmungen an den Tag gelegt. Man wusste von Luther her, dass die Sünde der Christen der Stolz war, das Sich-besser-Dünken, die Verachtung des Nächsten. Weil man diese Fehlentwicklung mit Stumpf und Stiel ausrotten wollte, redete man lieber erst gar nicht vom Weiterkommen im Glauben und erst recht nicht von der „Vollkommenheit". Und durch Luthers Erkenntnis, dass auch der Christ „Gerechter und Sünder zugleich" (lat. simul iustus et peccator) sei, war das Tor geöffnet für die Feststellung: Auch der Christ kommt im Grunde nicht weiter – die Hauptsache ist, dass er immer die Vergebung der Sünde hat.

Calvin kennt, wie schon erwähnt, das lutherische „Gerechter und Sünder zugleich" nicht. Das kann er nicht, weil die *Heiligung als Fortschritt im Glauben* für ihn die *zweite Gabe* neben der Rechtfertigung ist. Fortschritt im Glauben aber ist zum Siegen berufener Kampf gegen die Sünde unter Einschluss der Sündenvergebung. Durch das Geschenk der Wiedergeburt entdeckt der Glaubende erst, wie sehr die Sünde an ihm nagt, aber es sind nur *Reste* der Sünde. Und „die Reste ihres fleischlichen Lebens ziehen (die Glaubenden) wieder zur Erde zurück" (zu Röm 7,15). Diese Reste sind aber *Sünde,* wenn auch Sünde der anderen Art, aber Sünde bleibt Sünde. Der natürliche Mensch kann nicht anders als sündigen, der wiedergeborene Mensch *muss nicht sündigen, sündigt aber immer wieder,* sozusagen als „Unfall", nicht als „Lebensstil". Nur gegen die Reste der Sünde kann und soll man kämpfen, die Sünde selbst ist durch Christi Versöhnungstat vernichtet. Darum geschieht es zusammen mit der Wiedergeburt,

> *Calvin kennt das lutherische „Gerechter und Sünder zugleich" nicht.*

dass der innere Zwiespalt erst anfängt, wenn die Berufung Gottes und die Heiligung durch seinen Geist einsetzt. Denn die Erneuerung geschieht in diesem Leben nur anfangsweise. Ein Überrest des Fleisches bleibt, folgt immer seinen Begierden und erregt dadurch den Kampf gegen den Geist (Auslegung der Heiligen Schrift, 144, zu Röm 7,15).

Man kann also nur auf dem Weg der Heiligung vorankommen, wenn man die Basis der Rechtfertigung nicht verlässt. Freilich muss man hier mit Sorgfalt formulieren. Die lutherische Reformation hat mit Leidenschaft den Artikel von der Rechtfertigung aus Glauben als den „articulus stantis et cadentis ecclesiae" (Grundsatz, an dem die Kirche entweder fortwährend sich aufrichtet oder an dem sie zu Grunde geht) genannt, will sagen: Wer etwa das Fortschreiten in der Heiligung zu einem solchen Grundartikel macht, geht nach lutherischer Meinung in die Irre. Calvin und die reformierte Tradition nach ihm haben hier differenzierter gedacht: Sie haben *die Fülle des schenkenden Christus* in den Mittelpunkt ihrer Lehre gestellt mit dem Ergebnis: *Christus schenkt beides: die Rechtfertigung als Sündenvergebung und die Heiligung als Installation einer alternativen Lebensführung.* Das eine kann man nicht haben ohne das andere; denn wir können die lebendige Person des schenkenden Christus nicht zerreißen. Und das gilt in beiden Richtungen: „Christus rechtfertigt niemanden, den er nicht *zugleich* heiligt", sagt Calvin immer wieder. Aber umgekehrt gilt auch: Christus heiligt niemanden, den er nicht zugleich immer wieder rechtfertigt; das heißt: dem er immer wieder die Sünde vergibt und dieselbe aus seinem Leben fortreißt. So also stellt sich das „Weiterkommen" im geistlichen Leben dar. Praktisch heißt das: Ich erlebe die Siege Jesu Christi nur in dem Maße, wie ich eine *vertiefte Sündenerkenntnis* habe. Grobe Sünden mögen vorbei sei, die feinen, wie Stolz, Selbstgerechtigkeit, Trägheit oder Sich-selbst-in-den-Mittelpunkt-Rücken bei allen möglichen und unmöglichen Gelegenheiten, werden in ihrer Abgründigkeit erst in einem Leben der Heiligung entdeckt. Dazu bedarf es einer kräftigen Arbeit des durch die Wiedergeburt in uns wohnenden Heiligen Geistes.

Es ist nachdenkenswert, wie Calvin in Inst. III das 3. Kapitel überschreibt: *„Durch den Glauben werden wir wiedergeboren."* So heißt der Obersatz. Dann der Folgesatz: *„Hier ist von der Buße zu sprechen."* Das ist zunächst überraschend, hätte man doch erwartet, dass er hier fortfährt, die herrlichen Erfahrungen mit der Wiedergeburt und den wunderbaren Früchten des Geistes aufzuführen. Doch sein Weg geht anders: Buße ist mehr als Reue und Trauer über Geschehenes, das falsch gelaufen ist, Buße ist ein reales Ablegen von Verhaltensweisen und das Neubeginnen in der Kraft der Auferstehung Jesu Christi.

Es hat sich in vielen Kirchen und Kreisen, die sich aus der Reformation herleiten, im Gegensatz dazu ein merkwürdiger, gedankenloser Mechanismus entwickelt: Wir sind ja „allzumal Sünder" – wir sündigen täglich unendlich, wir empfangen die Vergebung als Auswischen des Geschehenen, aber sind und bleiben ja „allzumal Sünder" – und der Kreislauf beginnt von vorne. Zwar hat Luther auch gesagt, dass wir unsere Sünde hassen sollen, und dass Gott uns zu unserer Besserung seines Geistes Kraft verleihen möge, aber im allgemeinen Bewusstsein der Kirchen ist dies untergegangen. Viele Theologen und Kirchenmenschen, aber auch manches „normale" Gemeindeglied haben sich ein mit tiefsinnigen lutherischen Erkenntnissen ausstaffiertes Schlummerbett gebaut. Grundlage ist ein falsches Vergebungsverständnis: als sei Buße nur das Sich-selbst-leid-Tun: „Tut mir leid, lieber Gott, aber es ist nun wieder passiert", und als sei Vergebung ein Auswischen des Geschehenen – als würde Gott sagen: „Okay, ich bin nicht gemein – ich schau' da nicht mehr drauf."

Mit Aufmerksamkeit muss man wahrnehmen, wie Calvin von der Sünde bei den Wiedergeborenen redet. Was sind die Befleckungen und Verderbnisse des Fleisches? Gibt es einen Unterschied zwischen den Sünden der Wiedergeborenen und der Nichtwiedergeborenen? Wenn man die Wiedergeburt als reale Neuschöpfung nicht in die Mitte des Glaubens stellt, sondern die Rechtfertigung, wird man sagen: Sünde ist Sünde, es gibt da keinen Unterschied zwischen den einen und den anderen. In den evangelischen Großkirchen nivelliert die Verkündigung vielerorts diese Unterschiede total, weil sie glaubt, nur so das Erbe der Reformation wahren zu können. Das Fatale ist nur, dass da, wo so undifferenziert von Sünde geredet wird, der Ernst der konkreten Sünde verschwindet! Erst da, wo man unterscheidet, gewinnt auch die Sünde an Profil: Es ist ein Unterschied, ob man als grundsätzlich von Gott Entfernter sündigt oder ob man sündigt als vom Wunder der Wiedergeburt Erneuerter. So sagt Calvin auf der einen Seite:

Ich lehre, dass alle Begierden des Menschen böse sind und erkläre sie für der Sünde schuldig, und zwar nicht, sofern sie natürlich sind, sondern sofern sie ordnungswidrig sind; das sind sie aber, weil aus der verderbten, verstockten Natur nichts Reines und Lauteres hervorgehen kann (Inst. III, 3.11).

Die andere Seite aber ist diese:

Indem Gott die Seinigen zur Wiedergeburt kommen lässt, bewirkt er freilich, dass die Herrschaft der Sünde in ihnen abgetan wird …, aber die Sünde hört bloß auf, in ihnen zu herrschen, nicht aber auch in ihnen zu wohnen! … Aber es bleiben noch Reste, freilich nicht, um in ihnen zu herrschen, wohl aber, um sie durch das Bewusstsein ihrer Schwachheit zu demütigen. Wir gestehen zwar, dass sie nicht angerechnet werden, als ob sie gar nicht da wären; aber wir behaupten: Allein aus Gottes Erbarmen werden die Heiligen, die sonst mit Recht als Sünder und Schuldige vor Gott stünden, von dieser Schuld freigesprochen (ebd.).

Auch „Reste" sind Sünde, aber sie haben als Sünde einen anderen Stellenwert, als wenn sie „Totalitäten" sind. Wenn durch das Wirken des Heiligen Geistes in den Glaubenden das Gewissen sensibilisiert wird und zugleich die Gottesliebe durch eben diesen Geist wächst, empfinden sie diese Reste als großen Schmerz, weil die Majestät ihres großen Gottes beleidigt worden ist. Wenn Gott diese Reste dann in sein vergebendes Erbarmen hüllt, erkennt er damit sein eigenes Werk an, das er in den Seinen schon gewirkt hat.

Verstärkt wird heute das bagatellisierende Reden von Sünde („Mir ist da was passiert") durch einen Satz, der unendlich häufig in Predigten, auf Gemeindetagen, in Gebeten von Konfirmanden, auf Kinder-Kirchentagen und Erwachsenen-Treffen zu hören ist, ein Satz, der ursprünglich aus der psychologischen Therapie stammt (und sich von dem deutsch-amerikanischen Theologen Paul Tillich herleitet): *„Gott nimmt dich so an, wie du bist."* Hier ist nicht mehr von Buße die Rede, selbst nicht in ihrer oben skizzierten abgeflachten Form, hier ist auch nicht vom Kreuz Christi die Rede, natürlich auch nicht von Gottes Zorn über die Sünde. Gott „nimmt an", einfach so. Ist das Gnade? Immer, wenn ich diesen Satz höre, murmle ich in meinem Inneren, gelegentlich auch für meinen Banknachbarn hörbar: *„… aber du, Gott, lässt mich nicht so, wie ich war!"*

Diese von mir so genannte „allgemeine Akzeptanz-Ideologie" hat natürlich ein Wahrheitsmoment: Jesus ist in das Haus des Zachäus gegangen und hat nicht mit scharfer Zunge gesagt: „Zuerst machst du alles gut, was deine Geldgeschäfte betrifft, du Halunke, sonst verschmähe ich deine Kost!" Nein! – er ist einfach mitgegangen. Aber dieses heilige Essen hat Zachäus verwandelt, und

Häufig zitiert: „Gott nimmt mich an, wie bin" – aber er lässt mich nicht, wie ich war!

zwar so grundsätzlich, dass er nach dem Dessert sein Portemonnaie umstülpte. Er hat das vollzogen, was Calvin „Buße" nannte: Er hat das Alte gelassen und Neues begonnen. Die Rechtfertigung als Vernichtung der Sünde im Rechtsakt des Freispruchs durch Gott auf Grund der Mittlertat Jesu Christi schenkt die Basis für ein Leben in der Heiligung durch den Geist Gottes – Zachäus konnte am nächsten Tag mit seinem Zolleinnehmen nicht mehr wie gehabt fortfahren. Aber mit Sicherheit hat er in der kommenden Zeit in Einzelsituationen auch mal wieder „Fünfe gerade sein lassen" – aus Nachlässigkeit und Bequemlichkeit. Aber dann durfte er sich an die Situation erinnern, wie Jesus einst in sein Haus trat. Jetzt bekam sein Gebet einen anderen Klang: „Jesus, nimm mich noch einmal so an, wie ich bin, aber zieh mich da wieder heraus!" So betet kein Schlummernder, so betet einer, der den Weg der Heiligung aus dem Geist der Wiedergeburt betreten hat.

Die katholische Kirche, die im Reformationszeitalter schon eine Weile die evangelische Bewegung mit scharfen Augen beobachtete, sah eben dies: Den Menschen wird die Gerechtigkeit Christi „angerechnet", aber sie bleiben, was sie sind. Triumphierend hat sie dann auf dem Konzil von Trient, das ein Jahr vor Luthers Tod begann (1545), festgelegt: Wir verkündigen aller Welt das Wunder der durch die Sakramente eingegossenen Gnade Gottes, die den Menschen wirklich verwandelt und nicht bloß als Gerechten „erklärt". Hier wurde alles massiv dinghaft ausgelegt, und man fiel auf der anderen Seite vom Pferd. Doch Calvin hat die Dinge sorgfältig beobachtet. Er musste das Werk Luthers unbedingt fortsetzen, sonst würde die Reformation in der Belanglosigkeit versinken. Darum fasste er das Geschenk der Rechtfertigung in das Wunder der Wiedergeburt aus dem Heiligen Geist ein, die den Weg der Heiligung eröffnet.

Wir lesen in einem wichtigen Abschnitt zu diesem Thema:

Beides, Ersterben und Lebendigwerden, kommt uns durch das Teilhaben an Christus zu. Denn wenn wir wahrhaftig an Christi Tod Anteil haben, dann wird durch seine Kraft unser alter Mensch gekreuzigt, dann erstirbt der sündliche Leib, so dass die Verderbnis der ersten Natur ihre Kraft verliert! (Röm 6,6) Wenn wir seiner Auferstehung teilhaftig werden, dann erstehen wir durch sie zu neuem Leben, das Gottes Gerechtigkeit entspricht. Ich beschreibe also die Buße mit einem Wort als Wiedergeburt; und der Zielpunkt dieser Wiedergeburt ist allein darin zu suchen, dass das Ebenbild Gottes in uns wiederhergestellt ist, welches durch Adams Übertretung besudelt und so gut wie ausgelöscht war … Diese Erneuerung aber kommt nicht in einem Augenblick, auch nicht an einem einzigen Tag oder in einem einzigen Jahr zur Vollendung; nein, Gott tilgt bei seinen Auserwählten in dauerndem, ja auch langsamem Weiterschreiten die Verderbnisse des Fleisches, er reinigt sie von ihren Befleckungen und weiht sie zu einem Tempel, der ihm heilig sei, erneuert alle ihre Sinne zu wahrer Reinheit, damit sie sich in ihrem ganzen Leben in der Buße üben … (Inst. III, 3.9).

Wir sehen wieder: Die Klammer um alles Fortschreiten des Christen in der Heiligung ist Gottes Gnade, wie sie im Wunder der Wiedergeburt dem Menschen zuteil wird. Da ist nichts zu spüren von einem verkrampften „Heiligungsstreben", was später unter tragischer Verkennung dessen, was Calvin tatsächlich meinte, im reformierten Bereich des Protestantismus um sich gegriffen hat. Damit sind die Glaubenden im Fortschreiten ihrer Heiligung ebenso auf die Rechtfertigung als Sündenvergebung angewiesen wie die (noch) Nichtglaubenden. Aber sie sind es in einer anderen Weise. Was aber ist nun das Geheimnis der Rechtfertigung?

Calvin überschreibt das 12. Kapitel seines dritten Buches der Institutio so: *„Soll die Rechtfertigung aus Gnaden zur ernsten Gewissheit werden, so müssen wir unser Herz zu Gottes Richterstuhl erheben.“* Hier ist das entscheidende Stichwort gefallen: *Die Gewissheit unserer Rettung liegt in der Erfahrung der Rechtfertigung und nicht in der Heiligung.* Denn die Rechtfertigung ist ein göttlicher Richterspruch, und den empfangen wir allein vom Richterstuhl Gottes her – für unsere verwöhnten christlichen Zeitgenossen wieder ein schwerer Gedanke. Nun müssen wir die beiden Gaben Christi, Rechtfertigung und Heiligung, wieder *unterscheiden,* nachdem wir ausreichend klar erkannt haben, dass sie *zusammengehören.* Dass wir zunehmend lernen, diesen Weg vom Zusammengehören zum Unterscheiden und zurück in unserem geistlichen Leben zu gehen, nenne ich Wachstum im Glauben. Hierzu sagt Calvin klipp und klar:

> *Die Gewissheit unserer Rettung liegt in der Erfahrung der Rechtfertigung und nicht in der Heiligung*

Die Leute, die das faseln, wir würden durch den Glauben gerechtfertigt, weil wir als Wiedergeborene durch geistliches Leben gerecht wären, haben also niemals die Süßigkeit der Gnade geschmeckt, d.h. nie bedacht, dass Gott ihnen gnädig wäre (Inst. III, 13.5).

Die Heiligung, so sahen wir mit Calvin, ist ein lebenslanger Prozess. Ich sehe an mir zwar Fortschritte, aber ich weiß nie, wie weit ich gekommen bin. Vor allem darf ich nicht den Fehler begehen, die wunderbaren Wirkungen der Gnade Gottes in meinem Leben sozusagen zu addieren, um dann im Betrachten ihrer beträchtlichen Summe den Schluss zu ziehen: „Ich bin also ein wahrer Christ nach Gottes Wohlgefallen.“ Es könnte auch in Stunden der geistlichen Düsternis und Anfechtung das Umgekehrte geschehen: Ich finde kaum etwas, was ich als ein echtes Ergebnis des Wirkens Gottes in meinem Leben anerkennen könnte. Mit Angst und Unsicherheit sind dann meine Tage gefüllt. Im ersten Fall ist die Versuchung der Sünde der Stolz, im zweiten Fall die Verzweiflung.

Weil ich aber zur Ehre Gottes leben und seinen herrlichen Namen verkündigen soll, bedarf ich der *Gewissheit meines Gerettetseins allein durch die Gnade*. Und die soll mir zuteil werden unabhängig von dem Grad meines Geheiligtseins. Calvin sagt nun, dass ich mit Furcht vor den Richterstuhl Gottes treten soll und dort aus seinem Mund das hoch richterliche Urteil empfange: „Ich spreche dich hiermit gerecht – gehe hin in Frieden und sei getrost!" Es geht nicht um das blanke Entsetzen vor der Majestät Gottes, es geht um die Gottesfurcht, die die Kehrseite der Gottesliebe ist – hier müssen wir wieder unterscheiden. Auch die noch nicht Glaubenden müssen vor Gottes Richterthron treten. Wir alle gingen in die Irre wie Schafe, sagt Jesaja (Kap. 53,6):

> Denn der Prophet fasst hier alle Menschen zusammen, zu denen die Gnade der Erlösung kommen sollte. Dabei muss die Schärfe dieses Gerichtes so weit gehen, bis sie uns in eine gründliche Bestürzung hineingezwungen und uns solchermaßen zum Empfang der Gnade Christi zubereitet hat (Inst. III, 12.5).

Die einen treten vor Gottes Richterstuhl, um ihre schmutzigen Werke abzulegen und seinen Freispruch zu erwarten, die anderen treten vor den gleichen Richterstuhl, um die Reste der Sünde, die auch die Majestät Gottes beleidigt haben, abzulegen und Gottes reinigenden und bestätigenden Zuspruch zu erwarten. Und diese verletzte Majestät Gottes muss wiederhergestellt werden: *Gott wird gerechtfertigt, indem Menschen gerechtfertigt werden* (vgl. dazu Inst. III, 13.1). Das *Gewissen* des Menschen ist der Widerschein des göttlichen Gerichtsforums – das Gewissen klagt uns an, und das Gewissen spricht uns frei, sofern uns der Heilige Geist zuvor vor den Richterstuhl Gottes gebracht hat.

Wir verstehen nach allem, was wir bisher von Calvin gelernt haben, zwei Punkte jetzt besser. Zum einen: Jesus Christus ist nach seiner Auferweckung von den Toten zur Rechten Gottes erhöht worden. Diese Erhöhung Christi zur Rechten Gottes spielt bei Calvins Glaubenserkenntnis eine zentrale Rolle. Jetzt verstehen wir auch, warum wir alle ohne das Eintreten des erhöhten Gekreuzigten für uns vor Gottes Richterstuhl vergehen würden. Weil Jesus unter Hinweis auf sein stellvertretendes Leiden und Sterben für uns unser Mittler vor Gott ist, wird uns das Urteil des Richters als ein uns gerecht sprechendes Urteil bekannt gemacht.

Zum anderen: Der Heilige Geist, der bei Calvin ebenfalls eine zentrale Rolle spielt, arbeitet sozusagen als „himmlischer Bote". Er hat im Inneren Abgründe der Schuld aufgegraben und trägt sie vor Gottes Richterstuhl. Dann aber empfängt er den Freispruch für die Glaubenden aus der Hand des Richters und transportiert diesen genau dorthin, wo er die Sünde ausgegraben hat. *Weil es den Heiligen Geist gibt, gibt es Gewissheit des Heils.* Denn der Geist Gottes kann sich nicht täuschen, ist er doch von höchster Stelle ausgesandt. Das ist das „verborgene innere Zeugnis des Heiligen Geistes", von dem Calvin sehr viel spricht. Was in der katholischen Kirche der bloße gehorsame Empfang der Sakramente bewirken soll, das bewirkt nun Gott durch seinen Geist selbst – kein Wunder, dass die Vergewisserung der Sakramente nur mehr als „Siegel" zu dienen hat als Bestätigung für das, was der Heilige Geist ohnehin schon den Glaubenden geschenkt hat.

Weil es den Heiligen Geist gibt, gibt es Gewissheit des Heils.

Es fällt auf, dass da, wo Calvin von der Rechtfertigung spricht, er andere biblische Begriffe gebraucht als da, wo er von der Wiedergeburt als Anfang einer lebenslangen Erneuerung spricht. Wohlgemerkt: Er begann mit der Lehre über die Wiedergeburt und leitete daraus den lebenslangen Prozess der Heiligung oder Erneuerung ab. Will er aber von der Gewissheit des Glaubens reden, handelt er von der Rechtfertigung. Seine reiche Begrifflichkeit vom „Schmecken", „Erfahren" u. Ä. haben wir schon ausführlich dargestellt. Aber nun redet er anders:

Das Wesen des Glaubens aber ist es, die Ohren aufzumachen und die Augen zu schließen, d.h. allein auf die Verheißung ausgerichtet zu sein und sein Augenmerk von aller Würdigkeit und allem Verdienst des Menschen abzuwenden!

Die Kenner hören Martin Luther oder Philipp Melanchthon hier reden! Was steht eigentlich dahinter, dass Calvin nahezu wörtliche Formulierungen dieser beiden Reformatoren übernimmt? Zunächst dieses: Hier erweist sich erneut, dass Calvin ohne Luther nicht denkbar ist, denn es gibt keinen calvinischen Christen, der nicht *im Kern* ein lutherischer wäre. Da, wo es um das *Urteil der Rechtfertigung* geht, müssen alle menschlichen Sinne ausgeschaltet sein, das sagte der lutherische Zweig der Reformation in ständiger Wiederholung. Und dem schließt sich Calvin an *dieser* Stelle voll und ganz an. Dieses Urteil kann nur auf der schmalen Straße des *Wortes Gottes* zu uns kommen. Warum? Weil es so unerhört ist, dass keine andere menschliche Regung in der Lage ist, zum Empfang dieser Botschaft eine geeignete Antenne auszufahren. Ohne zu fühlen, ohne etwas zu erfahren, kommt sozusagen das nackte Wort an meine Ohren: „Du bist freigesprochen um Christi willen, weil du dein Leben ihm anvertraut hast." So kommt der Glaube an die Rechtfertigung des Sünders allein aus dem Hören (lat. fides ex auditu). Da, wo es um die *Gewissheit* geht, geht es um diesen *nackten Glauben*, der von allem Erfahren entblößt ist – für den heutigen erlebnis- und erfahrungssüchtigen Menschen, der sich auch in den christlichen Gemeinden findet, natürlich eine äußerste Zumutung! Doch wenn man in der Stunde der *Anfechtung* um die *Gewissheit* der Gnade Gottes ringt, dann muss es so sein.

Noch einmal: Das, was jetzt im Augenblick von Gott kommt, macht uns gewiss, nicht das, was am Ende unseres Lebens als Ergebnis eines wunderbaren Lebens in der Heiligung herauskommt. Denn wenn ich nicht weiß, dass der Himmel mein ist allein durch Gnade, dann *muss* ich ihn mir durch Werke verdienen. Das aber wäre der völlige Tod aller Werke, die Gott gefallen sollen. Calvin hat entsprechend seiner Grunderkenntnis einen Entwurf der christlichen Ethik geliefert, die an Luther wieder anknüpft, aber ihn zugleich überschreitet. – Doch bevor davon zu reden ist, muss in einem vorbereitenden Abschnitt etwas anderes zur Sprache kommen, was ebenfalls an Luther anknüpft, ihn aber auch diesmal überbietet, nämlich:

4. Der befreite Wille – die Kraft zur Selbstverleugnung und zum Handeln

Das Leben in der Wiedergeburt soll Gott *wohlgefallen*. Wir sollen zur *Ehre Gottes* leben und einen Beitrag zur *Verherrlichung Gottes* geben. Das ist der Zielgedanke der Lehre Calvins. Unsere persönliche Rettung für die Ewigkeit ist noch nicht das Ziel! Und diese Verherrlichung Gottes geschieht nicht nur durch unser *Bekennen,* sondern vornehmlich durch unser *Tun.* Denn es war schon aufgefallen, dass die Betonung der *bekennenden Antwort* des Wiedergeborenen ein Wesenszug der calvinischen Glaubenserkenntnis ist. Hier schon wird *der Mensch als Täter* gesehen. Gott selbst *will* diesen Täter. Natürlich ist es richtig, wenn gesagt wird, dass Gott selbst alles wirkt, aber es muss dabei bleiben: Wir Menschen müssen zu guten Tätern werden – aber wie?

An diesem Punkt stehen wir vor einer Herausforderung, die erst die Reformation, Luther ebenso wie Calvin, in ihrer vollen Schärfe erkannt hat. Doch beginnen wir mit unserer Praxis in Kirche und Gemeinschaften. Da können wir zwei extremen Haltungen begegnen: Die ältere Generation, die zwar nahezu am Aussterben ist, aber auch manche Lebensweisheit an Jüngere weitergegeben hat, ist erzogen worden mit dem Schlagwort: „Kinder, die was wollen, kriegen was auf die Bollen" – will sagen: „Du hast absolut nichts zu melden, du hast überhaupt nichts zu wollen, du hast dich zu *fügen.* Erst wenn du ganz groß bist, kannst du auch bestimmen." Aufs Religiöse angewendet: Wir haben Gott gegenüber nichts zu wollen, sondern uns zu *ergeben* und zu *fügen,* denn nicht ohne Grund, so heißt es, werden wir im Herrengebet belehrt: „Dein Wille, (Gott,) geschehe", und dieses bedeutet ebenfalls eindeutig, dass Gottes Wille so allmächtig (und unheimlich) ist, dass er für uns undurchschaubar ist, und darum haben wir uns vor ihm stumm zu beugen. „Gib dich zufrieden und sei stille" – unter diesem Leitsatz sind Generationen unserer geistlichen Vorfahren groß geworden und haben ihr Leben dementsprechend gelebt. Das hieß natürlich auch, dass die Naziherrschaft als Gottes Fügung von vielen hingenommen wurde – Gott habe es eben so gewollt. Hier geriet der Wille Gottes gefährlich nahe an die aus der Antike überkommene Anschauung vom Schicksal oder Fatum. Doch ist jene Bitte des Vaterunsers wirklich so gemeint? Was bedeutet denn der Satzteil „… so auf Erden"? Sollte er wirklich so gemeint sein, dass wir bei der Durchführung des Willens Gottes auf Erden gänzlich unbeteiligt sind?

Das andere Extrem ist dies: Da höre ich in Evangelisationsvorträgen: „Entscheide dich heute für Jesus Christus – du musst nur wollen – Gott hat uns doch einen freien Willen gegeben." Wenn es denn Menschen

> *Der befreite Wille dient Gott freiwillig.*

gibt, die das so nachvollziehen, kommt es oft vor, dass kurze Zeit später ihre Entscheidung wieder hinfällig geworden ist. Sie haben sich für Gott entschieden, aber haben den Eindruck, dass sie noch längst nicht bei ihm angekommen sind. Der nachträgliche Eindruck, dass die Entscheidung für Jesus Christus ein einziger Krampf gewesen ist, hat ihr inneres Leben unter Umständen vollends gelähmt. Gar nicht zu reden von denen, die nur das eine kennen: „Ich tue und denke nur das, was *ich* will …" Gottlose Eigenmächtigkeit ist genauso verwerflich wie eine passive Gottergebenheit!

Die katholische Glaubenslehre hat die Frage, inwieweit der Mensch einen freien Willen in Bezug auf Glaubensdinge hat, ausführlich mit vielen Nuancierungen erörtert und verschiedene Antworten gegeben. Insgesamt hat sich dort die Anschauung durchgesetzt, dass erst durch die Eingießung der Gnade in das Innere des Menschen dessen Wille zum Guten bewegt wird. Unterschiedlich wurde nur die Frage beantwortet, *in welchem Maße* der Wille des Menschen frei sei. Unter dem Strich kam heraus, dass *wenigstens das Fünklein einer inneren Bereitschaft* vonnöten sei, damit die Gnade den Willen des Menschen ergreife und zur guten Tat führe. Für die einen war es ein kräftiger Funke, für die anderen eben nur ein minimales Fünklein. Letztlich *kooperieren* Gott und Mensch nach Meinung der katholischen Lehre, wenn es um die Erlangung des Heils geht. Ich möchte behaupten, dass diese katholische Art und Weise in vielen evangelischen Kreisen gang und gäbe ist: „Du musst dich wenigstens öffnen für Gott, sonst kann er nichts an dir tun." Aber entspricht das noch der Devise der Reformation: „allein durch die Gnade (lat. sola gratia)"?

Die humanistische Bewegung des 15. und 16. Jahrhunderts, die, wie wir gesehen haben, sehr praxisorientiert war, hat selbstverständlich die katholische Version an dieser Stelle übernommen. Da sie die stumme Abhängigkeit von einer kirchlichen Tradition abgelehnt hatte, musste sie natürlich dem menschlichen Geist samt dessen Fähigkeiten eine Menge zutrauen. Des Menschen Geist als das Prinzip der Lebendigkeit kann ja nicht als ein passives Etwas beschrieben werden. Es gehört zu den großen Erkenntnissen der Reformationszeit, dass deren namhafte Vertreter die Lehre vom freien Willen in Glaubensdingen mit großer Eindeutigkeit abgelehnt haben. Nein, sagten sie, des Menschen Wille ist von Geburt wegen des Sündenfalls so sehr an die Dunkelheiten der Sünde gebunden, dass er ihr Sklave geworden und auch nicht einmal ein Fünklein der inneren Freiheit des Willens übrig geblieben ist. Sein ehemals freier Wille ist ein knechtischer Wille geworden. Er kann nicht wollen, was Gott will, sondern nur noch, was der Teufel will. Die katholische Seite hat diesen Radikalismus mit Kopfschütteln abgelehnt, bedeutete er doch für sie die *Leugnung des Schöpfers*. Denn die Gnade, so lehrt sie bis heute, kann nur *aufbauen* auf dem, was Gott bisher durch seine Schöpfung gewirkt und vorbereitet hat. Für sie wurde durch die reformatorische Radikalität der Mensch in eine unverantwortliche Passivität getrieben, die schließlich zur Auflösung aller natürlichen Lebensenergie führt.

In der Tat stand und steht die reformatorische Bewegung an dieser Stelle vor einem Dilemma. Was heißt denn die einprägsame Formel Luthers: „Glaubst du, so hast du, glaubst du nicht, so hast du nicht"? Darf man jetzt weiterfragen? Ist es erlaubt, zu fragen, was *im Menschen geschieht*, wenn Gottes Geist das Wunder des Glaubens in uns wirkt? Es hat eine Epoche im letzten Jahrhundert in Kirche und Theologie gegeben, wo ein derartiges Nachfragen verpönt war. Man fürchtete eine „Psychologisierung" des Glaubens mehr als die Sünde wider den Heiligen Geist. Es blieb dabei: „Höre und glaube, und damit soll's genug sein." Man konnte sich damals vielleicht so gebärden, weil in vielen Kreisen das Glauben noch eine Selbstverständlichkeit war. Aber spätestens in dem Augenblick, da man immer mehr Menschen trifft, die nicht glauben *können* und auch auf wiederholte Appelle hin nicht zu glauben vermögen, hat man an dieser Stelle angefangen nachzufragen, was denn in den Menschen geschehen muss, dass sie glauben können.

Dazu kommt eine Erfahrung, die ich erst in den letzten Jahren im Dienst am Evangelium zunehmend mache und die mir in den Anfängen meines Dienstes noch nicht so gegenwärtig war: Menschen können nicht deswegen nicht glauben, weil „die Vernunft" oder „die Wissenschaft" ihnen Barrieren aufrichteten. Nein, Menschen können nicht glauben, weil sie *gebunden an dunkle Mächte* sind, an allerlei konfuses

> *Der gefallene Mensch kann nicht mehr wollen, was Gott will.*

Zeug aus fernöstlichen Riten und Kulten, an primitive okkulte Praktiken, die hierzulande neu an Bedeutung gewonnen haben. Diese besetzen und knechten die Herzen. Nun hat die offizielle Theologie, die aus dem Neuen Testament sehr wohl die Bedeutung der „Mächte und Gewalten" kannte, flugs diese umbenannt in „Geist des Nationalsozialismus", „Mächte des Kapitalismus", „Macht des Geldes" (bezeichnenderweise aber nie vom „Geist des Sozialismus" gesprochen) und prangerte diese heftig an, um der Peinlichkeit des Ernstnehmenmüssens jener jenseitigen Mächte entgehen zu können, weil sie ja bekanntlich an eine Welt jenseits unserer Rationalität längst nicht mehr glaubt.

Die anonymen Mächte gibt es zwar, aber im Alltag der Verkündigung und Seelsorge begegnen sie einem Boten des Evangeliums in jener oben kurz skizzierten Primitiv-Version. So kam ich überraschend für mich selbst wieder zur reformatorischen Grunderkenntnis vom „unfreien Willen" zurück. Der Mensch kann sich nicht für Gott entscheiden, weil er zwar einen Eigenwillen, aber in Bezug auf Glaubenssachen einen unfreien Willen hat. Nun hat zwar Luther in seiner Schrift „Vom unfreien Willen" gegen den Humanisten Erasmus von Rotterdam der Christenheit unwiderlegbare Erkenntnisse geschenkt, aber vor lauter Polemik hat er erst am Ende dieser seiner Schrift, fast nicht hörbar, einige knappe Linien gezogen, die das Werk des Heiligen Geistes bezüglich unseres gefangenen Willens andeuten. Luther hat da sogar gesagt, dass wir mit Gott „zusammenarbeiten" können, wenn Gottes Geist unseren Willen bewegt. Aufs Ganze gesehen ist es aber doch so, dass bei Luther nicht eindeutig klar wird, was mit unserem Willen geschieht, wenn uns die Gnade der Rechtfertigung ergreift. Ein anerkannter Luther-Interpret wie Hans Joachim Iwand hat in einem Kommentar zu jener Luther-Schrift sogar behauptet, dass auch der Wille derer, die die Rechtfertigung im Glauben annehmen, nach wie vor unfrei bleibe (H. J. Iwand, *M. Luther, Ausgewählte Werke*, Erg.-Reihe, Bd. 1, 254: „[Luther] kennt weder vor noch nach dem Gnadenempfang einen freien Willen"). Damit hat er Luthers Gesamtintention sicher richtig wiedergegeben, die sich allerdings für die Praxis der Verkündigung verhängnisvoll auswirkte.

Auch an dieser Stelle zeigt sich wieder, dass Calvin zwar an Luthers Werk anknüpft, es aber entscheidend vertieft und weiterführt: Ohne dass unser Wille radikal durch die Neuschöpfung des Heiligen Geistes erneuert wird, gibt es kein Gott wohlgefälliges Werk. Die unter den Christen übliche Rede, dass der Geist unserem schwachen oder nicht vorhandenen Willen „aufhilft", ist problematisch und letztlich sogar verkehrt. „Aufhelfen" ist nur möglich, wenn etwas schon „da" ist – das wäre letztlich die katholische Sicht der Dinge. Aber wenn nichts „da" ist, nützt auch kein „Aufhelfen". Wir sahen bereits, wie Calvin den *Weg zum Glauben* in seelsorgerlicher Verantwortung beschreibt. Da wird der *Verstand erleuchtet* und das *Herz entflammt* zur Gotteserkenntnis und zur Gottesliebe. So sagt er mit der Schrift und Augustin klipp und klar:

> So ist auch der Wille nicht verlorengegangen, weil er von der Natur des Menschen nicht zu trennen ist; aber er ist in die Gefangenschaft böser Begierden geraten, so dass er nichts Rechtes mehr begehren kann … (Inst. II, 2.12).

Das aber wäre die Aufgabe des freien Willens nach Gottes ursprünglicher Schöpfung gewesen:

> Vielmehr erfordert der freie Wille, dass er auf Grund richtiger und vernünftiger Überlegung (lat. recta ratione) das Gute erkennt, sich für das richtig Erkannte entscheidet und diese Entscheidung auch ausführt! (Inst. II, 2.26)

Die Sünde ist also nicht diese und jene moralische Untat, sie ist als Auflehnung gegen den Schöpfer auch die Vernichtung der in unser Inneres hineingelegten Möglichkeit, dass wir uns für ihn und das von ihm kommende Gute entscheiden. Der Verstand ist verdunkelt, das Herz versteinert, der Wille versklavt. Gehorsam gegen Gott ist also nicht mehr möglich.

Wiedergeburt: Der Wille des Menschen wird von Grund auf erneuert.

Nun aber geschieht das Wunder der Wiedergeburt, die auch die *Erneuerung unseres Willens* beinhaltet. Wohlgemerkt: Unser natürlicher Wille in seinen letzten Resten wird nicht einfach gestützt, er wird *von Grund auf erneuert*. Weil der Heilige Geist Gottes die einzige Instanz ist, die bis in die allerletzten Tiefen unseres Menschseins vorzudringen vermag, geschieht in den tiefsten Kammern unseres Herzens ein einzigartiges Wunder. Calvin sagt es mit den Worten Augustins:

Der Wille der Gläubigen wird vom Heiligen Geiste derart entzündet, dass sie können, weil sie wollen, und dass sie wollen, weil eben Gott in ihnen bewirkt, dass sie so wollen (Inst. II, 3.13).

Und Calvin legt aus:

So haben wir also aus Augustins eigenem Munde den Beweis für das, worauf es uns wesentlich ankam: der Herr bietet uns seine Gnade nicht nur an, so dass sie jeder nach freiem Ermessen annehmen oder auch von sich weisen könnte; sondern Gottes Gnade wirkt im Herzen Entscheidung und Willen. Was also an guten Werken daraus hervorgeht, ist seine eigene Frucht und Wirkung! Und der Mensch hat seinen gehorsamen Willen nur daher, dass Gott selber ihn schafft (Inst. II, 3.13).

Nun könnte jemand protestierend einwenden: „Also werden wir doch wieder fremdbestimmt!" In unserem emanzipationsfreundlichen Zeitalter ist dieser Schlachtruf so etwas wie ein Totschlagargument. Kann man da noch etwas einwenden? Wir können es, wenn wir uns denn auf das Wesen und die Art des Wirkens des Heiligen Geistes einlassen:

Aber Augustin sagt doch an anderer Stelle, die Gnade hebe den Willen nicht auf, sondern wandle ihn vom Bösen zum Guten und stehe ihm bei, wenn er gut geworden sei! Das bedeutet aber nur: der Mensch wird nicht so (vom Geiste Gottes) geführt, dass er ohne Regung des Herzens wie von einem äußeren Druck sich treiben ließe, sondern er wird eben innerlich erfasst, dass er von Herzen gehorcht … (Und Augustin lehrt weiter): der menschliche Wille erlangt nicht etwa die Gnade kraft seiner Freiheit, sondern die Freiheit kraft der Gnade … (Inst. II, 3.14).

In der Auslegung des Philipperbriefes sagt es Calvin ähnlich:

Indessen verkündet Paulus, (der gute Wille) sei ohne Einschränkung Gottes Werk. Denn er sagt nicht, unsere Herzen würden nur gelenkt oder angeregt oder die Schwachheit des (vorhandenen!) guten Willens werde unterstützt, sondern der gute Wille werde ganz und gar von Gott bewirkt … Wir geben (ja) auf jeden Fall zu, dass wir von Natur einen Willen haben; aber weil er, von der Sünde verdorben, böse ist, beginnt er (erst) dann, gut zu werden, wenn er von Gott umgestaltet worden ist. Wir behaupten auch nicht, dass der Mensch irgendetwas Gutes tue, es sei denn als Wollender – aber (nur) dann, wenn der Wille vom Geist bewegt wird … Wenn nicht Gott wirksam in uns handelte, könnte man nicht sagen, er bewirke den guten Willen … Er bringt also das fromme Verlangen, das er uns eingehaucht hat, bis ans Ziel, damit es etwas ausrichte (Calvin, *Auslegung der Heiligen Schrift, Die kleinen paulinischen Briefe*, 240f.; zu Phil 2, 13)

Der Weg in diese Befreiung geht etappenweise vor sich. Man erkennt erneut, wie Calvin Luthers richtige „Kompakttheologie" („Glaubst du, so hast du") seelsorgerlich weise in einzelne Schritte aufgliedert, eben darum, weil er als Theologe und Schriftausleger Praktiker ist. In der Auslegung des Epheserbriefes schreibt er:

Denn *zuerst* glauben wir Gottes Verheißungen, *nachher* fassen wir, indem wir uns auf diese stützen, Zutrauen, so dass wir guten und ruhigen Mutes sind. *Darauf* folgt der Freimut, der bewirkt, dass wir unsere Furcht (bewältigen) und uns unverzagt und ruhig Gott überlassen (a.a.O., 148, zu Eph 3,12, Hervorhebung DS).

Was hat Calvin erreicht? Dieses: *Es gibt keinen freien Willen im Menschen mehr bezüglich der Glaubensdinge – aber durch das Wunder der Wiedergeburt gibt es im glaubenden Menschen den befreiten Willen.*

Durch die Wiedergeburt ereignet sich die *Bekehrung des geknechteten Willens.* Dieser kann sich jetzt entschlossen Gott und dessen Willen zuwenden:

Wenn uns Gott zum Trachten nach dem Rechten bekehrt, dann ist das die Verwandlung eines Steins in Fleisch. So wird das abgetan, was unserem Willen eigen ist, und was an dessen Stelle tritt, stammt ganz und gar von Gott! Ich sage, der Wille werde abgetan. Das heißt nicht: er wird als Wille abgetan, denn was zur ersten (ursprünglichen) Natur gehört, das bleibt in der Bekehrung des Menschen unangetastet. Ich meine es so: der Wille wird neu geschaffen, nicht um etwa erst anzufangen, Wille zu sein, sondern um vom Bösen zum Guten bekehrt zu werden! (Inst. II, 3. 6)

Neuschöpfung setzt also nicht die Zerstörung der ursprünglichen Schöpfung voraus. Immer wieder hat man das so verstanden, aber das würde in eine buchstäbliche Ent-Ichung führen, was Gottes Schöpfung die Ehre rauben würde. Neuschöpfung ist die schöpferische Umlenkung des Willens auf Gottes Ziele. Das heißt mit anderen Worten: *Ich darf aus Gnade wollen, was Gott will.* Es gibt unter uns eine weit verbreitete Art der Frömmigkeit, der dies äußerst unangenehm ist – man will gar nichts mehr wollen, und glaubt, auf diese Weise Gott besonders wohlgefällig zu sein. Diese Art einer frommen Passivität entspricht nicht dem, was die Bibel unter dem Willen Gottes versteht. Der will nicht über dem Menschen als ein unheimliches Etwas schweben, er möchte in uns wohnen, wie ja Christus durch seinen Geist in uns wohnt. Es geht also auch bei der Bekehrung des Menschen nicht um eine Ausschaltung des menschlichen Willens, wohl aber um dessen Hinkehr zu Gott. Kurz: *Gott bricht zwar unseren Eigenwillen durch die Gnade, aber er pflanzt durch eben diese Gnade in uns einen eigenen Willen, der das will, was Gott will.*

Würde Gott unseren eigenen Willen nicht erregen, wäre in der Tat alles, was von ihm auf uns kommt, eine nackte Willkür- und Gewalttat. Wir könnten dann nur noch funktionieren, nicht aber gehorchen. Gehorsam setzt Freisetzung voraus. Gehorsam setzt auch Entscheidung voraus. Ich darf und kann mich also für Gott entscheiden! *Es ist das Einzigartige des Wirkens des Heiligen Geistes, dass ich das, was er vorgibt, zugleich als meine eigene Entscheidung empfinde und auch so vollziehe.* Weil man nicht die Wirkweise des Geistes Gottes beachtete, hat man in Kirche und Theologie bis zum Überdruss behauptet, der Mensch könne sich gar nicht für Christus entscheiden und hat alle Missionsunternehmungen, die darauf hinzielten, des unreformatorischen Verhaltens geziehen. Da kann ich nur sagen: Ihr habt euch niemals die Mühe gegeben, dem Reformator Johannes Calvin bis zum Ende zuzuhören!

Gott bricht den Eigenwillen durch die Gnade und pflanzt dadurch in uns einen eigenen, befreiten Willen.

Zweifellos gibt es auch eine geistlose Entscheidung für Jesus Christus:

Gott bewegt den Willen. Aber das geschieht nicht, wie Jahrhunderte lang gelehrt und geglaubt worden ist, so, dass es dann in unserer Entscheidung stünde, dieser Bewegung Gehorsam oder auch Widerstand zu leisten; sondern er bewegt ihn so kräftig, dass er folgen muss. Wenn also Chrysostomus immerzu wiederholt: „Gott zieht nur den, der da will", so muss das abgelehnt werden (Inst. II, 3,10).

Aber es gibt eben auch eine geistliche, das heißt geistgewirkte Entscheidung für Christus. Es war schon mehrfach aufgefallen, dass in der calvinischen Gestalt der reformatorischen Grunderkenntnis das *Bekennen* eine elementare Rolle spielt. Wir verstehen jetzt auch, warum Calvin die Lehre vom befreiten Willen klarer als Luther weiter entfaltet hat, sah er doch hier erst die Möglichkeit, dass das Bekenntnis des Glaubens nicht ein eigenmächtiges Werk, sondern Gottes geheimnisvolles Handeln ist.

Weil dieses aber durch den Heiligen Geist geschieht, *ist das Bekennen zugleich Äußerung des wiedergeborenen Menschen.* Damit hat er eine wichtige Grunderkenntnis für die Begründung einer christlichen Ethik aus Glauben gefunden: Der Glaubende, das ist der Wiedergeborene, ist in Christus durch den Heiligen Geist hineingepflanzt, wird befreit zur handelnden Person, bekommt Auftrag und Verantwortung und damit die Bevollmächtigung zum guten Werk, das Gott entspricht.

Der fremdbestimmte (heteronome) wie auch der eigenbestimmte (autonome) Mensch werden zum geistbestimmten (pneumatonomen) Menschen. Es gehört zur Tragik der Generation der Reformatoren, aber auch späterer Generationen bis in unsere Zeit hinein, dass man aus lauter Angst vor Schwärmerei und Perfektionismus diesen wichtigen Gedanken nicht festhielt. Die Wiedergeburt aus dem Geist Gottes ist also ein realer Vorgang und bewirkt als Neuschöpfung einen das ganze menschliche Leben umformenden Gestaltungsprozess:

… wie Gott, unser Vater, sich in seinem Christus selber mit uns versöhnt hat, so hat er uns auch in ihm das Ebenbild vorgezeichnet, nach dem wir nach seinem Willen gestaltet (lat. conformari) werden sollen … Wir werden also dazu vom Herrn zu Kindern angenommen, dass unser Leben Christus, das Band unserer Kindschaft, zur Darstellung bringe (lat. repraesentet) (Inst. III, 6.3).

Der Sinn und das Ziel der Wiedergeburt schenkt wahre „Bildung" in des Wortes ureigenster Bedeutung. Das Bild Jesu Christi, der ja das Bild des Vaters im Himmel ist, wird dadurch auf Erden anschaubar und somit auch erfahrbar. Hier hat Calvin die Vorgaben seines humanistischen Zeitalters als christlicher Theologe und Schriftausleger in einzigartiger Weise aufgenommen, umgeschmolzen und biblisch begründet: Nicht mehr die „Tugenden" (lat. virtutes) werden durch einen geistigen Bildungsprozess herausgeschält, vielmehr wird durch den Heiligen Geist das Ebenbild Christi aus dem Menschen herausgebildet. Nicht der fromme Mensch ist lebenslanger Gegenstand einer ätzenden Selbstbetrachtung, das Werk Gottes ist es, das im Brennpunkt dieses Prozesses steht. Und wenn dann dieser Mensch *sich selbst* wahrnimmt, nimmt er *Gottes Werk in ihm* wahr.

Und noch ein Weiteres hat Calvin durch die Zentralstellung seiner Wiedergeburtslehre erreicht und sich dadurch als ein echter Ökumeniker erwiesen. Das kann man auch sehen an seinem Umgang mit den Beschlüssen des Trienter Konzils der katholischen Kirche, das kurz vor Luthers Tod begonnen wurde und sich lange hinzog. Die katholische Kirche hat, wie schon erwähnt, die Ergebnisse der (lutherischen) Reformation mit Skepsis beobachtet. Wir sollten nicht vorschnell sagen, dass das Urteil der Konzilsväter sowieso schon feststand. Es gab in ihren Reihen durchaus ernsthafte Theologen, die eine ökumenische Fairness an den Tag legten, und diese gebot es, auch die Anliegen von Andersdenkenden ernst zu nehmen. „Was ist denn dabei herausgekommen, wenn man sich allein auf die Gnade verlässt und sich die Gerechtigkeit Christi in einem unanschaulichen Buchungsverfahren ‚anrechnen‘ lässt?", fragten die Konzilsväter. „Werden dadurch Menschen ausreichend motiviert, Gutes zu tun?" „Selbstverständlich", sagten die Lutheraner, „nur der gute Baum bringt gute Früchte, aber zuerst muss der Baum ‚gut‘ werden", sagte Luther in einer frühen Lehrschrift. „Gut", sagten die Katholiken, „aber *wie* wird der Baum gut, der dann gute Früchte bringt?" „Das hat uns nicht zu interessieren", erwiderten die Lutheraner, „wir glauben, das ist alles – alles andere tut Gott." „Also werden die guten Werke doch vergleichgültigt; denn ihr zeigt keinen *Weg* auf, wie der glaubende Mensch zum Tun des Guten kommt", beharrten die Katholiken. Am Ende seines Lebens dämmerte es Luther immer mehr, dass da etwas schiefgelaufen war mit der von ihm angestoßenen Reformation. Seine zunehmenden Depressionen, seelischen und geistigen Verhärtungen sprechen ihre eigene Sprache. Er war ganz gewiss der Meinung, dass da etwas Sichtbares bei der Neugestaltung des Ethos herauskommen müsse. Aber er hatte nicht mehr die Kraft, diesbezüglich noch einmal neu anzusetzen.

Luther fragt nicht, wie die Erneuerung des Menschen geschehen soll – Calvin gibt mit seiner Betonung der Wiedergeburt die Antwort.

Dieses alles nahm Johannes Calvin mit seinem wachen Geist auf. Er akzeptiert die Grunderkenntnis Luthers, dass gute Werke nur als die guten Früchte von dem guten Baum des Gerechtfertigten herkommen können. Aber er setzt sozusagen vor die Klammer (guter Baum – gute Früchte = gute Werke) seine Lehre von der Wiedergeburt aus dem Geist Gottes. Damit hat die calvinische Theologie in viel tieferer Weise, als die lutherische Theologie es vermochte, die berechtigte Anfrage der katholischen Theologie beantwortet – diese findet erst viel später, aber eher an verborgener Stelle (*Bekenntnisschriften der evangelisch-lutherischen Kirche (BSELK)*, 1959, 898f.), zur Erkenntnis des befreiten Willens. Sie hat das reformatorische Motto „allein die Gnade (lat. sola gratia)" ebenso wie die „begnadete Würde des Menschen" zusammenbinden können und war damit gerüstet, die Herausforderung der Neuzeit nach eben dieser Würde des Menschen zu beantworten, ohne diesen in die Mitte allen Denkens („Anthropozentrismus") stellen zu müssen.

Unsere Würde ist eine geschenkte Würde. Sie erhebt den Menschen, ohne ihn erhaben zu machen. Der Mensch wird zum Partner Gottes – aber nicht zu seinem Kumpel. Das Ergebnis dieser calvinischen Glaubenserkenntnis ist der befreite Mensch. Kurz: Wir müssen nicht mehr „unter Niveau" leben.

5. Nächstenliebe durch Selbstverleugnung und Kreuztragen

Unter den Einsichtigen ist schon längst eine Tatsache ins Blickfeld gerückt, dass es bei unserem Sozialverhalten mehr um das *Wie* als um das *Was* und *wie viel* ankommt. Wenn wir etwa der Zweidrittelwelt nur unsere Mittel zur Verfügung stellen oder wenn bei uns nur die Gelder vom Staat aufgestockt werden, um sozialen Nöten zu begegnen, ist das zwar lobenswert – den eigentlichen Problemen stellt man sich aber nicht. Armut ist zuerst eine Angelegenheit der Seele und des Herzens und dann erst der mangelhaften äußeren Bedingungen. Armut fordert *Begegnung* auf Augenhöhe. Der reiche und wissende Onkel aus dem Norden, der über das Know-how verfügt, zerstört oft mehr als er aufbaut. Und manchen Sozialreformen spürt man die Kälte ab, mit der sie auf den Weg gebracht worden sind. Es kommt alles darauf an, *wer* der Mensch ist, *was für eine Herzenshaltung* er an den Tag legt, ja, ob er *selbstlos* wirken kann oder *sich selbst verwirklichen* möchte. Doch da tut sich bald wieder eine arge Not auf: Wer aus Idealismus selbstlos handelt, verliert bald sich selbst oder „brennt aus", und wer sich ungeheilt den Mitmenschen darbietet, wird von diesen buchstäblich gefressen. Weil viele das ahnen, üben sie keine völlige Selbstlosigkeit, sondern verhalten sich distanziert;

denn schließlich muss man sich auch abgrenzen können. Außerdem braucht man ja seinen Freiraum, muss seinen Hobbys nachgehen können, und schließlich gibt uns die hochgelobte Professionalität eine ganze Reihe von Zusatzqualifikationen, durch die wir unsere Dienste anderen qualifiziert „anbieten" können und müssen. Doch damit signalisieren wir die Berechtigung, dass wir uns bei unserem Engagement niemals ganz investieren müssen. Natürlich soll man sich engagieren, auch mit Leidenschaft, aber das Grundproblem bleibt: Wenn ich mich selbst anbiete, biete ich mich nur selbst an – und niemals mehr als das, und das reicht niemals; denn die Forderungen an solche „Selbstanbieter" wachsen ins Uferlose.

Wir müssen dahin kommen, dass wir die Selbst*verleugnung* (positiv) von der Selbst*verneinung* (negativ) zu unterscheiden lernen! Aber wie? Es muss sozusagen eine Mittelinstanz geben, ein Drittes zwischen mir und den anderen. Im normalen menschlichen Sozialverhalten kann es das eigentlich nicht geben. Immer und überall begegne ich mir selbst, auch in den als objektiv richtig gerühmten Wissenschaften begegnet sich der Forscher nur selbst und seinen eigenen Fragestellungen. Was ich „eingegeben" habe, bekomme ich auch „heraus". Die „guten Werke" (in der Sprache der Reformation) brauchen jedoch ein Doppeltes: Es muss mit mir etwas geschehen sein, was mich bevollmächtigt, mich völlig einzubringen, ohne dass ich mich verliere. Und es muss das Gute, das ich tue, einem höheren Ziel verpflichtet sein als nur das Leben der anderen zu garantieren oder zu komplettieren. Das heißt: Der Täter muss aus dem Heiligen Geist neu geboren sein und der Wille Gottes muss in ihm so Platz genommen haben, dass der Täter das tut, was Gott getan haben will.

> *Das Gute, das ich tue, muss einem höheren Ziel verpflichtet sein.*

Darum überschreibt Calvin das siebente Kapitel des dritten Buches der Institutio so: *„Die Hauptsumme des christlichen Lebens, hier ist von der Selbstverleugnung zu reden."* Das Wort und die Sache der *Selbstverleugnung* klingt zunächst befremdlich, klingt scheinbar zu *negativ*, ebenso das *Ersterben des alten Menschen*. Wir mit unserer leidenschaftlichen Lebenslust nach dem geheimen Motto „Vertröstung auf das *Diesseits*" (weil wir ja sonst nichts anderes haben) können und wollen dem nichts abgewinnen. Und in der Tat: Es gibt eine lange christliche Tradition, die immer nur das ernst nahm und weitergab, was man *nicht* tun darf, wessen man sich unter allen Umständen *enthalten* muss und dass man um Gottes und des ewigen Heils willen auf das *verzichten* müsse, was Freude macht. Heraus kam ein unfreies, griesgrämiges, starres und zur Mission unfähiges Geschlecht, das eben nur todernst seine Pflicht tat und sehnsüchtig auf das Ende in diesem irdischen Jammertal wartete zugunsten kommender himmlischer, reiner Freuden. Christsein erschöpfte sich in einem *passiven Hinnehmen* von dem, was der unbekannt-unheimliche Gott „da oben" an Schrecklichkeiten für seine Geschöpfe immer parat hatte. Dass Selbstverleugnung nichts mit Selbstverneinung und die Abtötung des alten Menschen nichts mit Selbstverstümmelung zu tun hat, sondern erst zur wahren Nächstenliebe und zur Lebensfreude führt, ist vielfach vergessen worden. Calvin sagt:

Dieses Ersterben (des alten Menschen) wird also in uns erst dann (stattfinden), wenn wir die Liebespflicht gegen unseren Nächsten erfüllen. Diese Erfüllung findet sich noch nicht da, wo ein Mensch bloß alle Werke der Liebe ableistet – selbst wenn er keines unterlässt! Sie ist erst da vorhanden, wo einer das aus aufrichtiger Liebesgesinnung heraus tut (Inst. III, 7.7).

Es muss also in uns etwas geschehen sein. Die Liebes*gesinnung* wächst erst da, wo es eine Liebes*erfahrung* gegeben hat. Und die geschieht durch das Wunder der Christusgemeinschaft im Heiligen Geist, durch die die Liebe Gottes in unser Herz und unser Denken hineinfließt. Wo etwas im geistlichen Sinne sterben kann, muss vorher die Schönheit des Lebens, des wahren Lebens, angebrochen sein. Erst da, wo das Leben nach vorne, ins Sichtbare drängt, wo im Wurzelbereich die Säfte des Neuen sich sammeln, können die alten Strünke und die Blätter des Vorjahres absterben. Das *Lebendürfen* ist also die Voraussetzung des *Sterbenkönnens*. Erst so wird der negative Grundton der Christusnachfolge überwunden.

Wir sind „nicht unsere eigenen Herren, sondern gehören ... dem Herrn" (Inst. III, 7.1) – dies ist die Voraussetzung echter Selbstverleugnung mit der Folge:

Der Christenmensch muss wahrlich so beschaffen und so zubereitet sein, dass er bedenkt: ich habe es in meinem ganzen Leben mit Gott zu tun. Aus diesem Grunde wird er all sein Tun und Lassen nach Gottes Urteil und Ermessen richten; ebenso wird er auch alles Streben seines Herzens fromm auf ihn lenken. Denn wer es gelernt hat, bei allem, was er auszurichten hat, auf Gott zu schauen, der wird dadurch zugleich von allen unnützen Gedanken abgewendet. Dies ist die Selbstverleugnung, die Christus mit solchem Nachdruck allen seinen Jüngern von ihrer ersten Lehrzeit an aufträgt (Inst. III, 7.2).

Nur wer sich Gott in allen Dingen *zu*wendet, kann sich von schädlichen oder überflüssigen Dingen *ab*wenden, sagt Calvin. Wer nur *verzichtet, um etwas zu erreichen,* erreicht das Erstrebte nie und verhärtet innerlich und äußerlich. Wer aber verzichten *kann,* weil er etwas *Besseres* bekommen hat, lebt auf. Es geht, modern gesprochen, darum, welche *Prioritäten* ich setze, ob ich in der *Gottesliebe* oder in der *Selbstliebe* die Zielbestimmung meines Lebens sehe.

*„Selbstverleugnung":
Die Gottesliebe
kommt vor
der Selbstliebe.*

Nun gibt es hier einen Punkt, den wir Heutigen energisch zur Sprache bringen und Calvin kritisch vorhalten. Wenn die Selbstverleugnung nur als Frucht der Gottesliebe möglich ist, dann ist die Selbstliebe also nicht mehr möglich – doch da protestieren wir. Denn es ist in allen kirchlichen Kreisen längst gängige Redeweise: „Liebe Gott – liebe dich selbst – liebe deinen Nächsten." Dieser moderne Dreiklang scheint in der Tat *die* Lösung aller Probleme zu sein. Denn wer kann seinen Nächsten lieben, der sich selbst nicht liebt, und wer kann Gott lieben, ohne sich selbst zu lieben? Wir sind hier in der Nähe der von mir früher schon so genannten „Akzeptanz-Ideologie". Nun hat Calvin tatsächlich verneint, dass wir uns selbst lieben sollen. Das „… wie dich selbst" sei eben nur als *Maß*-Bezeichnung gemeint: Mit der gleichen *Intensität,* in der wir vor dem Wunder der Wiedergeburt nur uns selbst liebten, sollen wir nun als Wiedergeborene Gott und unseren Nächsten lieben. Oder sollte es doch einen Unterschied zwischen Selbstliebe und Liebe-dich-selbst geben? Doch hören wir zuerst Calvin in der Auslegung der Evangelien (von ihm „Evangelien-Harmonie" genannt):

Wenn nun Mose befiehlt, seinen Nächsten zu lieben wie sich selbst, so wollte er nicht etwa die Liebe zu sich selbst an die erste Stelle rücken, so dass jeder vor allem sich selbst lieben solle und dann erst den Nächsten, wie das törichte Geschwätz der Sophisten auf der Sorbonne lautet; Mose will uns im Gegenteil von unserer übergroßen Selbstsucht heilen; dazu stellt er den Nächsten mit uns auf die gleiche Stufe. Er hätte auch verbieten können, dass man, rücksichtslos gegen die andern, nur für sich selbst sorgt; denn die Liebe schließt alle zu einem Leib zusammen. Er geht gegen die Eigenliebe an, die die Menschen voneinander trennt, und ruft jeden einzelnen zur Gemeinschaft und zu einem gewissermaßen gegenseitigen liebevollen Umfangen (Calvin, *Auslegung der Heiligen Schrift, Evangelien-Harmonie*, 2. Teil, 215; zu Mt 22,39).

Wie wir an anderer Stelle den Eigenwillen vom eigenen Willen unterschieden und Letzteren durchaus positiv bewerteten, so können wir hier die Selbstliebe – oder besser Selbstsucht – unterscheiden von dem „Ich-liebe-mich-selbst, weil ich von Gott geliebt bin in seinem Sohn". Calvin kannte noch nicht den neuzeitlichen Nihilismus, das bodenlose Fallen des orientierungslosen modernen Menschen in ein Nichts ohne Gott mit der Folge des „Ich-Verlustes" und der „Identitäts-Leere". Hätte er diese unsere Zeit als seine Zeit erlebt, hätte er mit Sicherheit an dieser Stelle noch differenzierter gesprochen. Darum müssten wir formulieren: *Selbstverleugnung ja – Selbstverneinung nein!* Wenn wir unser Selbst in Gottes Hand legen, gibt er es uns zurück, indem wir ein dankbares *Geschöpf* werden und bereit werden zur dankbaren *Hingabe* an Gott und unsere Nächsten. Dass Calvin letztlich keine den Schöpfer leugnende Selbstverneinung meinen konnte, sieht man auch am Stellenwert, den er der Selbsterkenntnis zukommen lässt. Das Tragen des – unseres! – Kreuzes ist eine *Würde,* so seltsam dieses im ersten Augenblick klingen mag.

Wenn man nur sein Ich pflegt, ist man nicht geschickt für das Reich Gottes, in das man nur durch das Tragen des Kreuzes hineinkommt. Wer sich in der Selbstverleugnung übt, ist auch geübt, die Geburtsschmerzen des kommenden Reiches Gottes zu tragen. Während heute der „leidensfreie Mensch" das Ideal aller Medizin ist, sahen Calvin und seine Zeitgenossen die Leiden der verschiedensten Arten als notwendiges Erziehungsmittel für die Ewigkeit an. (Wobei wir den verengten Blickwinkel des europäisch-nordamerikanischen Menschen haben: In der Zweidrittelwelt wird zunehmend mehr gelitten.) Immer mehr Menschen sind „un-erzogen"- und können darum auch die nachwachsende Generation nicht mehr erziehen. Wer sich nicht erziehen lassen will, ist un-ge-zogen in jeder Hinsicht. Wer sich nicht von Gott er-ziehen lassen will, erstickt an sich selbst. Calvin ist hier Realist:

Gottes Wohltätigkeit sollte uns dazu verlocken, seine Güte zu betrachten und ihr mit heißer Liebe zu danken. Aber unsere Bosheit ist so groß, dass wir gerade im Gegenteil durch seine Nachsicht stets verdorben werden, und deshalb ist es für uns hoch vonnöten, dass wir gewissermaßen in Zucht gehalten werden, um uns nicht in solchem Übermut gehen zu lassen. Damit wir nun nicht durch maßlosen Überfluß an Gütern ungebärdig werden oder wegen hoher Ehren in Hoffart geraten oder uns von anderen Gütern der Seele, des Leibes oder des Besitzes aufblasen und zum Übermut verführen lassen, – so tritt dem der Herr selber, je wie er es für förderlich hält, entgegen und bändigt und zügelt die Wildheit unseres Fleisches durch das Heilmittel des Kreuzes! (Inst. III, 8.3)

Das Kreuz ist also ein Mittel der Heiligung und darum letztlich Ausdruck der Liebe Gottes. Nun ist zwar die Uralt-Pädagogik „Benimm dich anständig, sonst straft dich der liebe Gott!" zu Recht ad acta gelegt worden, aber dass Gott uns aus Liebe züchtigt (besser als „straft"!), muss wieder entdeckt werden. Ansonsten entarten wir zur Bedeutungslosigkeit. Sicher hat es in Übertreibung dieser Erkenntnis auch eine falsche „Dulder-Frömmigkeit" gegeben, die von Gott keine Heilung und keine Linderung erbat und sich nur stumm fügte. Aber „es ist Zeit, dass das Gericht am Haus Gottes anfängt", sagt Petrus in seinem Brief den bedrängten Christen. Wo Heiligung durch den Heiligen Geist ist, ist Reinigung und Züchtigung. Das ist aber nur die eine Seite des Kreuztragens.

Im Sommer 1547 schrieb Calvin in einem Brief an die Evangelischen in Paris, als die Sache der Reformation zunehmend in Schwierigkeiten geriet, weil der deutsche Kaiser Karl V. auf dem Kriegsschauplatz erfolgreich war:

Was Deutschland angeht, so hat Gott den weltlichen Stolz der Unseren so gedemütigt und alle Macht und Gewalt dem gegeben, von dem man nur Böses erwarten kann, dass es nun wirklich den Anschein hat, als wolle er allein sein geistliches Reich überall aufrechterhalten, wo er es schon aufgerichtet hat. Freilich, nach fleischlichem Meinen ist das recht unsicher, aber ihm seine arme Kirche und das Reich anbefehlend, hoffen wir doch, dass er es tun wird über unser Erwarten. Bis jetzt war Gefahr, dass menschliche Macht uns blende. Jetzt, da nichts uns hindert, auf seine Hand zu schauen, wollen wir uns erinnern, wie er in früheren Zeiten seine Kirche geschützt hat, und nicht daran zweifeln, dass er seine Ehre so wahren wird, dass wir uns wundern werden. Unterdessen wollen wir nicht müde werden, zu kämpfen unter der Kreuzesfahne unseres Herrn Jesus, denn das ist mehr wert als aller weltliche Triumph (Br. 206).

Gottes Züchtigung des Stolzes derer, die auf äußere Machtmittel pochen, ist das eine. Das andere ist aber, dass mitten im Leiden der Verfolgung der geistliche Kampf aufgenommen wird. Wenn die Christen sich dazu durchringen, allein auf Christi Sieg zu schauen, werden sie die Erfahrung des Überwindens machen. Das heißt, unter der „Kreuzesfahne kämpfen". Es geht immer um Glauben. Es geht immer um den Sieg der Wahrheit Gottes, nicht um das Überleben. Und das heißt: Wer die Züchtigung durch Gott annimmt, wird *nicht passiv* und wartet nur einfach ab, sondern *wird aktiv* im Schauen auf die starke Hand Gottes:

Gott tut also durchaus recht daran, wenn er seinen Gläubigen Ursache gibt, die Kräfte zu erwecken, die er ihnen hat zuteil werden lassen – damit sie nicht im Dunkeln verborgen bleiben oder gar unnütz daliegen und verderben! (Inst. III, 8.4)

Gehorsam muss sich erproben, Geduld muss aus dem Leiden erwachsen. Das ist der Weg der Heiligung durch den Heiligen Geist. Wenn Gott unser Empfinden haben will und es zur Gottes- und Nächstenliebe heiligt, dann ist es im Leiden nicht einfach weg. Denn Geduld wird ja gerade dann geboren, wenn zuvor der Schmerz groß war und zugelassen wurde:

Es wird nun aber von uns keine Freudigkeit gefordert, die jedes Empfinden der Bitterkeit und des Schmerzes aufhöbe; sonst, wenn die Gläubigen nicht vom Schmerz gequält und von der Not geängstigt würden, gäbe es ja nur für sie auch gar keine Geduld unter dem Kreuz! Wäre die Armut nicht hart, die Krankheit nicht schmerzvoll, die Schmach nicht peinigend, der Tod nicht schrecklich – was wäre es dann für eine Tapferkeit und Geduld, sich nichts daraus zu machen? (Inst. III, 8.8)

Es geht nicht um Schmerzfreiheit und Empfindungslosigkeit, es geht aber um die Hingabe dieser natürlichen Regungen unter die Verfügungsgewalt Gottes. Damit gewinnt das gegenwärtige Leben nur *re-*

lativen Wert, denn es ist bezogen auf die Ewigkeit. Der Kampf wird erträglich mit dem Blick auf die Ewigkeit. Darum schließt Calvin mit gutem Grund das neunte Kapitel: „Vom Trachten (lat. meditatio) nach dem zukünftigen Leben" an das Kapitel vom Kreuztragen an:

> Erst dann sind wir in der Schule des Kreuzes vorangekommen, wenn wir aus solcher Einsicht zugleich den Schluss ziehen, dass wir hier nichts zu suchen und zu erwarten haben als Kampf und dass wir unsere Augen zum Himmel erheben müssen, wenn wir die Krone gewinnen wollen! Wir haben also festzuhalten: unser Herz wird sich nie und nimmer ernstlich zum Verlangen und zum Trachten nach dem zukünftigen Leben erheben, wenn es nicht zuvor mit der Verachtung des gegenwärtigen erfüllt ist! (Inst. III, 9.1)

Wo kein Leid ist und kein geistlicher Kampf stattfindet, gerät die Ewigkeit aus dem Blick. Wenn wir aber unseren inneren Blick auf den durch seine Auferstehung und Himmelfahrt an die Rechte des Vaters erhöhten Christus richten, sehen wir dieses Leben in einer neuen Perspektive. *Wer himmelssüchtig ist, wird nicht erdenflüchtig, sondern erdentüchtig.* Anders gesagt: *Wenn wir den Himmel im Blick haben, können wir dieses Leben erst richtig genießen.* Und das alles in der Linie Calvins! Denn kaum hat er die Wendung „Verachtung des gegenwärtigen Lebens" geschrieben, lesen wir im übernächsten Abschnitt:

Wenn wir den Himmel im Blick haben, können wir dieses Leben erst richtig genießen.

> Wenn uns also dieses Leben dazu dient, Gottes Güte kennenzulernen, wie können wir es dann verschmähen, als ob es auch nicht einen Funken Gutes in sich trüge? Diese Empfindung (lat. sensus) und Gesinnung (lat. affectus), um dieses Leben zu den Gaben der göttlichen Freundlichkeit zu rechnen, ist es, die wir nie und nimmer von uns weisen dürfen (Inst. III, 9.3).

Unter der Perspektive des zukünftigen Lebens bekommt das gegenwärtige Leben seine ihm eigene Würde. So heißt es in logischer Fortführung des Kapitels vom Trachten nach dem zukünftigen Leben im zehnten Kapitel: „Wie wir das gegenwärtige Leben und seine Mittel gebrauchen können". Calvins Grundthese lautet: *Wenn wir Gemeinschaft durch den Glauben mit dem Geber haben, werden auch die Gaben von uns zu dem Zweck genutzt werden dürfen, für den sie Gott als Geber aller guten Gaben bestimmt hat.* Wir dürfen schlussfolgern: Haben wir mit Gott, dem Geber aller Gaben, keine Gemeinschaft durch Christus, missbrauchen wir grundsätzlich alle Gaben in Maßlosigkeit – wir sehen heute an vielen Stellen, wohin uns die Ausbeutung der Schöpfung gebracht hat bzw. bringen wird. Alles, was wir an uns reißen in Gier und Maßlosigkeit, macht uns lebensuntüchtig, weil wir an uns selbst ersticken. Haben wir die Ewigkeit, können wir die Gaben dieser Erde erst richtig genießen:

Wenn wir nun also bedenken, zu welchem Zweck (Gott) die Nahrungsmittel geschaffen hat, so werden wir finden, dass er damit nicht bloß für unsere Notdurft sorgen wollte, sondern auch für unser Ergötzen und unsere Freude! So hatte er bei unseren Kleidern außer der Notdurft auch anmutiges Ansehen und Anständigkeit als Zweck im Auge. Kräuter, Bäume und Früchte sollen uns nicht nur mancherlei Nutzen bringen, sondern sie sollen auch freundlich anzusehen sein und feinen Wohlgeruch haben. Wäre das nicht wahr, so könnte es der Prophet nicht zu den Wohltaten Gottes rechnen, dass „der Wein des Menschen Herz erfreut" und dass „seine Gestalt schön werde vom Öl" (Ps 104,15). Dann könnte uns die Schrift auch nicht immer wieder zum Lobpreis seiner Güte daran erinnern, dass er selbst solches alles den Menschen gegeben hat! Auch die natürlichen Gaben der Dinge zeigen uns ausreichend, wozu und wieweit man sie genießen darf. Hat doch der Herr die Blumen mit solcher Lieblichkeit geziert, dass sie sich unseren Augen ganz von selber aufdrängt, hat er ihnen doch so süßen Duft verliehen, dass unser Geruchssinn davon erfasst wird – wie sollte er dann ein Verbrecher sein, wenn solche Schönheit unser Auge, solcher liebliche Duft unsere Nase berührt? Wie, hat er denn nicht die Farben so unterschieden, dass die eine anmutiger ist als die andere? Wie, hat er nicht Gold und Silber, Elfenbein und Marmorstein solche Schönheit geschenkt, dass sie dadurch vor anderen Metallen und Steinen kostbar werden? Hat er nicht überhaupt viele Dinge über den notwendigen Gebrauch hinaus kostbar für uns gemacht? – Deshalb fort mit jener unmenschlichen Philosophie, die uns die Kreaturen nur zur Notdurft will brauchen lassen ... (Inst. III, 10.2).

Das ist die andere Seite des Strebens nach dem Himmel und der Ewigkeit! Nach 1Kor 7,29ff. sollen wir die Welt so „gebrauchen, als gebrauchten wir sie nicht", sagt Calvin mit Paulus. Das heißt praktisch:

(Wir) sollen den Mangel mit Friedsamkeit und Geduld und gleicherweise den Überfluß mit Mäßigung zu tragen wissen (Inst. III, 10.4).

Wenn wir gemäß unseres *Berufes* – heute würden wir besser sagen: unserer *Berufung* – unsere Werke tun, dann dürfen wir *Lohn von Gott* erwarten.

An dieser Stelle war die lutherische Reformation sehr unsicher. Bis zum heutigen Tag gilt es in evangelischen Kreisen als Zeichen von Demut, wenn man sagt: „Was habe ich schon Wertvolles getan?" Und mancher erinnert sich an die Liedstrophe: „Es ist doch unser Tun umsonst, auch in dem besten Leben." Aus anti-katholischen Affekten heraus meinte man hier, so radikal sein zu müssen, weil man glaubte, mit der zu Recht geschehenen Abweisung der *Verdienstlichkeit* unserer Werke sei auch ihr *Wert* abgewiesen, und darum wurde auch das recht häufig im Neuen Testament vorkommende Wort *Lohn* wenn nicht abgewiesen, so doch ohne Pointierung gelassen.

Ich halte es für notwendig, an dieser Stelle den scharfsinnigen Analysen von Karl Barth in seiner Calvinvorlesung von 1922 Gehör zu schenken:

Was liegt Luther eigentlich am Herzen, was will er uns sagen; dass gute Werke von uns getan werden müssen? … dass gute Werke nur aus dem Glauben kommen können, ohne Glauben tot und jedenfalls nicht an sich gut, gefordert und notwendig sind? … (Wir) werden aber unzweideutig finden, dass Luthers Interesse … (daran) haftet; nicht daran, dass der Schritt ins Leben, das Werk *getan,* sondern daran, dass es, *wenn* getan, im Glauben getan werde … es ist historische Tatsache, dass Luthers Herzensangelegenheit die reine *Begründung* der Tat und nicht der *Wille* zur Tat, der Kampf *gegen* die Werke des Papsttums und nicht der Kampf *für* die Werke des Geistes und der Liebe war, so wundervolle und lebendige Worte er zweifellos auch dafür gefunden hat (Karl Barth, *Die Theologie Calvins,* 102).

Calvin hingegen nimmt nach Barth „im Unterschied zu der Haltung Luthers eine entschlossene, eindeutige Stellung zum Problem der Ethik" ein, dass der Glaube „wirklich zu seinem entsprechenden Recht komme, dass vor Gott und für Gott *gelebt* werde". Für Calvin gehören die Werke ganz klar zur Gotteserkenntnis. Kurz zusammengefasst: Luthers Satz lautet: „Der Gerechte lebt *aus Glauben.* "Calvins Satz lautet: „Der Gerechte *lebt* aus Glauben. "

Es leuchtet ein, dass der Schwerpunkt seiner Glaubenserkenntnis, der nicht in der Rechtfertigung, sondern auf dem neuen Leben in Christus liegt, zeigen musste, was denn „dabei herauskommt", wenn man den Kampf der Heiligung kämpft. Der Blick in die Ewigkeit und der Aufblick zum Thron Gottes schließen den Aufblick zu Gott dem *Richter* ein. Nun verbinden wir automatisch mit dem Wort „Richter" etwas

Negatives: Wir werden gerichtet, das heißt, wir werden bestraft. Für viele lautet die Fortsetzung: „Wenn wir Jesus haben, werden wir nicht gerichtet, sondern gerettet, mehr ist nicht zu sagen." Dass ein Richter im biblischen Sinne auch *aufrichtet,* wird nicht gesehen. Er *richtet* uns *auf* und *richtet* uns für die Ewigkeit *ein,* indem er das Maß der Liebe, die sich in unseren Werken gezeigt hat, *belohnen* möchte. Paulus hat bei dem kommenden Richter, der „einem jeden nach seinen Werken vergilt", nicht zuerst das verdammende Urteil gesehen, sondern den heiß ersehnten Lohn, den himmlischen Siegeskranz. Es leuchtet ein, dass, wenn der *Weg* nicht gesehen wird, auch der *Lohn am Ende* nicht ins Gesichtsfeld tritt.

Wenn der Weg nicht gesehen wird, tritt auch der Lohn am Ende nicht ins Gesichtsfeld.

B. Gottes Herrlichkeit in seinen Werken der Schöpfung

Ich habe den ersten Teil der Lehre Calvins überschrieben mit „Gottes Herrlichkeit in seinem Erlösungswerk". Von der Erfahrung der Erlösung durch Christus im Geheimnis der Wiedergeburt aus dem Heiligen Geist schreiten wir weiter zur Erfahrung der Herrlichkeit Gottes in seinen Schöpfungswerken sowohl in der Welt, wie sie *um* uns sind, als auch zu Gottes Schöpfungswerken, wie sie *in* uns sind. Denn viele Menschen haben durchaus eine Gotteserfahrung, indem sie die Welt außen und die Welt innen staunend wahrnehmen, aber diese Wahrnehmung ist gebrochen und führt zu keiner Gewissheit. Deswegen erschließt sich Gottes Herrlichkeit in seinen Schöpfungswerken erst durch den Glauben an Christus und die Erleuchtung durch den Heiligen Geist – darum die Reihenfolge, wie sie hier dargeboten wird.

Die Frage stellt sich, warum wir erst hier auf das Geheimnis der ewigen Erwählung zu sprechen kommen und dies nicht bereits erörterten, als vom Glauben an Jesus Christus die Rede war. An sich gehört ja die Erwählungslehre ins Evangelium, ist sie doch die Zuspitzung der Gnadenbotschaft, wie sie in Jesus Christus offenbart wurde. Aber: Wenn wir uns diesem Geheimnis nur mit unserem normalen Menschenverstand nähern, geraten wir grundsätzlich in die Irre (wie die Geschichte dieser biblischen Lehre hinreichend erwiesen hat). Erst die wiedergeborene Vernunft vermag zwar nicht alles zu ergründen, aber dennoch dem Geheimnis der Erwählung so weit auf die Spur zu kommen, dass sie für die Praxis des Glaubens etwas austrägt. Aber warum gehört sie zu den *Schöpfungs*werken? Calvin sagt: Weil sie aus *Gottes liebendem Schöpferwillen entspringt*: Er hat die Glaubenden erwählt, das heißt *geschaffen,* dass sie durch die Wiedergeburt *neu* geschaffen werden, dem Ebenbild Jesus Christus zu gleichen, ebenso wie er die Welt aus lauter Güte geschaffen hat. Zudem hat die Erwählungslehre eine „Zwillingsschwester", wie Calvin lehrt, die Lehre von „Gottes Vorhersehung": Gott der Schöpfer ist als solcher auch als Einziger befugt, diese Welt so zu *regieren*, dass die *Kirche* Jesu Christi sich ausbreitet, bewahrt und geheiligt wird für den Tag der Wiederkunft Christi in Herrlichkeit. Genau genommen bildet also die Erwählungslehre die *Brücke* zwischen Erlösung und Schöpfung oder Schöpfung und Erlösung.

1. Das Geheimnis der ewigen Erwählung und ihr dunkles Schattenbild

Das Herzstück seiner Lehre, die Gnade der Wiedergeburt aus dem Heiligen Geist als Frucht der Christusgemeinschaft, wohnt in einem sehr lebendigen *Organismus,* der *Heilsgeschichte.* In Calvins Denken ist die Geschichte dieser Welt und die Offenbarung Gottes in dieser Welt eingespannt in eine geistliche Schau über die Offenbarung der Herrlichkeit Gottes in der Erwählung der Glaubenden am „Anfang" und einer Offenbarung der Herrlichkeit Gottes an deren „Ende".

Zwischen Erwählung und letzter Offenbarung spielt sich das Drama von Schöpfung-Sündenfall-Erlösung ab.

Zwischen Erwählung und letzter Offenbarung spielt sich das *Drama* von Schöpfung – Sündenfall – Erlösung ab, in deren Mitte die einzigartige Person Jesu Christi steht. Der *Schlüssel* zu dieser Heilsgeschichte ist dieser: *Der Heilige Geist als die dritte Person in der Trinität ist der Motor dieser Heilsgeschichte und damit zugleich das verbindende Element, das „dazwischen" steht:* „zwischen" Schöpfungswerk und Erlösungswerk, „zwischen" Israel und der Kirche, „zwischen" Altem und Neuem Testament, „zwischen" Christus und den Christen, „zwischen" Rechtfertigung und Heiligung, „zwischen" den Kirchen untereinander, „zwischen" den Dienerinnen und Dienern dieser Kirchen – um nur die allerwichtigsten „Zwischen" zu nennen.

Heilsgeschichte heißt: Ich *durchschreite* mit meinen Schwestern und Brüdern in der Gemeinde durch den Heiligen Geist die mir anvertrauten Lebens-Räume und anfangsweise einige, die uns erst noch anvertraut werden sollen. Wir leben in der Geschichte des auferstandenen Jesus Christus und seines Geistes und erkennen, woher wir kommen und wohin wir mit den anderen geführt werden sollen. *Heilsgeschichte ist die Geschichte unseres Heils in ihren verschiedenen Dimensionen.* Wir fragen also als solche, die durch das Wunder der Wiedergeburt aus dem Heiligen Geist in die Wirklichkeit Gottes hineinverpflanzt worden sind: Wo kommen wir her? Wie fing alles an? Wir fragen nicht, weil wir neugierig sind, wir fragen, weil wir *getrost leben* wollen. Wir wollen nicht Rätsel lösen, wir wollen *Gott größere Ehre geben* – das ist der einzig sinnvolle Einsatz für die von Calvin aus der Heiligen Schrift entnommenen „Lehre von der ewigen Erwählung".

Ich erinnere mich an eine Warnung, die mir als Prediger des Evangeliums von ernst zu nehmenden Schwestern und Brüdern gegeben wurde: Da ich, getreu der reformatorischen Praxis, in meinen sonntäglichen Predigten vorzugsweise größere Textzusammenhänge der Bibel über viele Sonntage hinweg auslegte, musste ich in einer Predigtreihe über Römer 6-8 natürlich auch auf das Thema der ewigen Erwählung zu sprechen kommen. Meine Erläuterungen über das Wirken des Heiligen Geistes wurden meist dankbar aufgenommen. Aber als ich mich Röm 8,28 näherte, wurde ich von jenen Wohlmeinenden aufgefordert, den Nachsatz: „… die nach dem Vorsatz berufen sind" wegzulassen und erst recht nicht zu V.29 zu kommen („Denn welche er zuvor ersehen hat, die hat er auch verordnet"): „Die Leute zucken sofort zusammen und vergessen all das andere Gute, was du sonst noch gepredigt hast", sagten sie sinngemäß. Ich habe mich ihrer Bitte gebeugt und die Predigtreihe mit Röm 8,26 ausklingen lassen. Dennoch ließ es mir keine Ruhe, dass wir es uns erlauben, viele Passagen der Bibel ungepredigt liegen zu lassen. Nur hin und wieder, eher andeutungsweise, griff ich dieses Thema in der

Gemeindearbeit auf. Ehrlicherweise muss ich sagen, dass mir selbst jene typischen Vorbehalte nicht ganz fremd waren und sind und entdecke sie auch bei den Gegnern, mit denen Calvin über diesen Punkt stritt.

So etwa sagten die Menschen zur Zeit Calvins und sagen es heute: „Wenn Gott gerecht und der Gott aller Menschen ist, kann er nicht die einen von vornherein annehmen und die anderen in die Hölle verdammen." – „Ich kann an das Evangelium von der Gnade Gottes nicht glauben, wenn nicht jeder Mensch eine Chance erhält, zu ihm kommen zu können." – „Wer verloren geht, geht auf Grund seines Unglaubens verloren und nicht, weil er nicht erwählt war." (Das sagte übrigens Calvin auch.) Da nun aber solche eindeutigen Worte in der Bibel stehen, lernte ich zu ihrer „Erklärung" die These aus dem Mund eines frommen Gemeinschaftsmannes kennen, die schon Calvin vertraut war (und eigentlich von dem katholischen mittelalterlichen Theologen Thomas von Aquin stammt): „Weil Gott ja allwissend ist, sah er schon voraus, welcher Mensch einmal an ihn glauben würde, und einen solchen erwählte er dann auch." Der allwissende Gott ging also nach dieser These kein Risiko ein. Ich muss zugeben, so ganz einfach ist eine Widerlegung dieses Satzes nicht. Dass bei all diesen Einwänden die humanistische These vom freien Willen bezüglich der Glaubensdinge unbekümmert aufrechterhalten wurde, kümmerte natürlich jenen gut meinenden, missionarisch gesonnenen Menschen nicht.

Die These dieses Buches ist, dass es bei Calvin keine *Lehre* von einer doppelten Vorherbestimmung gibt (erst bei seinem Nachfolger in Genf, Theodor Beza) und dass die *Lehre von der Erwählung* in seiner Theologie *nicht* das *Herzstück*, wohl aber ihr *umfassender Rahmen* ist. Obwohl Calvin auch von einer ewigen Verwerfung gesprochen hat, kann man daraus kein starres Schema machen: „Hier die einen – dort die anderen" (trotz der so klingenden Überschrift über das Einleitungskapitel 21 zur Erwählungslehre: *„Von der ewigen Erwählung, kraft deren Gott die einen zum Heil, die anderen zum Verderben vorbestimmt hat"*). Die Lehre von der doppelten Erwählung hat leider der Calvinismus nach Calvin entwickelt, aber um diesen geht es in der vorliegenden Schrift nicht. Das befriedigt natürlich unsere nach Schematismen suchende Vernunft nicht, aber Calvin hat sich hier dem Geheimnis, das über der ewigen Erwählung liegt, gebeugt, und diese Beugung sollten wir nachvollziehen.

Die Lehre von der Erwählung gehört zur calvinischen Sicht der Offenbarung als Heilsgeschichte hinzu. Nun hat Luther an dieser Stelle nicht minder radikal gedacht als Calvin (vor allem in seiner entscheidenden reformatorischen Schrift „Vom unfreien Willen"). Dennoch ist sie erst von Calvin sozusagen *herausgekämpft* worden und wurde in der Tat von seinem Nachfolger Theodor Beza dann an die Spitze des reformierten Lehrsystems gestellt – was dann die bekannten Abneigungen gegenüber dem Calvinismus hervorrief.

Erst der Calvinismus nach Calvin kennt eine Lehre von einer doppelten Vorherbestimmung.

Was mag Johannes Calvin veranlasst haben, diese Lehre so stark zu pointieren? Da ist zunächst der nach wie vor starke Einfluss der humanistischen Reformer im südlichen Europa mit ihrem unverkennbaren Liberalismus, der den gut meinenden Menschen zunehmend in den Mittelpunkt stellte, bis das Zeitalter der europäischen Aufklärung endgültig den Trumpf der menschlichen Vernunft über die Offenbarung der Heiligen Schrift brachte. Und diesen seinen ehemaligen Freunden wollte Calvin als Bekenner der biblischen Wahrheit Paroli bieten. Sodann ist Calvin ein sorgfältigerer Schriftausleger als Luther gewesen und scheute sich nicht, die dem normalen menschlichen Verstand unangenehmen Passagen der Schrift – nicht nur des Alten Testaments – zur Sprache zu bringen. Da, wo andere schnell weitereilten, um die Herrlichkeit der Offenbarung Gottes in Jesus Christus nicht zu verdunkeln, stellte er die *ganze Wahrheit* heraus:

Denn die Schrift ist die Schule des Heiligen Geistes, und in ihr wird nichts übergangen, was zu wissen notwendig oder nützlich ist, es wird aber ebenso nichts gelehrt, als was zu wissen förderlich ist (Inst. III, 21.3).

Vor allem aber muss man dies sehen: In unterschiedlicher Weise, aber jeweils spezifisch akzentuiert, haben beide Reformatoren von Gott anders gesprochen, als es in unserer Zeit üblich ist: *Gott ist als Schöpfer auch Richter der Welt*, er kann nicht nur erhalten, er kann auch vernichten. Luther hat vom in Christus offenbaren Gott, der nur unser Heil will, den dunklen, unbekannten Gott (lat. Deus absconditus) unterschieden, den es zwar gibt, aber über den wir nichts zu wissen brauchen. Eine solche Spaltung des Gottesbegriffs konnte Calvin nicht nachvollziehen. Für ihn ist der sich offenbarende und gütige Gott *zugleich* der richtende und verborgene Gott. Zwar redet auch Luther von der Gottesfurcht („Wir sollen Gott fürchten und lieben …"), aber für Calvin ist der *Gedanke der Heiligkeit Gottes* viel tragender gewesen: Ist Gott heilig, ist der Mensch prinzipiell unheilig. Ist Gott wirklich Gott, so ist der Glaube des Wiedergeborenen *Gehorsam* gegenüber der Richter-Heiligkeit Gottes und ein *befreites* Sich-eins-Machen mit eben diesem Gotteswillen. *Die Rettung ist das Wunder, das aus dem Gericht erwächst.* Zusammengefasst: Am Gottesbild entscheidet sich unser Ja oder Nein zur Lehre von der Erwählung. Ist Gott der Herr und Richter, dann kann er erwählen – aber auch verwerfen, wenn der Glaube ausbleibt.

a) Erwählung in Christus – Der Konflikt mit Hieronymus Bolsec

Es kommt bei der Lehre von der ewigen Erwählung darauf an, wie sie gepredigt wird und zu entdecken, an welcher Stelle des Lebens im Glauben sie ihre Kraft entfalten kann. Man verbaut sich alles, wenn man hier nicht seelsorgerlich verkündigt, sondern steil und dogmatisch Richtigkeiten darstellt. Wir sind in der glücklichen Lage, zu diesem Thema eine Predigt Calvins – eine sehr lange und ausführliche! – zu besitzen (CStA 4, 79ff.), der wir uns jetzt zuwenden wollen.

Die Lehre von der ewigen Erwählung will seelsorgerlich verkündigt werden.

Die ganze Pfarrerschaft sowie die kirchliche Öffentlichkeit, einschließlich des Magistrats der Stadt Genf, wurde von Calvin zu dieser besonderen Predigt gegen Ende des Jahres 1551 eingeladen, und zwar aus gegebenem Anlass, wie wir gleich sehen werden. Sie wurde von seinen Kollegen einstimmig gebilligt. In französischer Sprache gehalten, behält sie ihren lebendigen und seelsorgerlichen Charakter. Calvin reagierte mit dieser Predigt auf eine Verunsicherung der Genfer Gemeinde, die ausgelöst wurde durch einen früheren französischen Karmelitermönch namens Hieronymus Bolsec, der in Genf aufgetaucht war. Man hielt ihn zunächst für einen Anhänger Calvins, doch in einer öffentlichen Pfarrerversammlung im Herbst 1551 erhob er mit einem Mal seine Stimme und erklärte, dass die Lehre Calvins über die Erwählung zu verwerfen sei: Wer so rede, mache Gott zu einem Urheber des Bösen und die Verdammung der Bösen zeige Gott als einen Tyrannen und sei darum nicht akzeptabel. Hier waltet eine Logik, die uns Heutigen nicht unbekannt sein dürfte. Bolsecs These lautete: Verurteilt werden die Bösen wegen ihrer Bosheit; wenn aber Gott von vornherein die Bösen, bevor sie überhaupt jede Bosheit getan haben, schon verurteilt, so schlussfolgert Bolsec scharfsinnig, ist er der Urheber des Bösen. Die Folge: Das gehe gegen die Ehre Gottes, die Calvin doch so sehr am Herzen liege – also müsse man sich von Calvin trennen.

Scharfe Logik verblüfft immer und macht unsicher und ratlos. Wahrscheinlich hatte Bolsec so scharf vom Leder gezogen, weil Calvin erst später zu der Versammlung hinzutrat und nicht gleich von ihm bemerkt wurde. Vermutlich wollte Bolsec sich als reformierter Pfarrer für die Genfer empfehlen, was aus seinen späteren (vergeblichen) Versuchen, in anderen reformierten Schweizer Gebieten eine entsprechende Anstellung zu erhalten, geschlossen werden kann. Ein geistlich heimatlos gewordener Mensch will sich auf Kosten anderer profilieren, um ein Auskommen zu finden! Solche materiellen Dinge stehen damals wie heute hinter mancher mit theologischem Pathos vorgetragenen Auseinandersetzung.

Am Ende dieser Einwände Bolsecs trat Calvin vor. Scharf, aber beherrscht trug er aus dem Gedächtnis eine Reihe von Augustin-Zitaten vor, die Bolsec widerlegten, sodass es ihm gelang, die Versammlung wieder für sich zu gewinnen. Calvin wendet keine Gewalt an, aber ein Vertreter des Magistrats merkt sofort, was hinter den Ausfällen Bolsecs steckt und lässt ihn festnehmen.

Die Genfer Pfarrerschaft gibt dem Gefangenen Gelegenheit, sich zu weiteren Fragen zum Thema zu äußern. Der Prozess zieht sich bis zum Jahresende hin, und vor Weihnachten 1551 wird Bolsec für immer aus Genf ausgewiesen. Auch hier handelt die Stadt, nicht die Geistlichkeit, unter der Leitung von Calvin. Andere Schweizer Gemeinden sahen mehrheitlich die Dinge auch so wie Calvin, wenngleich sie häufig an der Schärfe der Polemik Calvins Anstoß nahmen. Umso besser, dass wir uns nun einer Predigt Calvins über dieses Thema zuwenden können, denn in seiner Predigt steckt immer das Herz eines Theologen.

Calvin betet zu Anfang zu Gott, er möge uns „durch seinen Heiligen Geist erleuchten, damit wir sein heiliges Wort recht verstehen". Man kann am Geheimnis der ewigen Erwählung nicht ohne die Führung durch Gottes Geist anklopfen und kann es niemals befriedigend für den forschenden menschlichen Verstand erhellen. Ewigkeit übersteigt grundsätzlich unser auf Zeitliches angelegtes Denken. Das betrifft die ganze Glaubenslehre, aber diesen Lehrpunkt besonders. Das, was uns in dieser Sache zu erkennen geboten ist, dient dazu, dass die Christen in Genf und anderswo „ein gutes und ruhiges Gewissen haben sollen". Es darf kein Streitpunkt bleiben, der die Christen entzweit, weil sonst die Christusgemeinschaft – jenes von uns herausgestellte Herzstück der calvinischen Glaubensverkündigung – und das *Herrenmahl* aufs Äußerste gefährdet sind. Man spürt hier die Leidenschaft eines Gotteszeugen, dem wie keinem zweiten unter den Vätern der Reformatoren die Einheit der Kirche am Herzen liegt.

Der Ausgangspunkt jeglichen Nachdenkens und Erkennens liegt im Geschenk des Glaubens, sagt Calvin. Wer hier ohne den Glauben nachdenkt, geht von vornherein in die Irre:

Die Wurzel unseres Glaubens an Jesus Christus liegt nicht in unserem eigenen Bemühen, auch nicht darin, dass wir einen so hochfliegenden oder durchdringenden Geist hätten, um die im Evangelium enthaltene himmlische Weisheit zu erfassen. Sie entspringt vielmehr der Gnade Gottes, einer Gnade, die unsere Natur übersteigt … Darum muss man schließen, dass der Glaube aus einem weit höheren und verborgeneren Quellort und Ursprung hervorgeht: aus der Gnadenwahl Gottes, kraft der er nach seinem Wohlgefallen (Menschen) zum Heil erwählt.

Gnade ist nur Gnade, wenn sie radikal ist. Wo sie anknüpft an etwas Vorhandenes, etwa an eine Sehnsucht im Menschen oder an dessen freie Entscheidung, wäre sie keine Gnade mehr. In diesem Fall würde sie auch nicht ihre lebensgestaltende Kraft entwickeln können. Gnade, die bis in die Ewigkeit hineinreicht, kann keinen Ursprung in der Zeit haben. *Was für die Ewigkeit bestimmt ist, muss aus der Ewigkeit hervorgekommen sein.* Darum ist es wichtig, dass der Mensch gewordene Gottessohn dieser Gottessohn von aller Ewigkeit her ist. Wäre er ein Retter, der sich urplötzlich zu einer bestimmten Zeit erhoben hätte, würde seine Rettung höchstens die Zeit der Welt umspannen, aber nicht die Ewigkeit. Gnade ist erst Gnade, weil sie aus dem *persönlichen Willen Gottes* hervorgebrochen ist. Darum kann sie keine bloße Kraft oder Potenz sein. Dieser personale Charakter der Gnade wird offenbart in der Person des Jesus Christus. *Darum gibt es Gnade nur IN Jesus Christus.*

Calvin wird in seiner Predigt seelsorgerlich und rückt so die Erwählungslehre an ihren Ort *in* Christus und zieht sie von jeder Ansiedelung *außerhalb* von Christus weg:

Willst du also Gewissheit darüber haben, ob du erwählt bist? Dann sieh dich selbst in Jesus Christus an! Denn alle, die im Glauben mit Jesus Christus wahrhaft verbunden sind, dürfen ganz sicher sein, dass sie zum Kreis der ewigen Erwählung Gottes gehören und zu seinen Kindern zählen. Jeder also, der „in Christus" ist und durch den Glauben ein Glied seines Leibes, wird seines Heils gewiss, und wenn wir uns darüber Klarheit verschaffen wollen, dürfen wir nicht hinaufsteigen, um Dinge zu erforschen, die uns zur Stunde noch verborgen sein sollen, sondern Gott selbst steigt zu uns herab.

Die Erwählungslehre hat ihren Ort in Christus.

Wir sind hier an der Nahtstelle der Erwählungslehre: Gnade ist *Liebeswille* Gottes, und weil sie Liebeswille ist, ist sie *Erwählungswille*. Auch in unserem alltäglichen Sprachgebrauch kann „der Erwählte" oder „die Erwählte" Wechselbegriff für „Geliebter" oder „Geliebte" sein. Wir stören uns etwas an dem Begriff Erwählung an dieser Stelle und würden es lieber bei den Begriffen Gnade oder Liebe bewenden lassen. Doch lässt der Begriff der Erwählung etwas Wunderschönes mitklingen: *Dich will ich, und zwar für immer, weil ich dich immer schon wollte.* Wahl ist das Gegenteil von Will-Kür oder Laune, Wahl ist *Bestimmung,* und zwar Bestimmung *für jemanden zu etwas Neuem.* Wenn ich jemanden wähle, trete ich mit ihm oder ihr und er oder sie mit mir in eine *dauerhafte Beziehung.* Das „Wir", das nun unsere Beziehung bestimmt, ist das Neue und vorher nicht Dagewesene.

Ist aber im biblischen Sinne Gottes Gnadenwahl *in Christus* geschehen, kann man von der Erwählung nicht mehr wie von einer Sache sprechen – alle Begriffe, die wir hier zur Not gebrauchen müssen, sagen noch nicht das Eigentliche aus, um das es geht (erst recht das Wort „Prädestination" nicht). Darum ist die Lehre von der ewigen Erwählung noch einmal sozusagen „Evangelium pur". Denn die wirklich edlen Geister des christlichen Humanismus zu Zeiten Calvins und darüber hinaus bis heute vertragen eines nicht: dass der Mensch nichts, absolut nichts, zu seiner Rettung hinzutun kann. *Darum* war Calvin hier so leidenschaftlich und kompromisslos, und jeder, der heutzutage das Evangelium vertritt im Gegensatz zu den unendlich vielen und auch ehrenwerten Weltverbesserungstheorien, müsste bei ihm in die Schule gehen. Für die, die diese Erde retten wollen durch umweltgerechtes Verhalten, ist Calvins Erkenntnis in der Tat ein „Gegengift" (gr./lat. antidoton). In Christus erwählt sein ist etwas grundlegend anderes als die heute allseits beliebte, aber flache Rede von der „Annahme-durch-Gott-wie-wir-sind". Gott nimmt uns nämlich nicht so einfach an! *Gott nimmt nur den Reinen und Heiligen an, Jesus Christus!* Hören wir wieder Calvin:

Gnade ist Liebes-wille und Erwählungswille

> (Paulus) erklärt, dass Gott „uns in Jesus Christus erwählt" (Eph 1,4) hat, und weist uns damit auf unsere eigene Unwürdigkeit hin. Das entspricht durchaus der Wahrheit, und die das bestreiten, missbrauchen ihre Überheblichkeit, indem sie in sich selbst etwas meinen vorweisen zu können, um dessentwillen Gott sie zu sich gerufen hätte. Deshalb fügt er hinzu, dass Gott uns „in seinem geliebten Sohn an Kindes statt angenommen" (V.5) hat. Dabei schreibt er nicht ohne Grund unserm Herrn Jesus das Attribut des vielgeliebten Sohnes zu. Denn in uns sind wir hassenswert, wert, dass Gott uns verabscheut; aber in seinem Sohn blickt er uns freundlich an, und daraufhin liebt er uns.

Sehr schön ist auch dieser Satz:

> Denn Jesus Christus ist in der Tat der Spiegel und das Modell (frz. le miroir et le patron), worin uns Gott den unendlichen Schatz seiner Güte bekannt gemacht hat, denn er ist das Haupt der Kirche. Auch wir müssen mit ihm beginnen, wenn wir erkennen wollen, wie Gott in seinen unter ihm stehenden Gliedern am Werk ist.

Erst, wenn wir im Glauben zu Jesus kommen, können wir „kommen, wie wir sind". Aber wenn wir durch Jesus zu Gott kommen, nimmt er uns an, „wie *sein Sohn* ist". Das heißt, wir kommen als Gerechtfertigte und Geheiligte: so wie wir *geworden sind.* Gott tut nichts ohne seinen erwählten Mittler, weder in der Schöpfung der Welt, erst recht nichts ohne ihn in unserer Rettung für die Ewigkeit und auch nichts ohne ihn, wenn es um die Erhaltung der Welt geht (bis zu ihrem von Gott selbst gesetzten Ziel). *Jesus Christus als der einzige Mittler ist den Kirchen von heute weitgehend aus dem Blick geraten* – diesen bitteren Satz muss man aussprechen, wenn man Calvin und die anderen Reformatoren ernst nimmt. Und diejenigen, die zu Recht Wert darauf legen, dass wir uns entscheiden müssen für Gott, haben zu erkennen, dass der Grund des Glaubens nicht in unserer Entscheidung heute liegt, sondern in Gottes ewiger Erwählung. In der Wirrnis der Zeit – und Calvin kannte Kirche nur als eine verfolgte! – braucht der an Christus Glaubende die in der Ewigkeit verankerte Gewissheit, dass sein Glaube nicht eine Meinung ist, sondern ein *Sein in einer anderen Wirklichkeit.*

b) Erwählung als Grund der Berufung zum Glauben

Im zweiten Punkt seiner Predigt wendet sich Calvin dem Abschnitt Röm 8,28-30 zu. „Denen, die Gott lieben, werden alle Dinge zum Besten dienen", sagt Paulus in V. 28. Dieser Satz wird gerne auf Hochzeiten oder zu Bestattungen zitiert – aber hier brechen unsere schönen Ansprachen dann auch abrupt ab. Die Fortsetzung, „denen, die nach dem Vorsatz berufen sind", wird üblicherweise unterdrückt. Man findet sie peinlich und will darum den Apostel nicht ausreden lassen – anders Calvin:

Aber glauben wir deshalb doch ja nicht, es liege an uns, den Anfang zu machen! Gott selber muss uns zuvorkommen. Und wenn dem so ist: wer sind dann die, die Gott lieben? Diejenigen, die von ihm berufen sind, und zwar nach seinem Vorsatz (frz. propos).

Das Wort „Vorsatz" meint nichts anders als „Erwählung". Gott sieht uns schon vor sich, auch wenn es uns noch gar nicht „gibt". Wozu setzt uns Gott vor sich, vor sein Angesicht? Damit wir Gott lieben, lautet die erste Antwort Calvins. Also wird man zur Liebe sozusagen „verordnet", weil Gott sich uns als Geliebte und Liebende vor sein Angesicht gesetzt hat. Das gilt folglich auch, wenn man gefühlsmäßig gar nicht lieben will und es auch gar nicht kann. Diese Verordnung ist kein tötendes Gesetz. Sie ist das, was uns belebt und für immer, bis in alle Ewigkeit, aufrichtet; denn die Liebe hat ewigkeitliche Qualität. Dann fährt Calvin fort:

Hier spricht (Paulus) wohlgemerkt vom Vorsatz Gottes. Warum? Damit wir wissen, dass es sich um eine unzweifelhaft gewisse Berufung (frz. vocation certaine) handelt, die wirksam (frz. efficace) und kraftvoll geschieht. Denn Gott will auch Ungläubige berufen; doch hat diese Berufung nicht die Kraft, sie zur Umkehr zu rufen. Er rührt nicht an den Lebensnerv ihrer Herzen, gibt seinem Wort nicht die Vollmacht, in ihnen Wurzel zu schlagen. Wenn er uns hingegen beruft gemäß seinem Vorsatz, uns zu sich zu ziehen, dann bedeutet das so viel wie, dass er uns erwählt hat.

Es ist unfassbar: Gott scheitert offensichtlich am Unglauben! Er will in der Tat auch Ungläubige berufen – aber er dringt nicht durch. Warum nicht? Er gibt seinem ansonsten allmächtigen Wort nicht den Befehl, bis zum Zentrum der Seele durchzubrechen. Warum in diesem Fall Gottes Wort nicht durchdringt, begründet Calvin hier *nicht* mit Gottes vorzeitlicher Verwerfung des Nichtglaubenden. Wir kommen zu einem wichtigen Zwischenergebnis: Es gibt *keine Symmetrie zwischen Erwählung und Verwerfung*. Das Erste ist *Licht*, das Zweite ist *Dunkel*. Das Erste haben wir anzubeten, das Zweite bleibt uns prinzipiell verborgen. Allerdings muss man Calvin den Vorwurf machen, dass er sich an dieses Prinzip der Asymmetrie, das hier aufscheint, oft selbst nicht gehalten hat. Der „Schematist" brach immer wieder durch – wie bei den meisten von uns: Kaum ist das Wort „Erwählung" gefallen, kommt in uns das andere Wort hoch: „aber nicht alle". Wir müssen unseren nach Logik lechzenden Verstand beugen unter das Geheimnis Gottes!

Die Erwählung aus Gnade hat ein *Ziel: die Berufung zum Glauben.* Gottes Erwählung ist eine einzigartige Vorgabe. Sie beginnt in der Ewigkeit und *verwirklicht* sich in der Zeit. Das Wort und die Sache der Berufung spielen in der calvinischen Glaubenserkenntnis eine tragende Rolle. Denn alles drängt hier nach Verwirklichung, drängt ins Sichtbare. Gott *ruft,* weil er uns *will.* Er hat etwas vor mit uns. Nicht das Sakrament der Taufe ist die Berufung, sie ist aber das *Zeichen* für die Berufung. Das Zeichen weist bei Calvin immer über sich hinaus auf das Bezeichnete. Diese Berufung, die „Vokation", ist kein Gottesgefühl, kein Eindruck des Überirdischen. Sie ist sofort *Gewissheit der Wirklichkeit Gottes.* Der Berufene weiß sofort, dass er es mit Gott zu tun hat, auch wenn sein Glaube, seine Erkenntnis und seine Frömmigkeit noch schwach sein mögen. Glaube ist mehr als Beseligung des Einzelnen, Glaube hat etwas mit *Beruf,* mit dem Lebens-Werk, zu tun. Während die lutherische Theologie eher einen konservativen Klang hat („Berufung *im* Stand der Ehe, *im* Stand des Regierens" und so fort), liegt im Ansatz Calvins etwas nach vorwärts Weisendes, etwas, was noch verwirklicht werden soll, etwas *Progressives*. Die Grenze Calvins liegt darin, dass er nur die Richtung, aber noch nicht die Wegbeschreibung für eine verwirklichte Berufung gibt. Denn die Reformationszeit musste zuerst das Überkommene ins Lot bringen – erst späteren Generationen war es aufgetragen, hier eine statische Ständeethik zu überschreiten.

c) Das Rätsel des Unglaubens

Es gibt also keine Symmetrie, kein logisches Gleichgewicht zwischen Erwählung und Verwerfung. Es gibt zwar eine Erwählung vor der Zeit, aber keine Verwerfung vor der Zeit. In Röm 9 kann man diese deutliche Asymmetrie erkennen. In V.18 heißt es von Gott: „So erbarmt er sich nun, wessen er will, und verstockt, welchen er will", aber in V.23 spricht der Apostel von den „Gefäßen der Barmherzigkeit, die er zuvor bereitet hat zur Herrlichkeit", aber es heißt hier nicht, dass Gott von vornherein „Gefäße des Nichterbarmens" geschaffen hat. Das „Verstocktsein" ist aus dem Textzusammenhang heraus kein ewiges, sondern ein zeitlich bedingtes. An jeden Menschen ergeht der „Ruf" des Evangeliums, sofern dieses ihn erreicht. Ob der Ruf zur „Berufung" wird, ist nicht ohne seinen Glauben möglich. Ist der Glaube aber da, ist die Erkenntnis seiner ewigen Erwählung da, und zwar für jeden Glaubenden.

Man kann sich das auch verdeutlichen am Gleichnis vom Weltgericht nach Mt 25. Dort sagt der wiederkommende König (Jesus) zu den einen: „Kommt her, ihr Gesegneten meines Vaters, ererbt das Reich, das euch bereitet ist *von Anbeginn der Welt!*" Zu den anderen aber sagt er: „Geht hin von mir, ihr Verfluchten, in das ewige Feuer, das bereitet ist *dem Teufel und seinen Engeln!*" Der Teufel als der Widersacher Gottes ist also verworfen. Es spricht also alles dafür, dass „Verwerfung" *nachzeitlich* und *nicht vorzeitlich* gemeint ist, will sagen: Wenn du vom Bösen dich unbeirrt leiten lässt, musst du dessen ewige Verwerfung teilen. Insofern bist du „ewig verworfen", weil du dich vom „ewig Verworfenen" nicht hast trennen wollen. Erst über diesem Weg kann man von der „ewigen Verwerfung" sprechen. Auch Calvin betont immer wieder, dass man nur wegen seines Unglaubens verworfen wird.

Zweifellos kann man diese Dinge nicht so einfach predigen. Man muss Calvin den Vorwurf machen, dass er trotz richtiger Erkenntnisse an dieser Stelle eine merkwürdige Hartnäckigkeit an den Tag legte. Wenn man auf eine schwierige Sache immer wieder zurückkommt, verbiegt sie sich im Laufe der Zeit zu einer grausamen Angelegenheit, weil sich unser schematistisches Denken immer wieder dazwischen schiebt. Darum rief schon bei den meisten Zeitgenossen Calvins seine beharrliche Predigt über die Erwählung Ablehnung hervor, sodass etliche Schweizer Städte die Predigt darüber verboten haben.

Keine Symmetrie, kein logisches Gleichgewicht zwischen Erwählung und Verwerfung

Dass Calvin in die eben von mir beschriebene Falle schon in dieser Predigt hineintappt, kann man aus der Fortsetzung erkennen:

Wohl bietet Gott allen sein Wort an und lädt dadurch unterschiedslos alle ein, ihn zu hören. Aber er spricht darum doch nicht alle im Innern ihres Herzens an, was dort ebenfalls erörtert wird: „Jeder, der von meinem Vater gehört und gelernt hat, kommt zu mir" (V.45). Ich frage euch: Kommen denn alle zu Jesus Christus? Keineswegs, wie wir sehen! Wenn aber nicht alle zu ihm kommen, so folgt daraus, dass nicht alle vom Vater gelehrt sind, denn es heißt ja, dass alle, die von ihm gelehrt sind, zu Jesus Christus kommen werden... Wenn er aber sagt, dass alle Kinder der Kirche von Gott gelehrt werden, dann spricht er ohne Zweifel von einem besonderen Vorrecht, das er denen verleiht, die zu seiner Herde berufen sind ... Wenn also Gott einen festen, beständigen Bund mit uns schließen will, dann muss er sein Gesetz in unsere Herzen eingravieren. Doch geschieht das allgemein bei allen Menschen? Wir sehen (wie ich eingangs festgestellt habe) genau das Gegenteil, und zwar auf Grund von Erfahrung (frz. experience).

Die Wendung „... so folgt daraus, dass nicht alle vom Vater gelehrt sind" ist eben doch eine reine verstandesmäßige Folgerung – Calvin hätte sie lassen sollen. Doch darüber sollen seine richtigen Aussagen nicht unbeachtet bleiben, denn wirksame Berufung hat es damit zu tun, dass Gottes Weisung durch den Heiligen Geist bis tief in unser Ich-Zentrum, in unser Herz, vordringt. Von Gott selbst müssen wir gezogen werden, damit wir zum Sohn kommen, und dieser zieht uns dann zurück an das Herz Gottes. Wenn aber Menschen von Gott nicht gezogen werden, *lassen* sie sich nicht ziehen. Wie wir weiter unten lesen können, kennt Calvin das geheimnisvolle Ineinander des Wirkens Gottes und unseres Wirkens und Reagierens („Erste Ursache" – „zweite Ursache"). Angewendet auf die Frage nach den Gründen der ewigen (nachzeitlichen!) Verwerfung heißt das: *Gott verwirft*, und nicht glaubende Menschen *wollen auch nicht erwählt sein.*

Man könnte jetzt denken: Wenn Calvin so sehr auf das besondere, erwählende Wirken Gottes im Menschen bedacht ist und dies offensichtlich längst nicht in allen Menschen stattfindet, dann muss die Kirche, die er im Blick hat, *die winzig kleine Herde der Erwählten* sein, die sich von anderen abgrenzt. In der Kirchengeschichte hat es diesen Weg immer wieder gegeben: Kleine Gruppen von „Erwählten" wähnten sich als die eigentliche Kirche und blickten verächtlich auf die „verlorene Masse" herab. Können sich diese Gruppen auf Calvin berufen? Keineswegs! *Die Verkündigung des Evangeliums an alle einschließlich der Lehre von der Erwählung Einzelner gehören zusammen und sind nicht voneinander zu trennen.* Der Verkündiger zeigt nicht mit seinem Finger auf Einzelne und sagt den einen: „Du bist erwählt", und zielt darauf mit seinem Finger auf andere und sagt: „Aber du bist nicht erwählt."

George Whitefield hatte die Lehre von der Erwählung in ihrer Tiefe begriffen. Und das bedeutete für ihn praktisch: *Weil* er nicht wusste, wer letztlich erwählt war, das heißt, den Ruf Gottes annehmen würde, er aber fest glaubte, dass Gott die Zahl der Seinen kennt, *darum* durcheilte er England und die Staaten in Amerika zu wiederholten Malen und bot unendlich vielen Menschen das Evangelium an. *Die recht verstandene Lehre von der Erwählung ist also ein ungeheuer wirksames Motiv, eine intensive missionarische Verkündigungsarbeit zu tun.* Jedes Konventikelwesen und jede theologische Kleinstaaterei ist damit ausgeschlossen. Dass all dies trotzdem unter Berufung auf Calvin stattfand, ist wahr, hat aber mit Calvin nichts zu tun!

„Gottes Gnadenwahl macht ein Leben in der Heiligung überflüssig", so nimmt Calvin gegen Ende seiner Predigt einen Einwand auf. Auch dies legt sich dem unwiedergeborenen Denken nahe. Denn wenn schon vor aller Ewigkeit entschieden ist, was aus mir wird, dann kann ich mein Leben nur einfach laufen lassen – was kommen soll, das kommt, was nicht kommen soll, kommt nicht. Calvin dagegen verknüpft das, was er zuvor mit dem Wort „Berufung" als dem Ziel der Erwählung ausdrückte, jetzt mit dem Wort „heilig":

Wir sind mit einer heiligen Berufung erwählt (frz. vocation saincte), um uns nicht länger auf den Gassen unserer Unreinheit herumzutreiben, sondern heilig und untadelig zu leben.

Es bleibt dabei: Wen Gott erwählt, den regiert er durch seinen Heiligen Geist. Es ist falsches Denken, wenn man die Gnade der Erwählung als ein Ruhekissen ansieht, auf dem der Erwählte sich behäbig, sicher und stolz ausruhen kann.

Am Schluss der Predigt Calvins gibt es eine letzte Wendung, die jeden Hörer stumm und betroffen machen müsste:

Doch müssen wir bedenken, was für Geschöpfe wir in Adam sind, und was wir von ihm in uns tragen. Wir sind in ihm allesamt verloren und verdammt. Selbst wenn Gott uns insgesamt, vom ersten bis zum letzten, zurückwiese, hätten wir keinen Anlass, vor Gericht gegen ihn aufzutreten. Denn wenn er uns Recht widerfahren lässt, verdienen wir es, in den Abgrund der Hölle geworfen zu werden.

Wir alle müssten eigentlich Verworfene sein. Dass wir in einem neuen Leben erblüht sind, ist reine unvorhergesehene Gnade!

2. Vorhersehung und Weltregierung Gottes und die Wahrnehmung der Schöpfung

Das Wunder der Erlösung in Jesus Christus bedarf eines Rahmens, sozusagen eines Gefäßes. Ohne diesen Rahmen und ohne dieses Gefäß würde alles, was Christus und uns betrifft, verschwimmen. Das, was wir „Schöpfung" (neuerdings „Um-Welt" oder „Mit-Welt") oder „Natur" nennen, steht in einer *Beziehung* zu dem, was Christus tat. Nun hat Calvin mit seinem Lehrstück von der „Vorhersehung (lat. providentia) Gottes" auf seine Weise dieses Miteinander alles dessen, was in dieser Welt geschieht, ganz neu ins Auge gefasst und es auf Christus bezogen. So bekommt etwa seine pointierte Rede vom Wirken des Heiligen Geistes im Glaubenden durch die Wiedergeburt durch seine Erkenntnis vom *Wirken des Heiligen Geistes in der Schöpfung und in der Geschichte* einen großen Rahmen, der uns das Wirken des Geistes in der Kirche ganz neu sehen lehrt. Erst, wenn wir durch Christus einen Gott gefunden haben, der in umfassender Weise voraus-denkt, können wir als durch Christus zum

> *Gott hat damals die Welt erschaffen, die er heute erhält, damit er sie morgen vollendet.*

Glauben Berufene dem nach-denken und unser praktisches Leben gestalten.

Gott hat *damals* die Welt erschaffen, die er *heute* erhält, damit sie *morgen* vollendet wird. In der Lehre von der Vorsehung kommt also Gottes geschichtliche Vollmacht als Schöpfer der Welt in unseren Gesichtskreis. Und diese göttliche Vorsehung hat ein Ziel: die Sammlung, Sendung und Vollendung der Kirche. Darum schien es mir sinnvoll zu sein, die Lehre von der Erwählung mit ihrem dunklen Schattenbild der Verwerfung voranzustellen, weil auch hier die besondere Art der Weltregierung Gottes zutage tritt.

a) Das Ganze und das Besondere im Blick des Schöpfers und seine schöpferische Weisheit

Die Erwählungslehre Calvins zeigte uns, wie Gott die Menschheit als Ganzes schon vor aller Schöpfung im Blick hatte. Ich erinnere noch einmal an die typische Reaktion, die diese Einsicht oft bei uns auslöst: „Da kann man nichts machen – es kommt alles, wie es kommen soll." Der Einzelne meint, in diesem unausforschlichen Plan Gottes nur ein unbedeutendes Rädchen zu sein. Das Gleiche könnte sich hier beim Überdenken der Lehre von der Vorhersehung wiederholen: „Gott hat einen Plan, den du nicht kennst, du musst dich nur stumm in ihn hineinfügen, wenn dies oder das in deinem Leben geschieht." Der Einzelne meint, nicht verantwortlich zu sein, er wartet immer nur ab und nennt das dann „Gottvertrauen". Die Lehre der spätantiken philosophischen Richtung der Stoa redete hier vom „Schicksal", was man auch als „Fatalismus" (von lat. fatum = Schicksal) bezeichnen könnte. Calvin ist natürlich wegen seiner geistigen Herkunft bestens mit diesen philosophischen Gedankengängen vertraut. Er, der den Neuschöpfer in Christus im Wunder der Wiedergeburt erfahren hat, kann den Welten-Schöpfer nicht eine unpersönlich wirkende Schicksalsmacht nennen:

Denn wir reden nicht wie die Stoiker von der „Notwendigkeit", die aus der stetigen Verflochtenheit der Ursachen (lat. ex perpetuo causarum nexu) kommt und in einer festen Verbindung besteht, wie sie in der Natur enthalten ist. Wir reden im Gegenteil von Gott: der ist der Herrscher und Walter über alles, der hat in seiner Weisheit seit aller Ewigkeit festgelegt, was er tun will, und führt es nun in seiner Macht aus (Inst. I, 16.8).

Gott ist keine blinde Macht, keine bloße Zusammenballung von Energie, die sich entlädt im Prozess der Weltentstehung und des Weltlaufs. Er ist ein *Gott der Weisheit*. In diesem Begriff klingt etwas anderes an: ein nuancenreiches, einfühlsames, vorsichtiges Handeln, das vom Menschen als Wohltat erlebt werden kann, wenngleich dieser längst nicht alles versteht. Weisheit ist eine besondere Weise der Machtentfaltung, und zwar eine solche, die ein Gegenüber ertragen kann und es auch will, wobei etwas *vermittelt* wird, nämlich eine innere Zustimmung des anderen. Weise Vorsehung ist dann auch Einweisung des Einzelnen in ein größeres Ganzes.

Dieses Gegenüber ist die ganze Schöpfung, nicht nur der Mensch. So gibt es auch keinen Gegensatz zwischen von uns so genannten „natürlichen Geschehnissen", die man ganz solide wissenschaftlich „erklären" kann, und Gottes Walten in seiner Vorsehung. Wann immer Calvin zu solchen Betrachtungen kommt, wird sein Stil hymnisch, ja, begeistert (und begeisternd):

Auch die einzelnen Ereignisse sind ganz allgemein Zeugnisse der „besonderen" Vorsehung Gottes. Gott erweckte in der Wüste einen Ostwind, der dem Volke eine Menge Vögel zutrieb (2Mo 16,13). Als er den Jona ins Meer werfen wollte, da ließ er einen gewaltigen Sturmwind kommen (Jona 1,4). Da werden nun die, die nicht glauben, dass Gott die Weltregierung in seiner Hand habe, sagen, das sei dagegen außerhalb des gewöhnlichen Verlaufs vor sich gegangen. Ich dagegen ziehe daraus den Schluss, dass überhaupt nie ein Wind aufkommt oder losbricht ohne Gottes besonderen Befehl (Inst. 1, 16.7).

Gottes Weisheit kann nach der Bibel aus der Betrachtung der Werke Gottes gewonnen werden. Calvin fasst seine vielen Aussagen zu diesem Thema in einem besonders schönen Text zusammen:

Wir müssen vielmehr auch überzeugt sein, dass (Gott) der Brunnquell aller Güter ist, damit wir nichts Gutes suchen außer ihm. Dies meine ich, weil er die Welt, wie er sie einst schuf, so doch stets mit unendlicher Macht trägt, mit seiner Weisheit ordnet, mit seiner Güte erhält, weil er insbesondere die Menschheit mit Gerechtigkeit und Gericht regiert, mit Barmherzigkeit gewähren lässt, mit seiner Wehr schützt und überhaupt, weil nirgendwo ein Tröpflein Weisheit oder Licht oder Gerechtigkeit oder Kraft oder Heiligkeit oder gewisser Wahrheit sich findet, das nicht von ihm her flösse und dessen Ursprung nicht er wäre! Auf diese Weise lernen wir, alles von ihm zu erwarten und zu erbitten und mit Danksagung alles als seine Gabe anzuerkennen. Denn diese Wahrnehmung der Macht und Güte Gottes ist für uns der rechte Lehrmeister der Frömmigkeit, aus der die Religion entsteht. Frömmigkeit nenne ich die mit Liebe verbundene Ehrfurcht vor Gott, welche aus der Erkenntnis seiner Wohltaten herkommt. Solange der Mensch nicht empfindet, dass er Gott alles verdankt, dass Gott ihn durch seine väterliche Fürsorge umfängt und alle seine Güter über ihn ausschüttet, so dass nichts außer ihm zu suchen ist – solange unterwirft er sich ihm niemals in freiwilliger Dienstbereitschaft (Inst. I, 2.1).

Gottes Vorsehung ist auch Gottes *Vorsorge*. Vorsehung ist also sehr viel mehr als ein Vorherwissen oder die Erstellung eines göttlichen Ablaufplanes der Weltgeschichte. Vorsehung meint Gottes aktuelles Eingreifen in das Leben auf dieser Erde: Gott sieht das, was uns treffen wird, bevor wir selbst es wahrnehmen. Die Vorsehung Gottes entzündet darum unser Dankgebet, woraus das Bittgebet entsteht, und macht es nicht überflüssig.

Gottes Vorsehung ist auch Gottes Vorsorge.

Das wäre der Fall, wenn wir Vorsehung mit Schicksal verwechselten. Erst aus der Erkenntnis der Vorsehung Gottes gibt es eine tatkräftige Frömmigkeit. Auffällig ist hier, wie positiv Calvin in diesem Zusammenhang auch die „Religion" bewertet. Im Zusammenhang gelesen, will er eine Lanze brechen für alles, was auf dieser Welt gut, gerecht oder heilig ist – eine erstaunliche Offenheit bei diesem so „strengen" Calvin!

Jetzt wird auch deutlich, warum unsere Darstellung nicht mit der Schöpfung *damals* begonnen hat, um danach zur Erkenntnis der Vorsehung Gottes *jetzt* zu gelangen. Unser Weg ist der umgekehrte: Wir haben nicht zu ergrübeln, „wie es am Anfang war", wir haben die Größe der Schöpfung *heute* anzubeten in Staunen und Dankbarkeit:

… wir sind zu einem solchen Wissen um Gott berufen, das nicht, mit eitlem Gedankenspiel zufrieden, bloß im Gehirn herumflattert, sondern das bleibend und fruchtbringend sein soll, wo es nur recht von uns aufgenommen wird und Wurzel im Herzen schlägt. Denn Gott offenbart sich in seinen Kräften, und weil wir deren Gewalt an uns verspüren und in unserem Herzen genießen, so werden wir durch solche Erkenntnis viel tiefer ergriffen, als wenn wir uns einen Gott einbildeten, von dem keine Empfindung zu uns gelangte! So sehen wir, wie man Gott in rechter Weise suchen soll: Nicht sollen wir in vermessener Neugier den zudringlichen Versuch machen, sein „Sein" und „Wesen" zu erforschen, das wir anbeten, nicht aber ergrübeln sollen. Nein, wir sollen ihn in seinen Werken anschauen, in denen er uns nahe kommt, sich uns vertraut macht und gewissermaßen mitteilt … So sollen wir auch Gott so zu erforschen suchen, dass wir mit unserem Verstand zur Bewunderung seiner Werke kommen – dann wird auch unser Herz gewaltig bewegt! (Inst. I, 5.9)

Nun darf man diesen Text nicht so verstehen, als wolle Calvin nichts über das Wie der Entstehung der Erde sagen. Nur sollen wir nicht *hinter* die Texte schauen wollen; denn vieles, was uns interessieren würde, sagen sie nicht. Aber weil die Heilige Schrift uns Christus verkündigt, der die *Wahrheit* ist, so ist diese Wahrheit schon in den Texten von der Weltschöpfung gegenwärtig, wie Calvin im Vorwort zu seiner Genesisauslegung sagt:

Wahrlich, wer durch den Geist die Dinge einer späteren Zukunft erschaute, die keinem Zeitgenossen in den Sinn kommen konnten, der war auch imstande, von Gottes Weltschöpfung zu reden; er war von Gott selbst gelehrt. Nicht aus sich selbst hat er solche Dinge erdacht, sondern der Heilige Geist hat durch ihn kundgetan, was für alle zu wissen wichtig ist. Vielmehr wird diese Erzählung lange Zeit hindurch von Mund zu Mund gegangen und so vom Vater auf den Sohn gekommen sein. Der erste Mensch wird nicht ohne Kunde gewesen sein von seinem Ursprung und von der Herkunft der Dinge, die er sich nutzbar machte. Sollte er davon geschwiegen haben? Sollten die heiligen Erzväter diese Nachricht undankbar unterschlagen haben? … Allein, gar leicht wird im Lauf der Zeit die göttliche Wahrheit von den Menschen bis zur Unkenntlichkeit entstellt. Darum hat Mose nach Gottes Willen sie durch die Niederschrift in unveränderter Reinheit festhalten müssen (Auslegung der Heiligen Schrift, Genesis, 6).

Angesichts der verwickelten Theorien der Theologie in Bezug auf das richtige Verständnis der Schöpfungsgeschichte sind diese Sätze einleuchtend. Doch Calvin warnt vor der Eigenmächtigkeit der menschlichen Vernunft:

Und der Psalmist hat wohl recht, wenn ihm die Himmel die Ehre Gottes verkünden (Ps. 19,1). Ohne Wort gibt die Natur doch beredtes Zeugnis von der Herrlichkeit seiner Weisheit. Man hüte sich aber vor dem Irrweg, der so leicht die Menschen von der rechten Gotteserkenntnis abführt. Sie übergehen nämlich Gott und begnügen sich mit der Bewunderung der Natur. Beides ist verkehrt: mit aller Kraft des Geistes Naturforschung treiben und dabei Gott vergessen, – und ebenso das andere, in ungesunder, törichter Neugier das reine Sein Gottes suchen wollen und dabei für die Werke des Schöpfers kein Auge haben. Alles Erforschen der Natur, das den Schöpfer aus dem Blick verliert, ist verkehrtes Forschen.

Gewissheit über Gott aber gibt es nur in der Heiligen Schrift. So ist zwar einerseits die Schöpfung so etwas wie ein Lesebuch der Herrlichkeit Gottes: „Denn die Welt ist ja in gewissem Sinne Abbild des unsichtbaren Gottes", aber auf der anderen Seite brauchen wir die Schrift: „Sie hilft den schwachen Augen zu deutlichem Sehen, wie eine Brille. Solche Bedeutung hat für uns das Buch Moses. Es *legt* uns *aus*, was Himmel und Erde uns zu *verkünden* haben." Die Schöpfung erzählt, die Schrift führt aber zum Nutzen für das Leben, indem sie sie auslegt. Wir brauchen also Jesus Christus, um den rechten Weg zur Schöpfung zu finden, wie Calvin gegen Ende seiner Einleitung zur Genesisauslegung schreibt:

Die Schöpfung erzählt – die Schrift legt die Schöpfung aus.

Christus ist das Ebenbild göttlichen Wesens; Gottes Herz, aber auch Gottes Finger und Gottes Fußspur wird in ihm offenbar. Gottes Herz, das ist seine unaussprechliche Liebe, mit der er uns in Christus umfasst. Die Spur von Gottes Hand und Fuß enthüllt sich uns in den Werken, in der Welt der Schöpfung. Sobald wir aber von Christus weggehen, wird bei uns der Irrtum im Ganzen und im Einzelnen unvermeidlich.

Jeder Mensch weiß um Gott, auch der, der ihn leugnet. Das liegt schlicht und einfach darin begründet, dass Gott die Schöpfung um ihn herum mit Leben beschenkt. Wer Gott trotzdem leugnet, ist töricht, ja, dumm. Es ist sehr anstrengend, den Schöpfer zu leugnen, einfach darum, weil wir tagtäglich von seiner Vorsehung als Versorgung leben.

b) Gottes Vorsehung und unsere Verantwortung

In meiner Praxis als Verkündiger des Evangeliums erlebte ich bei denen, die Ernst machten mit dem Glauben an Christus, ein eigenartiges Hin- und Herschwanken: *Entweder* tut Gott in seiner Gnade alles, dann habe ich nur still und ruhig abzuwarten, *oder* es kommt auf mich an, auf meine Entscheidung, auf meinen Einsatz, dann darf ich unter keinen Umständen so etwas wie einen geistlichen Müßiggang pflegen. So kommt es, dass wir zwischen diesen beiden Extremen ständig hin- und herschwanken und uns damit abfinden, dass es nach den Phasen des heftigen Stürmens Phasen der behäbigen Ruhe gibt. Hätte man auf die

Stimme Calvins sorgfältiger gehört, hätte man in Theologie und Frömmigkeit einen *neuen Weg* gefunden und ihn beschritten: Weil Gott
alles, aber auch alles tut zur Vollendung seines Heilsplans mit der Welt,
sind wir alle in völligem Einsatz gefordert, uns darauf einzulassen und
mit Gott mitzuwirken. (Davon war schon die Rede, als es um unsere
„guten Werke" ging.)

Der Mensch als Calvin hat uns an mehreren Stellen seines um-
„Mittel-Ursache": fangreichen Werkes gezeigt, wie unser Glauben
eigenständig, aber das Denken erneuert und wie *das erneuerte Den-*
nicht eigenmächtig *ken unseren Glauben bereichert.* Eben darum geht
es bei diesem Abschnitt. Der zentrale Satz Calvins
lautet:

> Zunächst ist da zu beachten, dass die Vorsehung Gottes auf
> die Zukunft wie auf die Vergangenheit bezogen werden muss. Ferner müssen wir
> bemerken, dass sie alle Dinge derart lenkt, dass sie bald unter Einschaltung der Mit-
> telursachen, bald ohne solche, bald gegen alle Mittelursachen wirkt. Und endlich
> ist als Hauptgesichtspunkt anzusehen, dass Gott zeigen will, wie er für das ganze
> Menschengeschlecht sorgt, wie er aber besonders über der Regierung der Kirche
> wacht, die er seines näheren Anschauens würdigt (Inst. 1,17.1).

Das Wort, das uns nicht vertraut ist, ist das Wort „Mittelursache".
Hier hat Calvin von der mittelalterlichen Theologie gelernt, die wiederum dem griechischen Philosophen Aristoteles verpflichtet war. Nein,
wir sollten jetzt keine Angst davor haben, dass ein fremder Geist in das
biblische Denken Einzug hält – wir werden später sehen, wie Calvin das
Wirken des Geistes Gottes sogar in den menschlichen Wissenschaften
erkennt. Was nun meint dieses uns nicht vertraute Wort? Ich versuche,
es ganz einfach zu sagen: Gott gibt die „erste Ursache" von etwas. Er
setzt in Bewegung aufgrund seines göttlichen Willens und schafft etwas
Wunderbares. Da er aber ein Schöpfer und nicht ein bloßer Werkmeis-
ter ist, tritt er, wie wir gesehen haben, mit dem Geschaffenen in eine
Beziehung. Diese Beziehung ist *Liebe.* Und Liebe ist dadurch Liebe, dass
sie *wartet und Raum gibt.* Liebe verlöre ihre Würde, wenn sie zu einem
brutalen Eindringen oder einem brachialen Wuchten entartete. Liebe
erwartet *Reaktion.* Dieses Reagieren nun ist kein stummer Reflex, wie
ihn das bekannte Hämmerchen des Arztes an einer bestimmten Stelle
unseres Knies hervorruft: Man kann diesen Reflex nicht verhindern, er

tritt unweigerlich ein. Aber das Vor-Sehen Gottes bei seinem Handeln „sieht vor“, dass das, was Gott tut, von uns selbst *eigenständig, nicht eigenmächtig,* getan wird in dem Sinne, dass es *fortgesetzt* und damit *gebilligt* wird. Wir sind darum niemals eine erste Ursache, aber wir stehen „in der Mitte“ zwischen dem Tun Gottes und dem Vollbringen der Tat. So werden wir gewürdigt, „Mittel-Ursache“ zu sein.

Diese Denkweise hilft uns auch, die Lehre Calvins von Erwählung und Verwerfung besser zu verstehen. So erwählt *Gott* vor aller Ewigkeit – aber *wir* müssen uns für ihn entscheiden, wenn seine Berufung uns erreicht durch den Heiligen Geist. So verwirft Gott – aber die Verworfenen gehen durch ihren *Unglauben* verloren. So sind *wir* verantwortlich und müssen im Jüngsten Gericht Rechenschaft ablegen. Dass wir gerichtsfähig sind, ist unsere Würde! So wirkt Gott in uns alles – aber wir sollen und müssen gute Werke tun. Wir werden ohne Berücksichtigung unserer Werke gerechtfertigt – aber Gott rechtfertigt auch unsere Werke und gibt uns damit ein gutes Gewissen. Bezüglich der aktuellen Umweltproblematik: Gott allein bestimmt das Ende dieser Welt und nicht wir durch unser Fehlverhalten – aber wir werden berufen, aktiv in den Schutz der Umwelt einzugreifen, soweit es unseren Begabungen und unserer Berufung entspricht. Damit werden wir die Welt nicht retten – aber wir setzen Zeichen für Gottes endzeitliche Erneuerung der Erde. Gerade an diesem Punkt gibt es viele Fehlurteile: Viele fromme Leute sagen: „Die Welt geht unter – das hat doch die Bibel vorhergesagt.“ – Die Umwelt-Aktivisten sagen: „Wenn wir die Welt nicht erhalten, dann gehen unsere Enkel zugrunde.“ Wenn wir aber „Mittel-Ursachen“ sind, geben wir beiden Extremhaltungen den Abschied und können Gott im konkreten Handeln gehorsam sein. Wer die Welt retten will, verliert sein Leben; wer aber sein Leben an Christus verliert, wird ein Hoffnungsträger für Gottes neue Welt schon in dieser Welt.

Calvin sagt aber auch, dass Gott in seiner Souveränität als Schöpfer und Erhalter der Welt auch völlig ohne uns handeln kann. Es gibt keine Kriterien, wo das gilt und wo nicht. Hier muss uns Gottes Geist führen, wobei wir ehrlich genug sein und mit Fehlurteilen und Fehlhandlungen unsererseits rechnen müssen. Denn Führung durch den Geist meint nicht: Jetzt mache ich hundertprozentig alles richtig. Führung durch den Geist ist nur möglich im ständigen Korrigiertwerden.

Alle Vorhersehung Gottes, die die ganze Schöpfung umfasst, dient letztlich dazu, dass die Kirche als Ganzes und jeder Einzelne das von Gott gesteckte Ziel erreichen. Providenz hat also eine ewigkeitliche Perspektive. Vorsorge Gottes für das Leben der Kirche und das Leben des Einzelnen ist in dem Sinne die Fortsetzung der Schöpfung, dass Gott Schöpfungskräfte außerhalb von uns, aber auch Schöpfungskräfte in uns *freisetzt*. Warum ist das für Calvin so wichtig? Wir haben schon erkannt: Kirche ist für Calvin immer Kirche in der Bedrängnis. Der sichtbare Segen, den Gott gibt, ist im Sinne Calvins nur wie ein Sakrament, ein Zeichen dafür, dass er uns mit Gewissheit den Segen in der Ewigkeit geben will. Wird diese auf die Ewigkeit bezogene Dimension des Segens verloren – wie in der Geschichte des Calvinismus leider auch geschehen –, dann entartet hier alles in einem materialistischen Versorgungsglauben, der Kapital auf Kapital häuft. So soll es jedoch sein:

Wird das erkannt, bei dem wird sich notwendig herzliche Dankbarkeit bei glücklichem Erfolg, Geduld im Leiden und eine unglaubliche Gewissheit für die Zukunft einstellen. Er wird alles, was glücklich und nach seines Herzens Wunsch ihm gelingt, Gott allein zuschreiben, ob er nun seine Wohltätigkeit durch den Dienst von Menschen erfahren hat oder ob ihm von den leblosen Geschöpfen Hilfe zuteil wurde (Inst. I, 17.7).

c) Das allgemeine und das besondere Wirken des Heiligen Geistes

Christsein heißt nach Johannes Calvin: Gott und mich selbst *erkennen*. Dass dieses Erkennen kein kalter rationaler Vorgang ist, sondern auch unsere Empfindungs- und Erfahrungsebene umgreift, wurde schon gezeigt. Auch dass dem Heiligen Geist im Aufriss der christlichen Lehre eine entscheidende Rolle zukommt, war schon ausgeführt worden, ist doch sein vornehmstes Werk das Geschenk der Wiedergeburt zum Glauben. Wenn nun der Heilige Geist unsere gesamte menschliche Existenz ergreift, dann kommt auch unser *Denken* in die Bahnen jener Neugeburt. Wir können Neues und Anderes denken gegenüber dem, was wir bisher gedacht haben. Und dieses Denken aus der erneuerten Existenz heraus umfasst die wunderbaren Wege Gottes in dieser Welt, ohne sie ganz zu begreifen. Dazu gehört auch das Erkennen der Wege Gottes mit dieser Welt, natürlich nicht im Sinne einer hochmütigen Allwissenheit.

So gehört zu den nach vorne weisenden Grunderkenntnissen Calvins seine Entdeckung, dass der Heilige Geist auch *in der Schöpfung* wirkt. Der Geist der Neuschöpfung in der Wiedergeburt des Einzelnen ist *zugleich* der Schöpfer-Geist, der das Werk der Vorsehung Gottes in der Welt betreibt. Wahrnehmung der Schöpfung ist bei Calvin jedoch vielmehr an Gottes Welt*regieren* interessiert als an der Art und Weise der Welt*erschaffung*. Denn man kann bei der Verkündigung des Evangeliums von Jesus Christus nicht davon absehen, wie Gott diese wunderbare Botschaft *vorbereitet,* wie er sie *schützt* und wie er sie in seinen Weltenplan *einfügt.* Gott erschafft die Welt durch Jesus Christus im Heiligen Geist, aber dann zieht sich dieser Schöpfer-Geist nicht in die Untätigkeit oder in ein „ruhendes Sein" zurück. Der Schöpfer-Geist ist schon in jedem Menschen präsent, auch abgesehen von dessen geistlicher Wiedergeburt. Wichtig ist an dieser Stelle wieder, dass wir uns an Calvins Art zu denken erinnern: „Unterscheiden, aber nicht voneinander trennen". Er *unterscheidet* das Wirken des Geistes Gottes im menschlichen Geist und dessen Produkte – das ist seine „generelle" Wirkweise – von dem Wirken

*Eine Grund-
erkenntnis Calvins:
Der Geist Gottes
wirkt auch in der
Schöpfung.*

eben des gleichen Geistes im Glaubenden – das ist seine „spezielle" Wirkweise. Das Problem der heutigen weltweiten Theologie, aber auch der Gemeindefrömmigkeit ist, dass diese unterschiedlichen, aber doch zusammenhängenden Wirkweisen nicht mehr klar zum Ausdruck gebracht werden. Da wird vom Wirken des Schöpfergeistes in allen Religionen und Wissenschaften so geredet, dass man den Eindruck erhält: Da und dort *ist* Evangelium, wird *Heil gewirkt,* ist auch *Kirche* – was sollen da noch die überkommenen Konfessionen, und was soll da Mission? Diese Art von „Globalfrömmigkeit" ist in vielen Kreisen verbreitet. Aber auch das glatte Gegenteil ist verbreitet: Der Geist Gottes wirkt *nur* in der Kirche der Entschiedenen, alles andere ist dem Anti-Christlichen und dem diabolischen Geist ausgeliefert.

Calvin hat uns mit der Bibel einen Ausweg aus diesem Dilemma aufgezeigt. So muss man trotz der Erkenntnis der Allgemeinheit der Sünde auch positiv vom Menschengeist reden:

Jedoch sind die Mühen des Menschengeistes nicht immer so fruchtlos, dass gar nichts dabei herauskommt ... (Dabei) müssen wir also zweckmäßig einen Unterschied machen. Und dieser soll darin bestehen, dass wir uns klarmachen: die Erkenntnis der irdischen Dinge ist etwas anderes als die der himmlischen ... Unter himmlischen Dingen verstehe ich die reine Erkenntnis Gottes, den Weg zu der wahren Gerechtigkeit und die Geheimnisse des Himmelreichs. Zur ersten Gruppe gehören das weltliche Regiment, die Haushaltskunst, alles Handwerk und die freien Künste (Inst. II, 2.13).

Der Menschengeist ist zwar der Sünde völlig verfallen. Aber das bedeutet nicht, dass er trotz der damit einhergehenden Verblendung zu keiner Leistung von Wert fähig wäre. Und das bedeutet für den Christen: Er kann mit gutem Gewissen und mit Respekt die geistigen Leistungen in der Menschheitsgeschichte zur Kenntnis nehmen und an ihrem Zustandekommen mitwirken. In vielen Kreisen gibt es aber in diesem Punkt eine elementare Hemmung. Ich selbst habe in den Anfängen meiner Beschäftigung mit der Bibel und ihrer Auslegung folgendem radikalen Gedanken gehuldigt: *Wenn* ich von meinen theologischen Lehrern nicht einhundertprozentig weiß, dass sie in der neuen Geburt durch den Heiligen Geist leben, *dann* kann nichts, aber auch gar nichts, was sie etwa über Eigenarten der ursprünglichen biblischen Sprachen, über archäologische Erkenntnisse oder religionsgeschichtliche Parallelen zu biblischen Texten entdeckt haben, wahr sein. Die Folge: Ich war grundsätzlich isoliert in den Vorlesungen und Seminaren und dachte bei allen dortigen Darbietungen: „Alles gottlos!" Dass das Hochmut sein könnte, kam mir natürlich nicht in den Sinn – ich war ja im Herzen ein geradliniger Bekenner der biblischen Wahrheit. Logischerweise hätte ich befreundeten Studenten, die etwa Medizin oder Ingenieurwissenschaften studierten, auch vorhalten müssen: „Wenn eure Dozenten nicht wiedergeboren sind, dann glaubt ihnen grundsätzlich kein Wort!" Ich sprach das zwar nicht aus, dachte es aber in meinem Herzen. Erst als ich zum wiederholten Male Johannes Calvin studierte, dämmerte mir langsam, dass ich auf einem Holzweg war – ich lernte von ihm das *Geheimnis des Unterscheidens*. Indem ich das tat, ging mir ein weiteres Licht auf: Auch in der größten Irrlehre steckt zumindest eine *richtige Frage*, die ich auf jeden Fall sorgfältig zu hören hatte. Indem ich Frage und Antwort zu unterscheiden lernte, erfuhr ich eine weitere Dimension der Freiheit, die wir in Jesus Christus haben. Ich lernte die *richtige Beobachtung* von der *verwerflichen Ideologie* zu unterscheiden. Gottferne Menschen können manchmal die Wirklichkeit besser wahrnehmen als innerlich unfreie Christenmenschen!

Calvin will also in seinem reformatorischen Programm mit der Neuentdeckung der Bibel seinen Zeitgenossen den Weg zur ewigen Seligkeit zeigen und ihnen *zugleich ein zeitliches Leben in kultureller Vielfalt* ermöglichen. So ist der reformierte Protestantismus in weit höherem Maß, als dies dem lutherischen möglich war, zu einem respektablen Bildungs-, Kultur- und Wissenschaftsfaktor geworden, der auch die neuzeitliche Demokratiebewegung entscheidend vorgeprägt hat. Dass jegliches Profil auch seine krasse Entartung nach sich ziehen kann, ist eine bedauerliche Tatsache, aber das darf man der ursprünglichen Form nicht von vornherein anlasten. Calvin hat mit anderen Worten der *neuzeitlichen Freiheitsbewegung* entscheidend vorgearbeitet.

Calvin will seinen Zeitgenossen den Weg zur ewigen Seligkeit zeigen und ihnen zugleich ein Leben in kultureller Vielfalt ermöglichen.

Ist also Gott in seinem Geist in der *Schöpfung* wirksam, dann gibt es auch in den natürlichen Erkenntnismöglichkeiten des Menschen Elemente der Wahrheit – und das unter der Leiterkenntnis, dass Jesus Christus *die* einzige Wahrheit ist:

Sooft wir heidnische Schriftsteller lesen, leuchtet uns aus ihnen wunderbar das Licht der Wahrheit entgegen. Daran erkennen wir, dass der Menschengeist zwar aus seiner ursprünglichen Reinheit herausgefallen und verdorben, dass er aber doch auch jetzt noch mit hervorragenden Gottesgaben ausgerüstet und geschmückt ist. Bedenken wir nun, dass der Heilige Geist die einzige Quelle der Wahrheit ist, so werden wir die Wahrheit, wo sie uns auch entgegentritt, weder verwerfen noch verachten – sonst wären wir Verächter des Geistes Gottes! Denn man kann die Gaben des Geistes nicht geringschätzen, ohne den Geist selber zu verachten und zu schmähen! ... Aber wir wollen unterdessen doch nicht übersehen, dass diese Fähigkeiten herrlichste Gaben des Geistes Gottes sind, die er zum gemeinen Besten des Menschengeschlechts nach seinem Willen austeilt, an wen er will ... Da hat aber keiner Anlass zu fragen: Was haben denn die Gottlosen mit dem Heiligen Geiste zu schaffen, sind sie doch ganz und gar von Gott getrennt? Denn es heißt zwar, der Heilige Geist wohne nur in den Gläubigen (vgl. Röm 8,9), aber das muss auf den Geist der Heiligung bezogen werden, durch den wir selber zum Tempel geweiht werden. Aber darum erfüllt, bewegt und kräftigt Gott durch die Kraft desselben Geistes nicht weniger alle Dinge, und zwar entsprechend der Eigenart jedes einzelnen Wesens, wie er sie ihm durch das Gesetz der Schöpfung zugewiesen hat (Inst. II, 2.16).

Gottes Geist ist also an Gottes Vorsorge in dem Sinne beteiligt, dass er Menschen inspiriert, Vorgänge in der Schöpfung so zu bedenken, dass etwas Sinnvolles zur Lebensbewältigung daraus erwächst. Wer also den Schöpfer *verehrt,* muss auch dessen Geschöpfe *ehren.* Wer das nicht tut, lästert Gott, der uns doch versorgen will! Wir haben zudem hier einen von sehr vielen Belegen aus Calvins Werken, die pointiert *Gott in Jesus Christus als Geber von geistlichen Gaben* sehen. Hier sind es die Gaben, die die Providenz Gottes betreffen. An dieser Stelle macht Calvin jedoch Schluss. Die Zeit war noch nicht gekommen, wo er die Gaben des Geistes für den Gottesdienst und den Dienst der Christen in der Welt mit gleicher Intensität bedachte. Hier liegt generell das große Defizit bei allen Reformatoren.

d) Die Wahrnehmung der Schöpfung durch die Heilige Schrift und die geistliche Erfahrung

Wenn wir im Geist der Heiligung aus dem Wunder der Wiedergeburt leben, werden uns die Augen geöffnet. Der Gedanke der *Erleuchtung* ist für Calvin bezeichnend. Denn wenn der Geist der Wiedergeburt auch unseren menschlichen Geist erleuchtet, werden wir neben dem Wunder des Erlösungswerkes in Christus zugleich das Wunder der Schöpfung *erkennen.* Indem wir diese mit erneuerten Augen wahrnehmen, erkennen wir:

… (dass) also der ewige Geist stets in Gott gewesen ist; das kommt darin zum Vorschein, dass er den verworrenen Stoff des Himmels und der Erde pflegte, bis Schönheit hineinkam (Inst. I, 13.22).

Gottes Geist als der Schöpfer-Geist ist Gestalter und Former. Schönheit ist Herrlichkeit – die Verherrlichung Gottes als das Ziel der Heilsgeschichte wird Gott wieder in seiner vollen Schönheit offenbaren.

Calvin hat eine Abscheu gegenüber aller Gedankenakrobatik und aller Spekulation. Wir sollen niemals *hinter* die Dinge schauen wollen, sondern das von Gott Geschaffene *anbetend anschauen.* In sehr origineller Weise deutet er das Sechs-Tage-Werk, von dem die Bibel an ihrem Anfang berichtet. Denn Mose berichtet,

... dass Gottes Werk nicht in einem Augenblick, sondern in sechs Tagen vollendet sei. Denn auch dadurch werden wir von allen erdichteten Göttern weg zu dem einzigen Gott gewiesen, der in sechs Tagen sein Werk durchführte, damit es uns nicht beschwerlich falle, unser ganzes Leben lang dieses Werk zu betrachten. Gewiss, wohin auch unser Auge sich richtet, stets wird es genötigt, beim Anblick der Werke Gottes zu verweilen (Inst. I, 14.2).

Wie sollten niemals hinter die von Gott geschaffenen Dinge schauen wollen, sondern sie anbetend anschauen.

Calvin spekuliert nicht darüber, wie denn die für viele anstößige Rede von den sechs Tagen zu verstehen sei. Er sieht die sechs Tage vielmehr als Zeichen für den von Gott gewährten Raum zur Wahrnehmung seiner Werke. Im Verlauf der sechs Werktage unter der Führung des siebenten Tages werden wir der Schönheit der Werke Gottes inne. Betrachtung braucht Raum und Zeit. Es geht nicht um eine rationale Erklärung der Schöpfung. Es geht ihm um ihre anbetende Wahrnehmung.

Anbetende Wahrnehmung der Werke Gottes führt uns zur *Erfahrung der Wirklichkeit Gottes*. Sehr wichtig ist nun, wie *Heilige Schrift und geistliche Erfahrung zusammengehen*, ohne dass in schematisierender Weise von einer „doppelten Quelle" unserer Erkenntnis die Rede wäre. Die Heilige Schrift *lenkt* unsere Erfahrung auf die Wahrheit. So heißt es in einem ersten Satz: „Ohne alle Dunkelheit ist das Zeugnis des Mose in der Schöpfungsgeschichte ...". Wir brauchen das Licht der Schrift, damit Gottes Offenbarung „nicht durch Vergessenheit entstellt, im Irrtum der Eitelkeit preisgegeben oder durch menschliche Vermessenheit verdorben würde" (Inst. I, 6.3). Das ist der unumstößliche Ausgangspunkt. Dann heißt es:

Aber der beste Beweis (für die Wahrheit der Heiligen Schrift) kommt doch, wie ich bereits sagte, aus vertrauter Erfahrung (lat. ex familiari usu). Denn hoch über alle Kreatur ist erhaben, was ihm die Schrift beilegt und was wir selbst in sicherer Erfahrung der Frömmigkeit (lat. certa pietatis experientia) lernen (Inst. I, 13.14).

Warum legt Calvin solchen Wert darauf, dass wir Gottes Schöpferherrlichkeit erkennen und in uns erfahren? Er will auf etwas Bestimmtes hinaus. Zum einen, dass wir unentschuldbar sind, wenn wir trotzdem dem Götzendienst verfallen, zum anderen aber, dass *in jedem Menschen eine Gottessehnsucht vorhanden ist,* die man niemals ableugnen kann. Anders gesagt: In der Erfahrung der Schöpferherrlichkeit Gottes liegt die *Erfahrung des Hingeordnetseins des Menschen auf Gott:*

(Gott) hat sich derart im ganzen Bau der Welt offenbart und tut es noch heute, dass die Menschen ihre Augen nicht aufmachen können, ohne ihn notwendig zu erblicken (Inst. I, 5.1).

Kein Mensch kommt also an dem unsichtbaren Gott vorbei. Selbst wenn er ihn beharrlich leugnet, zeigt dieses beharrliche Leugnen doch nur, wie sehr die Wirklichkeit Gottes ihn umgibt, ja, umdrängt. Damit ist für Calvin eine Wesensbestimmung des Menschen gegeben, die ihm viel Missverstehen und Ablehnung eingetragen hat, denn wir sollen „den Geist emporrichten, um (Gottes) Herrlichkeit zu schauen". Kurz: *Der Mensch ist durch und durch ein geistiges Wesen.* Diesem Lehrstück wollen wir uns jetzt zuwenden:

e) Die Ganzheit des Menschseins unter Führung seines Geistes
Hier liegt ein weiterer Schwerpunkt der Glaubenserkenntnis Calvins. Ein richtiges Wahrnehmen seines der Bibel entnommenen Menschenbildes hat Folgen für das Verständnis von Erlösung, vor allem vom Weg der Heiligung, aber auch für seine Lehre über die Vollendung (Eschatologie), schließlich hat auch seine Deutung des Herrenmahls hier einen wichtigen Haftpunkt.

Heute wird der Leiblichkeit des Menschseins gehuldigt, und man glaubt, die Leibfeindlichkeit, die die Kirche vergangener Zeiten zur Aufrechterhaltung ihrer tyrannischen Herrschaft fälschlicherweise aus der Bibel herausdestilliert habe, überwunden zu haben. In der Tat kann man zur Hochschätzung des Leiblichen eine Menge biblischer Belege heranziehen: Das alttestamentliche „Schalom", das auch mit „Wohl" wiedergegeben werden kann, ist nicht auf die Rettung für die Ewigkeit einzuschränken. Jesu Speisungswunder bezeugen tatsächlich auch die Sorge um den Leib, und der Apostel Paulus redet ausdrücklich von unserem *Leib* als dem Tempel des Heiligen Geistes. Die unendliche Mühe, die er sich mit der Kollekte für Jerusalem gibt, zeigt auch in eine „leibhaftige" Richtung. Schon in der Schöpfungsgeschichte ist das Wort für Seele, die „nephesh", mehr als die Seele der Philosophen, sondern weist auf den hör- und spürbaren Atemvorgang („Gurgel") hin.

Es gibt Auslegungen, die eindeutig vom Interesse der Ausleger gesteuert werden: so der triumphierende Hinweis, dass die Schöpfungsgeschichte von Mann und Frau in 1Mo 2 keineswegs schon das Kind im Blick habe, sondern die leiblich-geschlechtliche Gemeinschaft von Mann und Frau als solche. Vollends fassungslos steht der Bibelleser vor der These, dass Paulus mit seiner Ablehnung der Unzucht und der Homosexualität nur das Ausbeuterische bei diesen Vorgängen verurteilt habe und nicht den Vorgang für sich gesehen. Ist dies „Bejahung der Leiblichkeit" im Namen des

Der Leib des Menschen ist als besonders gelungenes Schöpfungswerk zu ehren.

Evangeliums? Wie immer, so ist auch hier ein mehr oder weniger großes Wahrheitsmoment zu registrieren. In der Tat ist es so, dass Gott als Schöpfer nur verehrt werden kann, wenn *der Leib als besonders gelungenes Schöpfungswerk geehrt wird.* Die Frage ist allerdings, *wie* denn der Leib des Menschen in richtiger, das heißt in biblischer Weise geehrt wird.

Gott hat den Menschen ursprünglich gut und vollkommen geschaffen. Es ist bezeichnend, dass viele moderne Ausleger des Alten Testaments sich weigern, von einem solchen „Urstand" zu reden, weil sie ihn angeblich nicht in den Texten der Bibel fänden. Ebenso fällt das, was man in der reformatorischen Theologie den „Sündenfall" nannte, bei vielen modernen Auslegern aus. Die Bibel wird auch hier „gegen den Strich" gelesen. Calvin jedoch hängt das Menschsein hoch – und sieht zugleich die Bremsen, die der Schöpfer von vornherein dem Menschen gegeben hat, damit er sich nicht selbst überhebt:

… der Mensch ist aus Erde und Lehm genommen, und damit ist seinem Stolz ein Zügel angelegt … (Inst. I, 15.1).

Dieser Satz ist das Gegenüber zu dem folgenden:

Weiterhin muss außer allem Streite stehen, dass der Mensch aus Seele und Leib besteht. Dabei verstehe ich unter „Seele" ein unsterbliches, wenn auch geschaffenes Wesen, das des Menschen edlerer Teil ist. Oft wird sie auch „Geist" genannt, und obwohl diese Namen, wenn sie nebeneinanderstehen, von verschiedener Bedeutung sind, so bedeutet doch „Geist", wenn das Wort allein auftritt, dasselbe wie „Seele" (Inst. I, 15.2).

Die „Ganzheit" Mensch ist nach Calvin also etwas „Zusammengesetztes". Was von Gott zusammengesetzt worden ist, sollen wir nicht scheiden, wohl aber unterscheiden! Wenn das Wesen des Menschseins nur unter einem Prinzip geschehen wird, landen wir buchstäblich im Unmenschlichen. Immer wieder hat es Versuche gegeben, den Menschen nur unter *einem* Aspekt zu sehen. Aber es gibt auch das Umgekehrte – und nicht zuletzt in manchen frommen Kreisen: Der Mensch wird im Wesentlichen als geistig/geistliches Wesen gesehen. Dass er einen Leib hat, erscheint hier irgendwie als peinlich und muss soweit wie möglich eingedämmt werden. Hier muss man dann in der Tat die „Leibfeindlichkeit" beim Namen nennen, die viele Generationen von Christen geprägt hat. Die Folge: *Wo der Leib missachtet wird, ist der Geist nicht frei.*

Wo der Leib missachtet wird, ist der Geist nicht frei.

Natürlich stört uns, dass Calvin die Seele ein „unsterbliches Wesen" nennt, und die Kundigen tippen sofort auf den griechischen Philosophen Platon als dem Herkunftsort dieser Idee. Hat doch Calvin gesagt, dass auch die Heiden bei aller Verdunkelung ihrer Sinne richtige Erkenntnisse hatten. Sollte er also hier vollständig dem Philosophen auf den Leim gegangen sein? Doch wir müssen genau hinsehen: Calvin fügt hinzu: „... wenn auch geschaffenes Wesen ..." (bezogen auf die Geist-Seele), und das unterscheidet sich elementar von Platon. Denn dieser sieht die Seele als etwas an, was aus dem Ewigen kam und nach dem Tod des Leibes wieder dorthin zurückkehrt. Die Seele ist nach Platon so etwas wie ein unverwundbares Einsprengsel des Unsichtbaren, führt ein Dasein in der Fremde, wenn sie in den Leib des Menschen eingeht, kann aber niemals selbst beschmutzt werden von Sünde und Vergänglichkeit, denn sie ist etwas Göttliches, und das Göttliche kann nicht sterben. Calvin hingegen sieht die Seele unter dem Aspekt des Geschaffenseins. Damit ist sie nicht ein göttliches Einsprengsel, sondern Geschöpf und bleibt damit immer vom Schöpfer abhängig. Die menschliche Seele ist in dem Sinne nicht ewig, dass sie keinen Anfang hätte, wie Platon meinte. Aber sie ist sozusagen „nach vorne hin unsterblich".

Was heißt das? Calvin will damit sagen: Der Mensch in seiner unverwechselbaren Identität („Seele") ist *gerichtsfähig und gerichtsbestimmt:* Er wird sich auch nach der Auflösung seines Leibes vor Gott als dem Richter verantworten müssen:

Denn das Gewissen, das in seiner Unterscheidung zwischen Gut und Böse dem Gericht Gottes entspricht, ist ein unbezweifelbares Zeichen für die Unsterblichkeit des Menschengeistes (lat. immortalitatis spiritus). Wie sollte auch eine bloße Regung ohne jedes eigene Wesen vor Gottes Richterstuhl dringen und aus der Gewissheit der Verschuldung in Schrecken geraten? (Inst. I, 15.2)

Seele und Geist sind benachbart. Darum sprechen wir sinnvollerweise von der „Geistseele". Sie, die nur in und mit einem Leib sein kann, ist die *Führerin* des Menschen. Der uns Heutigen seltsame oder gar anstößige Begriff von der Geistseele als dem „edleren" Teil will eben dies sagen: Die Würde des Menschen liegt darin, dass er sich vor Gott, seinem Richter, verantworten darf und es auch muss und, sofern er an den Mittler Jesus Christus glaubt, von diesem ein einzigartig qualifiziertes Leben erhält. Das „Gewissen" als „Mit-Wissen" mit dem zum Richten bereiten Gott stellt den Menschen jetzt schon vor Gottes Thron. Dort empfängt er den Richterspruch: entweder als *Freispruch* aufgrund des Glaubens an Christus oder als *Verurteilung* im Falle seines beharrlichen Unglaubens. Da sich vor dem Richterstuhl Gottes entscheidet, ob wir das ewige Leben geschenkt bekommen oder den ewigen Tod erleiden müssen, kann man unter diesem Gesichtspunkt wie Calvin davon reden, dass unsere Geistseele unsterblich ist.

Wenn wir die Geistseele als „Führerin des Leibes" bezeichnen, so meint dies Folgendes: Der „ganze Mensch" braucht eine *Richtung*, in der er sich bewegen muss. Sein leibliches Leben braucht *Maßstäbe*, die ihn ständig korrigieren können, damit er Ziel und Richtung nicht aus dem Auge verliert. Während der Genussmensch seine Körperlichkeit als die – durch die moderne Medizin unbedingt zu erhaltene – Genussfähigkeit bis zum Letzten versteht, sieht die Ganzheit des Menschen unter der Leitung des Geistes anders aus: *Im Gehorsam des Glaubens aufgrund der Wiedergeburt aus dem Geist Gottes leben wir in der Ganzheitlichkeit unseres Menschseins.* Weil Calvin unterwegs zum gehorsamen Leben aus der Wiedergeburt ist, redet er so intensiv vom Geist des Menschen:

Ja, schon die Erkenntnis Gottes beweist zur Genüge, dass ein Geist, der sich über die Welt erhebt, unsterblich ist, weil zur Quelle des Lebens keine wesenlose Kraft vordringen könnte ... Denn das Empfinden, das in den vernunftlosen Tieren wohnt, geht nicht über den Körper hinaus und erstreckt sich wenigstens nicht weiter als bis auf die ihm unmittelbar sich darbietenden Gegenstände. Der Menschengeist aber durchforscht in seiner Beweglichkeit Himmel und Erde und die Geheimnisse der Natur; und wenn er alle Jahrhunderte mit Verstand und Gedächtnis (lat. intellectu et memoria) erfasst hat, ordnet er alles ein, schließt aus dem Vergangenen das Zukünftige – und beweist eben dadurch, dass im Menschen etwas verborgen liegt, was vom Leibe verschieden ist (Inst. I, 15.2).

Erst der Menschengeist, der sich über die Welt erhebt (ein Zentralgedanke Calvins), ist in der Lage, die Dinge dieser Welt wahrzunehmen und zu erforschen. Wir machen hier eine wichtige Entdeckung, die für die Bestimmung des reformatorischen Menschenbildes von grundlegender Bedeutung ist: Weil das Menschsein durch dessen Geistigkeit bestimmt ist, kann der reformatorische Mensch das Leben gestalten und auch bewältigen, soweit es ihm von Gott ermöglicht wird.

Der Mensch wird ein ganzer, wenn ihn der Geist führt, den Gott ihm in seiner ursprünglichen Schöpfung gegeben hat. Aber das ist noch nicht alles. Die geistige Würde des von Gott geschaffenen Menschen liegt darin, dass er *vermittels seines Geistes fähig ist zur Gottesebenbildlichkeit:*

Ein zuverlässiger Beweis für diese Wahrheit liegt auch darin, dass es heißt, er sei nach dem Ebenbilde Gottes geschaffen. Nun strahlt gewiss auch am äußeren Menschen Gottes Herrlichkeit hervor; aber der eigentliche Sitz jenes Ebenbildes liegt doch zweifellos in der Seele ... das Bild Gottes, das an solch äußeren Merkmalen hervorschimmert, ist geistlich (lat. spiritualis) (Inst. I, 15.3).

Der Geist des Menschen macht den Menschen *kommunikationsfähig für Gott.* Gottesebenbildlichkeit des Menschen ist keine ruhende Eigenschaft, sondern bezeichnet die Zutrittsberechtigung des Geschöpfes zum Schöpfer. Hier ist alles in Bewegung, hier liegt auch die Begründung, warum unser Gebet sinnvoll und darum geboten ist. Weil die ursprüngliche Gottesebenbildlichkeit verloren gegangen ist durch den Sündenfall, schenkt uns *Jesus Christus als das wahre Ebenbild Gottes* das Ursprüngliche zurück, ja, überbietet es sogar. Durch die Erlösungstat Jesu Christi wird die Erneuerung möglich: Mit dem Apostel Paulus nennt Calvin Jesus Christus den „zweiten Adam". Wenn wir die Wiedergeburt aus dem Glauben empfangen durch das Wirken des Heiligen Geistes, wird das von der Sünde zerfressene Ebenbild Gottes in uns wiederhergestellt:

Jesus Christus als das wahre Ebenbild Gottes schenkt uns das Ursprüngliche zurück und überbietet es sogar.

Freilich stellt Paulus den lebendigmachenden Geist, den Christus den Gläubigen zuteil werden lässt, der „lebendigen Seele" gegenüber, zu welcher Adam geschaffen wurde. Er zeigt damit, dass in der Wiedergeburt ein reicheres Maß der Gnade liegt; aber er hebt damit doch nicht den zweiten Hauptpunkt auf, nämlich dass der Zweck der Wiedergeburt darin besteht, dass uns Christus zum Ebenbild Gottes erneure (Inst. I, 15.4).

Man kann also die Erschaffung des ursprünglichen Menschen nicht recht bedenken ohne die Neuerschaffung des geistlichen Menschen. Das wahre Menschenbild zeigt sich erst durch das Leben im Heiligen Geist, weil die Wiedergeburt zwar ein einmaliges Ereignis ist, aber zugleich einen lebenslangen Prozess der Heiligung in Gang setzt. Erst am Ende der Tage bei der Vollendung der Welt wird der neue Mensch in Vollkommenheit offenbar werden. Wir sehen erneut, wie Calvins Denken voll und ganz auf das Ende ausgerichtet ist.

Von diesem Bedenken des Endes fällt auch ein Licht auf die Bewertung des Leibes durch Calvin. Von der Bewertung des Jüngsten Gerichtes her bekommt der Leib des Menschen eine tiefe Würde. So schreibt er in einem Brief an Lelio Sozzini, später bekannt geworden durch seine „unitarische Trinitätslehre" („Sozzianer"):

Dass dir nun die Auferstehung des Fleisches unglaublich scheint, ist nicht zu verwundern. Dass du aber aus diesem Grunde annimmst, es genüge, wenn du glaubst, dass wir einmal mit neuen Leibern angetan würden, ist nicht der Schrift gemäß

... Christus wird unsern nichtigen Leib verklären, dass er ähnlich werde seinem verklärten Leibe (Phil 3,21). Unserm jetzt der Verwesung unterworfenen Leib wird hier ausdrücklich Unsterblichkeit verheißen ... Die Taufe heiligt nicht die Seele allein, sondern auch das Fleisch. Die Teilnahme am Abendmahl lädt uns ein zur Hoffnung ewigen Lebens und vermittelt dieses auch den Sinnen unseres Leibes ... Dazu kommt, dass Christus, in dem wir nicht nur ein lebendiges Bild, sondern auch ein Pfand unserer zukünftigen Auferstehung haben, den Leib (nach seiner Auferstehung und Himmelfahrt) wieder annahm, den er abgelegt hatte ... Wäre die Erschaffung eines neuen Leibes zu erwarten, nicht die Wiederherstellung dessen, den wir jetzt bewohnen, so wünschte Paulus umsonst: Euer Geist ganz samt der Seele und Leib müsse behalten werden unsträflich auf die Zukunft unseres Herrn (1Thess 5,23) (Br. 268).

Calvin sieht natürlich, dass der Leib der Auferstehung ein *geistlicher Leib* ist, aber eben doch *Leib*. Und der kann kein anderer sein als der, der jeweils *mir* gehört. Wenn auch der irdische Leib vergeht, so muss er doch *für die Heiligung bewahrt* bleiben. Und das alles, damit am Tag des Gerichtes Jesu Christi uns *Lohn* geschenkt wird. Um der Hoffnung auf die kommende Auferstehung des Leibes willen muss und darf der Mensch schon auf dieser Welt *ganz* sein – wenn auch nicht in Wohlstand oder glanzvoller Gesundheit.

Das ist im Wesentlichen Calvins Lehre, die ihm aus dem Studium der Heiligen Schrift und dem betenden Nachdenken erwachsen war – mit Ausnahme der *Lehre von der Kirche,* die ich erst nach seiner Rückkehr aus Straßburg darstellen möchte, weil die dort erlebte Praxis ganz entscheidend seine Lehre von der Kirche prägte. Darum wollen wir uns jetzt diesem seinem erzwungenen Aufenthalt dort zuwenden.

IV. Lehrjahre in Strassburg – Gemeindeaufbau praktisch (1538–1541)

A. Vergebliche Rückkehrversuche

Johannes Calvin war ein Mann von Klarheit und Hartnäckigkeit. Als ein solcher war er uns schon einige Male begegnet. Alle Aufträge, die ihm von Gott aufgetragen wurden, werden von ihm mit Zielstrebigkeit verfolgt, denn die Ehre Gottes stünde auf dem Spiel, wenn er hier wankend würde. Die Berufung, die ihm seinerzeit durch Guillaume Farel im Namen des dreieinigen Gottes übermittelt worden war, wurde vom Rat der Stadt Genf gebilligt. Seine bisherigen Jahre in dieser Stadt waren also auf dem Fundament einer soliden Vereinbarung zustande gekommen – sollte seine überstürzte Abreise aus Genf etwa unter dem Vorzeichen einer Änderung im Plan Gottes begründet sein? War nunmehr allein die stumme Beugung unter den unausforschlichen Willen Gottes angezeigt? Wer so etwas vermuten würde, wäre bei Calvin völlig auf dem Holzweg. Denn die Umstände, die zur Ausweisung Calvins und seiner Kollegen geführt hatten, waren alles andere als rechtens und beruhten nicht auf der von beiden Seiten einmal akzeptierten Absprache – Calvin wehrt sich leidenschaftlich.

Er tut dies, indem er befreundete Städte und deren Prediger um Hilfe und Vermittlung angeht. Calvin bemüht sich auf diesem Weg um Klarstellung; denn es darf nicht sein, dass ein Prediger des Evangeliums mit einem Brandmal lebt, auf dem zu lesen ist: Dieser Mann hat sich etwas zuschulden kommen lassen! Er kann auch nicht einfach das Bibelwort anwenden, dass wir unsere Feinde lieben und immer vergeben sollen, wenn jemand an uns sündigt. Nein, es kommt darauf an, dass Evangelium und Recht beieinander bleiben. So stellt Calvin zunächst in einem Brief an den Berner Rat klar:

Was uns betrifft, so hat man uns zwar nicht gesagt, warum wir aus der Stadt vertrieben wurden, doch hören wir, dass zwei Gründe vorgeschoben werden, nämlich, dass wir uns gegen ihr Gebot aufgelehnt hätten, und dass wir uns geweigert hätten, in der Zeremonienfrage mit den gnädigen Herrn aus Bern uns zu einigen. Beide sind falsch (Br. 18).

Bei der Frage, ob Oblaten oder Brot beim Abendmahl zu reichen sind, gibt es keine Schwierigkeiten, sagt Calvin, diese Dinge könne man getrost „der kirchlichen Freiheit überlassen". Zur Weigerung, an Ostern das Mahl des Herrn zu feiern, führt er als Begründung aus:

… dass wir das heilige Sakrament entweiht hätten, wenn das Volk nicht würdiger dazu sei. Wir wiesen hin auf die Unordnungen und Sünden, die in der Stadt herrschen, in freventlichen Lästerungen und Spottreden gegen Gott und sein Evangelium, wie auch Unruhen, Parteien und Spaltungen (ebd.).

Wie an anderer Stelle ausgeführt wurde, geht es bei der Würdigkeit für die Mahlfeier um *offensichtliche Gemeinschaftsverfehlungen* und nicht um ein Aufspüren von diesen und jenen verborgenen Verfehlungen. Wenn der in Zürich gerade versammelte Predigerkonvent einen Kontakt nach Genf herstellen könnte, müssten Calvin und Farel aber folgende Bedingungen stellen dürfen: Eine Möglichkeit müsse den Predigern eingeräumt werden, zu den Verleumdungen öffentlich Stellung zu nehmen und damit eine öffentliche Klage über die „unerträgliche Rohheit und Unmenschlichkeit", die den Predigern in Genf widerfuhr, ferner das Versprechen des Rates, die Kirchenzucht konsequent durchzuführen, wobei das Abendmahl, wie schon dem Rat vorgestellt, „wenn nicht nach der Gewohnheit der alten Kirche (sonntäglich), so doch jeden Monat einmal" gefeiert werden sollte. Dass in der reformierten Kirche das Mahl des Herrn keine große Rolle spiele, wie immer wieder behauptet wird, stimmt also nicht. Schließlich sollte der Psalmengesang zur Predigt „angeordnet" werden, wohingegen „bei den leichtfertigen und unzüchtigen Liedern und den Tänzen" Strenge walten solle (Br. 19).

Eine Delegation macht sich nach Genf auf, begleitet durch Personen aus den anderen Kantonen. Calvin weiß sich ganz in der Obhut und Führung seines Gottes, wie er an Heinrich Bullinger, den Nachfolger Zwinglis in Zürich, schreibt:

Jetzt treten wir also die Reise an, die Christus segnen möge. Denn wie wir auf ihn beim Handeln schauen, so überlassen wir seiner Vorsehung den Erfolg (Br. 20).

Der Mensch muss und darf sich mühen, aber der Erfolg einer Sache liegt nicht in seiner Hand. Als die Delegation sich Genf nähert und der Rat der Stadt davon Kunde erhält, geschieht Folgendes:

Wir waren nur noch eine Meile von der Stadt entfernt, als uns ein Bote entgegenkam und uns den Eintritt verbot. Obwohl dieses wider Recht und Staatsbrauch ging, gehorchten wir doch dem Rat der Gesandten; sonst wären wir sicher weitergereist, wenn uns diese nicht standhaft widerstrebt hätten. Doch war eben dadurch am besten für unser Leben gesorgt. Denn es ergab sich nachher, dass nicht weit von den Mauern ein Hinterhalt stand … (Br. 22).

Calvin wäre möglicherweise nicht mehr lebend aus der Stadt herausgekommen. So gebraucht Gott in seiner wunderbaren Vorsehung Menschen dazu, seinen Plan anders zu wenden, als der Einzelne es sich vorgenommen hat. Es ist anzunehmen, dass der Rat sich vor Calvins Argumentationsschärfe fürchtete. Calvin seinerseits ist jedoch nicht gewillt nachzugeben. Das Evangelium von der Gnade und der Liebe Gottes

„Den Staub aus dem Mantel schütteln und weiterziehen"

kann, so Calvin, nur zusammen mit einer dieser Botschaft entsprechenden Lebensform weiter vorangebracht werden. Darum muss er nach biblischem Vorbild den Staub aus seinem Mantel schütteln und weiterziehen, weil die Stadt Genf die Botschaft des Evangeliums und die Erneuerung des ganzen Lebens verweigert.

Aber wohin? Was wird sein Weg sein? In welcher seelischen Verfassung befindet er sich jetzt? Calvin denkt nach über sich selbst. Kontakte mit Straßburg sind geknüpft. Aber es gibt noch anderes, was ihm in dieser Zeit durch Kopf und Herz geht. An seinen Mitstreiter Farel schreibt er Anfang August 1538:

Wir aber, da wir wohl einsehen, dass sie nicht ohne Zulassung so schmähen, sind nicht im Zweifel darüber, wohin der Wille des Herrn damit zielt. Wir wollen uns also demütigen lassen, damit wir nicht Gott, der unsere Demütigung will, widerstreben (Br. 24).

Das ist das „Sterben mit Christus", von dem er in seinen Werken schreibt; das ist zugleich die „Selbstverleugnung", die Gott um Christi willen seinen Leuten verordnet, damit sie die guten und wohlgefälligen Gotteswerke tun können. Was Calvin der Christenheit schreibt, das durchlebt er selbst. Selbstverleugnung ist Gedemütigtwerden durch Gottes heiligen Willen und seine Vorsehung. Sie ist keine Selbstquälerei, sie ist die Annahme der Dinge, die Gott durch eine schwere Lebensführung seinen Leuten zuteilwerden lässt. Doch es gibt in diesem sehr persönlichen Brief an seinen Freund und Bruder noch einen anderen Ton:

Seit deiner Abreise habe ich ernstlich darüber nachgedacht, ob es etwa gut wäre, rasch weggerufen zu werden. Denn ich kann nicht sagen, wie mich die Furcht quält, die Leute, die nach ihrer Art uns fürchten müssen, weil sie ein schlechtes Gewissen haben, möchten glauben, wir hätten nun absichtlich einen passenden Platz besetzt, um uns für das uns widerfahrene Unrecht zu rächen, und möchten sich deshalb zu neuen Kämpfen rüsten und nicht ruhen, bis sie eine neue Unruhe zu unserem Sturz erregt haben. Bin ich aber weg, so kann ein solcher Verdacht nicht so leicht aufkommen … (ebd.).

Wir kennen Calvins Sehnsucht „nach oben" schon einigermaßen. Es ist die Müdigkeit, die der mühsame und vergebliche Streit um die Wahrheit des Evangeliums auslöst. In allem Gedemütigtwerden kriecht Calvin aber nicht am Boden. Er weiß, dass er für die Feinde des Evangeliums ein gefährlicher Mann ist, der das, was er angefangen hat, nicht aufgibt. Also, schließt er nicht ohne Grund, sinnen seine Feinde, wie sie ihn vollends zu Grunde richten können. Sie haben schon Recht: Er wird keine Ruhe geben.

„Berufungs-Traurig-keit": Der Streit nimmt kein Ende.

Also wird auch ein neuer Zufluchtsort nur ein Vorbereitungsraum für eine neue, nun vielleicht auch noch kräftigere Tat sein. Und darum werden sie ihn verfolgen, wohin er sich auch begibt. „Nimm mich zu dir, Gott, dorthin, wohin ich eigentlich gehöre!" – Dieser Ruf entringt sich seinem Herzen. Das ist nicht eine übliche Depression. Das ist eine „Berufungs-Traurigkeit", die weiß: Der Streit nimmt kein Ende. Und Streit ist niemals gut. Darum kommt in Calvin der Gedanke auf: „Gott, nimm mich weg, nimm mich zu dir!"

Doch Calvin weiß, dass er auf Erden noch weitere Frucht für seinen Herrn bringen muss. Er kann sich vor seinen Feinden nicht gänzlich schützen, aber es hat eine Möglichkeit gegeben, dass die, die ihm vertrauen, für ihn ihre Hand ins Feuer legten. Warum? Damit die Anschuldigungen entkräftet werden, die die Genfer unter Missachtung des

Gebotes: „Du sollst nicht falsches Zeugnis ablegen ..." nunmehr in alle Welt streuen werden. Davon berichtet er in einem Brief an einen früheren Freund, der leider wieder zum Katholizismus zurückgekehrt ist, aber davon redet er in dem Brief nicht. Er spricht von einer geplanten Predigerversammlung aus verschiedenen Schweizer Städten sowie aus der Reichsstadt Straßburg, die sich zu seinen Gunsten einsetzen will,

... um nach genauer Prüfung die Erklärung abzugeben, ob wir unser Amt treu und pflichtgemäß verwaltet hätten, damit dieses Zeugnis wie ein gesetzmäßiges Urteil dazu diene, den Bösen das Maul zu stopfen, und zur Beschämung der Leute, die eine solche Tat zu unternehmen wagten. Mit demselben Mittel hoffen sie auch, die Spaltungen zu verhindern, die entstehen könnten und schon begonnen haben. Wie ich die Sache ansehe, so kommt's mir vor, die Schwierigkeit sei zu groß für menschliche Hilfe. Doch kann ich nichts anderes tun, als den Ausgang dem großen Arzt anheim zu stellen, der allein hier vorsorgen und Heilung schaffen kann ... Ich werde mich nach Basel zurückziehen und abwarten, was der Herr mit mir vorhat (ebd.).

Calvin ist sich seinerseits keiner Schuld bewusst. Von der Notwendigkeit der ständigen Vergebung der Sünde auf dem Weg der Heiligung zu reden, meint nicht, in einem Konfliktfall, wo es um die verweigerte Annahme des Evangeliums geht, so lange in sich zu bohren, bis man auch hier Sünde gefunden hat. Nicht Menschen schaffen mit ihrer Anklage das Aufdecken von Sünde und Schuld, sondern allein der Geist des Herrn. Sein Scheitern in Genf hat Calvin lange beschäftigt. Gibt es denn wirklich auf seiner Seite kein Versagen? War es nur die andere Seite, die sich falsch verhalten hat? Anfang September 1538, jetzt schon in Straßburg, schreibt er an Farel,

... so ist es trotzdem unsere Pflicht, unsere Reinheit und Unschuld geltend zu machen gegenüber denen, durch deren Betrug und Bosheit, Unredlichkeit und Schändlichkeit ein Zusammenbruch dieser Art erfolge. Gern werde ich's also vor Gott und allen Frommen bekennen, dass unsere Unerfahrenheit und Sorglosigkeit es verdiente, so hart gestraft zu werden; dass aber durch unsere Schuld die arme Kirche so zusammenbrach, das werde ich nie zugeben. Ganz anders freilich ist unser Schuldbewusstsein vor Gottes Angesicht, aber kein Mensch kann uns nur ein Teilchen Schuld zurechnen (Br. 26).

Was er mit Unerfahrenheit und Sorglosigkeit eigentlich meint, kann man nur aus den geschichtlichen Zusammenhängen erschließen. Es könnte gemeint sein, dass Calvin dem Rat von Genf zu viel Einsicht zutraute. Was Reformation eigentlich bedeutete, konnte dieser nicht erfassen. Wie die Prediger mit dem Stadtrat umgingen, um diesem einerseits das Eigentliche des Evangeliums in Offenheit mitzuteilen, ihn aber auch in die Belange der Kirche ständig hineinzuziehen – das zeuge von Unerfahrenheit, meint Calvin. Aber wie er es hätte besser machen können, weiß er auch nicht. Dass er den Rat der Stadt mit seinem Reformationsprogramm gänzlich überfordert hatte, kam ihm nicht in den Sinn, ebenfalls nicht, dass man Christengemeinde und Bürgergemeinde nicht derart ineinander mengen kann – wir stehen vor einer Grenze Calvins!

Calvin spricht hier offen von Strafe im Sinne der Züchtigung durch Gott. Hier hat seine Lehre vom Kreuztragen auf dem Weg der Heiligung eine Verankerung. Auch wenn man sich keiner Schuld vor Gott bewusst ist, so bleibt doch das Bewusstsein von Schuld vor Gott im Gewissen. Keinesfalls ist hier das „schlechte Gewissen" gemeint, mit dem sich viele Christen selbst quälen. Es geht um das, was der Apostel Paulus sagt, der von Christus rühmt, dass er die Sünder selig mache, „unter denen ich der Vornehmste *bin*". Wir sehen, wie Calvins Theologie auch durch geistliche Prozesse, die in ihm ablaufen, geformt wird.

So kämpft Calvin nicht um seine eigene Reputation, sondern darum, dass seine Berufung weiter in den Bahnen des Willens Gottes verlaufen kann. Dabei ist es gut, dass andere diesen Kampf übernehmen. Hier zeigt sich die tiefe Bruderschaft, in der die Prediger miteinander verbunden sind. Wir sollen zwar nicht das „Zeugnis von Menschen" zu unserem persönlichen Wohlergehen anstreben, wohl aber darum ringen, dass an unserer Person nicht Menschen irre werden: Sollte das positive Zeugnis der anderen Brüder nicht über ihm ausgesprochen werden, würde dem Parteigeist Tür und Tor geöffnet werden. Denn in diesem Fall wären die einen für ihn und die anderen gegen ihn, und die Diskussion darüber würde die Gemeinden ständig beschäftigen. Das einmütige Zeugnis für ihn hat eine große Autorität, die Gemüter zu beruhigen. Dennoch sieht Calvin noch nicht einen neuen Weg für sich. Türen müssen aufgetan werden, solange heißt es: im Glauben und im Beten warten und wachen. Es könnte wohl Straßburg sein, aber dazu bedarf es eines klaren Rufes.

Und ein solcher erging dann Anfang September 1538 durch Martin Bucer, dem entscheidenden Mann in der evangelisch gewordenen Stadt

Straßburg. Vieles erinnert an die rabiate Berufung einige Jahre zuvor durch Farel in Genf. Als Bucer in einem Brief Calvins Leben mit dem des Propheten Jona vergleicht und andeutet, dass Gott auch für ihn, Calvin, einen entsprechenden Fisch schaffen könne, um ihn auf diese rabiate Weise endgültig in seinen ihm zugedachten Auftrag zu bringen, erschrickt dieser und nimmt die Berufung an. Man kann nicht sagen, das sei eben Calvins Charakter gewesen: nicht zugleich fröhlich zuzugreifen, sondern erst genötigt zu werden. Er wollte den Willen Gottes tun, den wir *freiwillig* tun müssen, lehrte er. Aber eine solche Freiwilligkeit kommt nicht zustande, wenn man unbekümmert jede sich bietende Gelegenheit zu erhaschen sucht. Unser Wille muss zu einem solchen erst *befreit* werden, und das geschieht nicht immer auf leichten Wegen. Entsprechend hatte er Anfang August 1538 an Farel geschrieben, dass er sich erst einmal nach Basel zurückziehen und dort auch bleiben werde, „wenn mich nicht eine stärkere Notwendigkeit zwingt". Ja, *Calvin wollte ein Bezwungener sein!* Wie der Prophet Jeremia (Jer. 20,7f.) wollte Calvin von Gott selbst – durch den Ruf der Brüder – bezwungen sein, um ihn dann mit ganzer Leidenschaft, ganz wie Jeremia, zu lieben (Br. 24). So wird also Johannes Calvin von Martin Bucer gebeten, sich in Straßburg der französischen Flüchtlinge anzunehmen und mit ihnen eine eigene Gemeinde zu bilden.

Weil nun die drei Jahre Aufenthalt in Straßburg für Calvin neben der Ausformung seiner Lehre von der Kirche ein wichtiges Praxisfeld waren, ist es sinnvoll, in einigen wenigen Strichen die Situation der Stadt unter der geistlichen Führung von Bucer zu beschreiben.

B. Reformation als Gemeindebildung in Straßburg unter Martin Bucer

In manchen Strukturen des öffentlichen Lebens war Straßburg von den Verhältnissen in Genf nicht allzu weit entfernt. Was diejenigen, die die Reformation Luthers als das entscheidende und im Grunde nicht überbietbare Ereignis schlechthin bezeichnen, leicht vergessen, ist dies, dass sich Reformation in den süddeutschen Freien Reichsstädten grundsätzlich anders darstellte als in den kleinen norddeutschen Städten, die eigentlich nur etwas größere Dörfer waren. So geschieht es auch hier wie in Genf, dass der Rat der Stadt in Übereinkunft mit den starken Zünften in den Jahren 1524 bis 1529 über die Abschaffung der katholischen Messe verhandelte und diese schließlich auch vollzog. Wie in Genf lag das Interesse der Stadtregierung an der Erhaltung des inneren Friedens durch Austarieren des Gleichgewichts zwischen den Interessen der Stadt und denen der Kirche. Jedoch gab es hier einige Besonderheiten, durch die sich Straßburg von anderen Freien Reichsstädten unterschied.

Als Huldrych Zwingli auf dem Weg zum Religionsgespräch in Marburg 1529 in der Stadt Station machte, war er beeindruckt, in welcher Intensität hier Reformation zu einem wirklichen Gemeindeaufbau geworden war. Denn in Straßburg war, sicher auch nur ansatzweise, das *Leben* und nicht nur die *Lehre* einer grundlegenden Erneuerung unterzogen worden. Dies hing wiederum mit ganz bestimmten theologischen Grundentscheidungen zusammen, die in dieser Stadt entwickelt wurden und die zu denen Luthers, um es vorsichtig zu sagen, in einer nicht unbeträchtlichen Spannung standen. Diese verbinden sich mit dem Namen Martin Bucer, der zusammen mit den Predigern Wolfgang Capito und Caspar Hedio im Jahr 1523 nach Straßburg kam und dort wirkte. Für Calvin war die brüderlich-freundschaftliche Zusammenarbeit mit Bucer der große Glücksfall seines Lebens. Er, der sich unter der Vorsehung seines Gottes wusste, erlebte hier nach der Anfangszeit eines Vater-Sohn-Verhältnisses schließlich eine ebenbürtige Partnerschaft, die durch gegenseitiges Geben und Nehmen gekennzeichnet war. (Ich beziehe mich im Folgenden hauptsächlich auf die Arbeiten des Bucer-Forschers Martin Greschat, *Die Anfänge der reformatorischen Theologie Martin Bucers*, abgk. „Anfänge", sowie auf seine Gesamtdarstellung, *Martin Bucer – Ein Reformator und seine Zeit*, abgk. „M. Bucer".)

Martin Bucer (1491–1551), schon äußerlich auffallend durch sein ausgeprägtes Gesichtsprofil, stammte aus Schlettstadt (heute Sélestat) im Elsass und wurde als damaliger Dominikanermönch 1518 durch die Teilnahme an Luthers „Heidelberger Disputation" für die Reformation gewonnen. Wir haben hier das beachtenswerte Beispiel vor uns, wie jemand die entscheidende Lebenswende Luther verdankt und trotzdem nicht einfach sein Schüler wird – für Calvin trifft das im Grunde auch zu. Wie Calvin war auch Bucer mit den humanistischen Reformern verbunden, zugleich aber als früherer Dominikaner mit dem Ordens-theologen Thomas von Aquin aus dem hohen Mittelalter bestens vertraut. Bucer hatte verstanden, dass die neue Zeit eine praxisbezogene Theologie brauchte. Die Forderung nach dem sittlichen Handeln der Humanisten, bei diesen auf die Formung eines vernünftigen individuellen Geistes beschränkt, ist nur dann eine wahre Sittlichkeit, wenn die *soziale Gestalt* der Gesellschaft erneuert wird. Damit kreisen seine theologischen Überlegungen ganz um eine *Neufüllung des Gesetzes*, wie es in der Bibel niedergelegt ist, nicht nur im Alten Testament.

Wahre Sittlichkeit: Die soziale Gestalt der Gesellschaft muss erneuert werden.

Die Begegnung mit Luther und die anschließende Lektüre von dessen Auslegung zum Galaterbrief von 1519 lässt in Bucer das Wunder der Gnade und der Rettung allein aus Glauben aufbrechen. Aber die Gnade wird nicht auf die Sündenvergebung eingeschränkt:

… die Gabe des Heiligen Geistes und damit die Realisierung der nova lex (des neuen Gesetzes) sind in ganzer Ausschließlichkeit Gnade und Geschenke Gottes, nie und nimmer durch gute Werke zu erlangen, nie und nimmer auch verdienstlich (Anfänge).

Gnade ist also Gabe des Heiligen Geistes! Wer nicht die Gnade erkennt, wird das Gesetz als etwas ihn Überforderndes erkennen und anmerken, dass Luther hier schmählich missverstanden worden ist. Durch den Heiligen Geist wird das Gesetz aber „neu", und das heißt, es kann sich verwirklichen, sagt Bucer. Luther hatte das schon angedeutet:

Der Glaube hasst sich und liebt den Nächsten, er sucht nicht das Seine, sondern das des anderen, und darin liegt seine ganze Bekehrung (lat. conversatio) (Anfänge).

Das greift Bucer auf und „fasst damit die Ausführungen Luthers nicht nur zusammen, sondern radikalisiert sie zugleich – und zwar in sozialer Richtung. Ihn drängt es zur ethischen Folgerung, zur aktiven Wirksamkeit …" (ebd.). Weil Bucer als entschiedener Vertreter der Reformation in stärkerer Weise als Luther die Gnade Gottes in Christus nicht nur zum Empfang des eigenen Heils, sondern zur konkreten Ausübung der Verantwortung für den Nächsten ansah, war er ein Theologe, der die

Kraftwirkung des Heiligen Geistes ernst nahm. In der Tat: Wo Konkretion der Erlösung ist, wird mit dem Wirken des Geistes Gottes gerechnet. Man sieht hier die theologische Verwandtschaft mit Calvin. Es ist ein nicht mehr aufzuhellender Vorgang, wer was von wem übernommen hatte. Jedenfalls haben sich Calvin und Bucer, deren Wohnstätten in Straßburg nach einigen Provisorien für Calvin übrigens nebeneinander lagen, gegenseitig gefördert.

Bucer gelang, was Calvin in Genf verwehrt worden war: die Aufteilung der Gesamtgemeinde in sieben Bezirke („Parochien") und die Bestellung von sogenannten „Kirchspielpflegern" in Teams zu je drei Männern: einer aus dem Rat, einer aus den Zünften, einer aus den Kirchgemeinden. In einem wichtigen Punkt unterscheidet sich diese Arbeit aber von der, die Calvin für Genf vorgesehen hatte. Es geht offensichtlich nicht in erster Linie um die Kontaktaufnahme zu den Bewohnern der Bezirke, sondern umgekehrt um die „Aufsicht" der Pfarrer und ihrer Helfer bezüglich Lehre, Leben und Predigt. Vierteljährlich kommen die Kirchspielpfleger mit den Pfarrern zusammen, um über den Gemeindeaufbau zu beraten. Daraus ist zu ersehen, dass es sich hier nicht um eine von Argwohn durchzogene Überwachungskommission handelt, sondern in der Tat um das, was man heute „Kirchenvorstand" (oder Presbyterium) oder auch „Mitarbeiterversammlung" nennt. Nicht länger hat hier wie im norddeutschen Luthertum der ordinierte Pfarrer als Pfarr-Herr einzige Autorität. Mündige Nichttheologen haben auch in geistlichen und theologischen Fragen eine Kompetenz – nirgendwo sonst wurde dem in dieser Weise Rechnung getragen. Calvin, der dieses alles mit seinem wachen Auge wahrnahm, wird daraus bei seinem neuerlichen Wirken in Genf seine entsprechenden Schlüsse ziehen – der Keim zum „vierfachen Amt" in der Gemeinde ist in Straßburg gelegt.

Zwei weitere Punkte sind wichtig, wenn wir uns vergegenwärtigen wollen, in was für einem theologisch-geistlichen Milieu Calvin in Straßburg lebte. Es ist dies der *Umgang mit den Täufern* und darüber hinaus *der ökumenische Versöhnungsweg Bucers* mit anderen Evangelischen als das eine und die *Einrichtung der Konfirmation der Heranwachsenden* als das andere.

Die Täufer (oder „Wiedertäufer"), die ihren geistlichen Ursprung allesamt unter der Kanzel von Huldrych Zwingli in Zürich hatten, hat-

ten den Mut ihres Mentors Zwingli bezüglich der Abendmahlsfeiern –
wirkliche Mahlzeiten an langen Tischen! – dankbar aufgenommen
und erlebten ein freies Bibelgespräch („prophezey") sozusagen als ihre
geistliche Geburtsstunde. Nun sind aber Schüler
oftmals konsequenter als ihre Meister, und sie
meinten, dass Zwingli, der doch bezüglich des *Der Grund für*
Abendmahls theologisch wie praktisch solche bib- *die Ablehnung der*
lischen Wege ging, bezüglich der Taufe klein bei- *Erwachsenentaufe:*
gegeben habe. Wenn er doch schon das Mahl des *Die Geschlossenheit*
Herrn als Bekenntnismahl („sacramentum" als *einer abendländi-*
Fahneneid wie beim Militär) deutete, warum dann *schen, christlichen*
nicht die Taufe, die offensichtlich von der Bibel *Staatsauffassung*
her einen noch deutlicheren Bekenntnischarakter *wäre durch sie*
hat? Doch Zwingli ließ an dieser Stelle keinen *aufgelöst worden*
Schritt auf eine ausschließliche Erwachsenentaufe
zu – warum eigentlich? Der Grund lag darin, dass
mit der Abschaffung der Kindertaufe die Geschlossenheit einer abendländi-
schen christlichen Staatsauffassung aufgelöst werden würde. Nichts mehr
war allen Reformatoren verhasster als Unordnung, Chaos und Anar-
chie. Wenn also die Kirche nur zum Glauben gekommene bekennende
Christen zur Taufe zulassen würde, stünden die Massen außen vor, und
das wäre die Auflösung des Corpus Christianum, der christlichen
abendländischen Gesellschaft. Dann wäre die Reformation zum Toten-
gräber des Corpus Christianum und damit auch der Kirche geworden
– die Stunde für einen wirklichen Neuansatz war noch nicht gekommen.

Es ist sinnvoll, an dieser Stelle das Fazit zu bedenken, das Calvin aus
der Begegnung mit den Täufern in seiner Straßburger Zeit gezogen hat,
niedergelegt in seiner Schrift „Gegen die Irrtümer der Anabaptisten"
von 1544 (CStA 3, 267ff.). Zudem bekommen wir in dieser Schrift ein
hervorragendes Beispiel für die letztlich behutsame Art und Weise, mit
der er sich mit Menschen auseinandersetzte – seine Frau Idelette stammte ja auch ursprünglich aus Täuferkreisen! Mit den Täufern wusste er
sich an zwei Punkten eins: in der Frage nach dem Ernstnehmen des
Wortlautes der Heiligen Schrift und der Frage nach der Reinheit und
Heiligkeit der Gemeinde, die in der Kirchenzucht Gestalt annahmen.

Insofern ist Johannes Calvin unter den Reformatoren der geeignetste Lehrer und Gesprächspartner für alle die Gemeinden und einzelnen Christen, die die Praxis der Kindertaufe aus biblischen Gründen ablehnen oder sie zumindest stark hinterfragen. Wir sehen erneut, wie sehr er neben Martin Bucer der Ökumeniker unter den Reformatoren ist! Schließlich macht diese Schrift auch deutlich, dass man theologische Auseinandersetzungen nur dann sinnvoll betreiben kann, wenn man persönliche Begegnungen mit dem Gegenüber pflegt.

Der Anlass der Schrift ist ein Hilferuf der reformierten Pfarrerschaft aus der französisch sprechenden Westschweiz, wo unter der Führung von Bern die Reformation weiter vorangetrieben werden sollte. Sein Freund aus früheren Genfer Zeiten, Guillaume Farel, war wieder einmal überfordert, den gleichzeitig sich ausbreitenden Täufern in dieser Gegend etwas Handfestes entgegenzusetzen. Ihm kommt sein Freund aus Genf mit dieser Schrift zur Hilfe. Ausgangspunkt sind die sieben Schleitheimer Artikel des Täufers Michael Sattler von 1527, die er kurz vor seinem Tod durch die katholische Inquisition in Horb noch verfassen konnte. Ich beschränke mich auf Calvins Erwiderung auf die ersten beiden Artikel „Von der Taufe" und „Vom Bann" und fasse die fünf anschließenden nur kurz zusammen.

Wieder zeigt sich Calvins Fähigkeit zu differenzieren: Er unterscheidet die freigeistigen, sozial ungebundenen Spiritualisten (oder „Libertiner" von Calvin genannt, im lutherischen Bereich als „Schwärmer" bezeichnet) von den auf konkrete Gemeindegründung bedachten Täufern. Er unterscheidet auch die derzeitige Situation von der in der Tat chaotischen Aufbruchphase der Täufer unter Denk, Hubmaier u. a. Bei allem, was bei einer Bewegung gleich bleibt, muss man auch ihre Wandlung beachten und darf nicht undifferenziert alles in einen Topf werfen. Bei allem scharfen Widerstand, mit dem Calvin wahrlich nicht zurückhält, tritt er ihnen mit Fairness entgegen:

Wir wollen vielmehr, dass alles, was offensichtlich von Gott gekommen und aus seinem heiligen Wort geschöpft ist, von uns allen demütig, widerspruchslos und ohne Schwierigkeit angenommen werde. Ja, noch mehr: Wir sind nicht einverstanden, dass irgendeine Lehre für wahr und sicher gehalten werde, außer sie stamme aus dem Brunnen aller Wahrheit. Seien es jedoch Wiedertäufer oder andere, die sagen, was sie uns vorstellen, hätten sie von Gott gehört, aus seinem Mund, also der Heiligen Schrift entnommen, so wollen wir Gott die Ehre geben, aufmerksam und bescheiden zu hören und zu prüfen, ob es sich so verhalte.

Im ersten der Schleitheimer Artikel von Michael Sattler heißt es:

Zum ersten merkt euch über die Taufe: Die Taufe soll all denen gegeben werden, die über die Buße und Änderung des Lebens belehrt worden sind und wahrhaftig glauben, dass ihre Sünden durch Christus hinweggenommen sind und allen denen, die wandeln wollen in der Auferstehung Jesu Christi und mit ihm in den Tod begraben sein wollen, auf dass sie mit ihm auferstehen mögen, und allen denen, die es in solcher Meinung von uns begehren und von sich selbst aus fordern. Damit wird jede Kindertaufe ausgeschlossen, des Papstes höchster und erster Greuel … (nach Heinold Fast, *Linker Flügel der Reformation*, in: Klassiker des Protestantismus IV, 58 ff.).

Was wird Calvin darauf antworten? Wir lesen zu unserem Erstaunen (im Blick auf die einschlägigen Stellen Mt 28,19 und Mk 16,16), wo der Glaube der Taufe vorangeht: „Darin stimmen wir überein …“:

Geht es nämlich um einen der christlichen Kirche fremden Menschen, sei es Türke oder Jude, oder welcher Heide auch immer, so kann man nicht mit der Taufe beginnen, um aus ihm einen Christen zu machen. Das war der Brauch der alten Kirche. Denn denen, die sich zum Christentum bekehrten, wurde zuerst eine gewisse Zeitspanne zum Hören der Predigt eingeräumt, die man Katechismus nannte. Dann, nachdem sie ihren Glauben und ihre Buße bezeugt hatten, taufte man sie. Die Logik der Sache will das so. Denn weil der Mensch nicht nur durch die Taufe in die Gemeinschaft der Kirche aufgenommen wird, sondern darin auch die versiegelte Bescheinigung (frz. attestation séellée) empfängt, dass Gott ihn als eines seiner Kinder aufnimmt, so kann kein Zweifel bestehen, dass die Lehre, die ihn unterrichten soll, sich durch Glauben und Buße Gott zuzuwenden, (der Taufe) vorangehen muss.

Diese Sätze muss man auf sich wirken lassen. Calvin, dem ja so viel an Unterweisung und wahrer Gotteserkenntnis liegt, sieht in der Strategie der Täufer – zuerst Unterweisung zum Glauben, dann Bekenntnis, dann Taufe – sein eigenes Anliegen irgendwie, wenn auch unvollkommen, verwirklicht, nämlich dass Menschen zur Wiedergeburt und einem gewandelten Leben geführt werden. Das Sakrament ist ja nur ein in Kraft setzendes Siegel für etwas, was zuvor fest gemacht worden ist: „Die Lehre ist das Hauptstück (frz. le principal), das Sakrament die Zugabe (frz. comme accessoire)“, sagt Calvin weiter in dieser Schrift.

Das Problem der Täufer besteht aber darin, dass sie die Bibel wie ein Gesetzbuch lesen *ohne die derzeitige Situation zu beachten.* Und die besteht nach Calvins schon bekannter Meinung darin, dass er es mit *Christen* zu tun hat, in denen schon die Berufung zum Glauben gelebt wird. (Erst seit einigen Jahren begreifen die Großkirchen mühsam, dass die Situation in dieser Zeit derjenigen der Alten Kirche gleicht und dass wir es immer weniger mit schon wiedergeborenen Christen zu tun haben!) Zudem: Weil Gott ein Gott der *Verheißung und der Geschichte* ist, meint Calvin, gelte der Satz:

> *Das Problem der Täufer: Sie lasen die Bibel wie ein Gesetzbuch – ohne die derzeitige Situation zu beachten.*

Wenn ein Mensch von Gott in die Schar der Gläubigen aufgenommen wird, dann gilt die Verheißung des Heils, die ihm gegeben wurde, nicht nur seiner Person, sondern auch seinen Kindern.

Dies macht Calvin an der uns schon bekannten Beschneidungsforderung an Abraham für dessen Sohn Isaak deutlich. Darum werden Kinder auf ihren kommenden Glauben hin getauft:

Was aber die Kinder betrifft, so tauft man sie auf die Lehre hin (frz. sur la doctrine) … Die Lehre aber, auf die hin die Kinder der Christen getauft werden, wendet sich nicht an die Kinder, sondern an deren Eltern und die ganze Kirche.

Calvin befürchtet also durch das Bestehen auf der Erwachsenentaufe eine *Vereinzelung* des Christen, der nicht mehr sieht, was vor ihm an wunderbaren Verheißungen ausgesprochen worden ist. Er sieht die Taufe *sozial,* will sagen: Der Einzelne ist angewiesen auf die Gemeinschaft der ganzen Kirche. Somit müsste die ganze Kirche, nicht nur durch die Fürbitte, für den getauften Säugling verantwortlich sein. Daher ist auch Calvins Leidenschaft für die Unterweisung zu verstehen: Das Band von den Eltern zu den Kindern, ja, von den Glaubenden zu den noch nicht Glaubenden, müsste durch eine große Kette der Unterweisungen und Hinführungen zum Glauben bewährt werden. Das Sakrament als solches bewirkt nichts.

Doch auch das ist zu sehen: Im Grunde hat Calvin zwar ein gutes, aber trotzdem nicht ein durchschlagendes Element für die Ablehnung der Erwachsenentaufe, wie sie die Täufer praktizieren, geliefert. Seine Argumente sind leise. Sie fahren nicht mit einem Donnerschlag einher, wie er aus vielen landeskirchlichen Begründungen für die unbedingt beizubehaltende Praxis der Säuglingstaufe zu hören ist, etwa: „Die Gnade ohne Werke wird nirgendwo so deutlich wie bei der Säuglingstaufe – wer die Säuglingstaufe aufgibt, hat die zuvorkommende reine Gnade Gottes verleugnet." Gerade das hat Calvin *nicht* gesagt. Dann würde die Säuglingstaufe in der Tat heilsnotwendig. Diese bei manchen Protestanten durchaus favorisierte Vorstellung findet Calvin im katholischen Dogma. So entgegnet Calvin in der „Streitschrift gegen die Artikel der Sorbonne" (CStA3, 3,22f.), der Pariser Renommier-Universität (1544), auf deren Behauptung:

Es ist fest und gewiss zu glauben, dass die Taufe allen Menschen, auch den kleinen Kindern, zum Heil notwendig ist, und dass durch sie die Gnade des Heiligen Geistes verliehen wird.

Folgendes:

Alle Frommen bekennen, daß uns in der Taufe die Vergebung der Sünden und die Gnade des Heiligen Geistes angeboten (lat. offerri) und verheißen (lat. exhiberi) wird. Auch stimmen sie darin überein, dass die Kinder sie nötig haben, und zwar keineswegs als ein notwendiges Hilfsmittel zum Heil …, (sondern gleichsam als) ein Hilfsmittel für unseren Glauben (lat. fidei nostrae adiumentum).

Ein Hilfsmittel „hilft" zur Sache, aber es ist nicht die Sache selbst. – Zurück zu den „Schleitheimer Artikeln" und Calvins Entgegnung:

Über den Bann heißt es im zweiten der täuferischen Schleitheimer Artikel:

Zum zweiten haben wir uns folgendermaßen über den Bann geeinigt. Der Bann soll bei allen denen Anwendung finden, die sich dem Herrn ergeben haben, seinen Geboten nachzuwandeln, und bei allen denen, die in den einen Leib Christi getauft worden sind, sich Brüder oder Schwestern nennen lassen und doch zuweilen ausgleiten, in einen Irrtum oder eine Sünde fallen und unversehens überrascht werden. Dieselben sollen zweimal heimlich ermahnt werden und beim dritten Mal öffentlich vor der ganzen Gemeinde zurechtgewiesen oder gebannt werden nach dem Befehl Christi (Matth. 18,15ff.). Das aber soll nach der Anordnung des Geistes Gottes vor dem Brotbrechen geschehen, damit wir alle einmütig und in einer Liebe von einem Brot essen können und aus einem Kelch trinken.

Wenn man diesen Text mit ähnlichen von Calvin vergleicht, fällt ein nachdenkenswerter Punkt auf: Während Calvin von schrecklichen Vergehen und abgrundtiefen Verfehlungen spricht, die man in der Tat von der Gemeinde fernhalten muss, scheinen in diesem Artikel der Täufer, wo vom „zuweilen Ausgleiten", von „Irrtum", gesprochen wird, eher die *alltäglichen Verfehlungen,* die durchaus schwer sein können, aber nichts mit Gotteslästerungen zu tun haben, im Blick zu sein. Anders gesagt: Die Täufer haben bekennende Menschen im Blick, die eine *Gemeindekirche* bilden, während Calvin von einer *Volkskirchengemeinde* redet, zu der jeder erst einmal gehört, bevor er das Wort des Glaubens vernimmt. Er hat sich alle erdenkliche Mühe gegeben, dass aus einer Volkskirchengemeinde eine *Bekenntnisgemeinde* wird. Doch hier tun sich die prinzipiellen Gräben auf, die auch heute Volkskirche und Freikirche voneinander unterscheiden.

Die Idee des Corpus Christianum sahen die Reformatoren als derzeit von Gott gegeben an.

Gemeindezucht ist in der Gemeindekirche eher *Seelsorge an Mitgliedern,* während sie in der Volkskirche – wenn es gut geht – *ständige Einladung zum Glauben* ist. In Bezug auf die Stellung zur Bibel: Die Täufer imitieren („Wir machen es genauso, wie es dort steht"), Calvin interpretiert („Wir nehmen die Bibel ganz ernst, und wir nehmen auch die gegenwärtige Situation ernst"). Calvin und die anderen Reformatoren nahmen die Situation insofern ernst, als sie die Idee des *Corpus Christianum* als derzeit von Gott gegeben annahmen.

In zwei sich nicht widersprechenden, wohl aber ergänzenden Sätzen fasst Calvin sein Verhältnis zu den Täufern zusammen:

Wir müssen uns, was uns anbelangt, sehr darum bemühen, zur Vollkommenheit zu gelangen, die im Leibe Christi herrschen soll.

Hier ist er mit den Täufern ganz eins. Aber darin ist er von ihnen geschieden, weil hinter der Kirchenzucht der Täufer die Idee von der reinen Gemeinde steht:

Geben wir uns also nicht dem Missbrauch hin, uns eine vollkommene Kirche in dieser Welt auszumalen.

Der Rigorismus der Täufer, der die Kirchenzucht als Möglichkeit sieht, die absolut reine Gemeinde zu schaffen, führt logischerweise in die *Separation*. Calvin, der leidenschaftliche Arbeiter für die Einheit der Kirche neben Bucer, sieht hier geistlichen Hochmut obwalten:

(Die Täufer) denken, dass überall dort, wo diese Ordnung nicht eingehalten und treu befolgt wird, keine Kirche bestehe, und kein Christenmensch dort das Abendmahl entgegennehmen dürfe … Wir dagegen bekennen klar, dass es eine Unvollkommenheit und eine schlimme Befleckung einer Kirche darstellt, wenn sie diese Ordnung nicht einhält. Dennoch hören wir nicht auf, sie als Kirche anzusehen und mit ihr Gemeinschaft zu pflegen und meinen, dass es für den einzelnen Menschen schädlich ist, sich von ihr zu trennen.

Es muss ein *Leiden an der Kirche* geben, wenn man in ihr Gott dienen will. Die Täufer glauben in Anlehnung an das Pauluswort, dass man nicht zugleich am Tisch der Götzen und am Tische des Herrn Platz nehmen dürfe, dass sie „bibeltreu" seien, wenn sie sich vom Mahl in der „normalen" Kirche fernhalten. Calvin hält dagegen:

Die Wiedertäufer sagen, dass überall da, wo die Bösen nicht vom Abendmahl ausgeschlossen werden, ein Christenmensch sich durch die Teilnahme besudle. Wir dagegen sagen: Ein Christ muss wohl traurig sein, wenn er das heilige Mahl durch die Gegenwart von bösen und unwürdigen Menschen verunreinigt sieht und muss, so weit es geht, dafür sorgen, dass das nicht geschieht. Geschieht es aber doch, dann ist es ihm dennoch nicht erlaubt, sich von der Gemeinde fernzuhalten und sich des Abendmahls zu berauben. Er muss vielmehr mit den anderen zusammen in der Anbetung Gottes verbleiben, das Wort hören und das Abendmahl empfangen, solange er dort wohnt.

Sehr hilfreich ist die Wendung „mit den anderen zusammen in der Anbetung Gottes verbleiben": Man soll eben nicht auf die neben einem stehenden Menschen in dem Sinne achten, dass man sie fortwährend beurteilt, man soll vielmehr den Blick erheben zu Gott. In der Anbetung der Herrlichkeit Gottes verschwindet zwar nicht der Schmerz über den Zustand der Kirche, wohl aber werden wir von diesem nicht mehr zerfressen. Schließlich sieht man aus dem Vergleich der Täufer mit Calvin, dass dessen leidenschaftliches Beharren auf Kirchenzucht nur die Beseitigung der *Missstände* im Visier hatte, während jene die *innere Einstellung* beurteilen und richten. Insofern erscheint Calvin in der Tat um etliches „milder"!

Die anderen fünf Punkte, in denen es um die Verweigerung des Eides gegenüber der Obrigkeit und die Verweigerung der Übernahme öffentlicher Ämter durch die Täufer geht, ergeben sich folgerichtig aus den ersten beiden. Die sklavisch-ängstliche Zitation von Bibelworten in diesem Zusammenhang sowie wiederum die Angst vor Besudelung durch die Sünden der Öffentlichkeit und des politischen Handelns des Staates zeigen nach Calvins Ansicht die Unfähigkeit der Täufer zur wahren Nächstenliebe. Wer sich selbst nur rein erhalten will, bleibt am Ende doch nicht rein! Trotz all dieser schweren Einwände schenkte Calvin den Täufern eine versteckte Sympathie und war fest davon überzeugt, dass diesen einfachen und aufrechten Menschen, wenn man es denn richtig anfasste, der Weg zur Kirche möglich war. Denn in aller Unähnlichkeit gab es viele Ähnlichkeiten zwischen ihnen und dem Weg Calvins mit der Kirche.

Die Geschichte der Täufer in ihrer Lehre, vor allem ihrem Leben, besonders aber in ihrem Leiden, Verfolgtwerden und Sterben, ist der große dunkle Fleck im Reformationszeitalter, wo staatliche, aber auch kirchliche Stellen sich aufs Schlimmste schuldig gemacht haben – Straßburg war hier der wohl einzige helle Fleck! Denn gerade im Jahr 1529 hielten sich nach groben Schätzungen etwa 2000 Täufer in dieser Stadt auf, die aus dem süddeutschen Raum, wo sie arg verfolgt wurden, hier eine vorübergehende Raststätte fanden, bevor sie weiter den Rhein hinauf nach den Niederlanden oder nach Friesland zogen (wo der ehemalige katholische Priester Menno Simons, nach dem sich bis heute die „Mennoniten" nennen, sich ihrer annahm und die Täuferbewegung in ruhigere Bahnen lenkte).

Die Geschichte der Täufer: der große dunkle Fleck im Reformationszeitalter

Eine solche „Seelsorge" erfuhren die Täufer auch in Straßburg durch Bucer und die anderen Prediger einschließlich Calvin. Denn Bucer beschäftigte sich eben auch mit dieser Art von intensiver Gemeindearbeit in seiner Schrift „De vera cura animae" (Von der wahren Seelsorge). Martin Greschat fasst zusammen (M. Bucer):

Bucer sah in alledem mehr als religiösen Wahn. Deshalb suchte er nicht nur ein Gespräch, sondern eine grundsätzliche Auseinandersetzung mit den Führern des Täufertums ... Der entscheidende Gegensatz trat schnell zutage. Betonten die

Straßburger Theologen, dass die Liebe zum Nächsten in der Verantwortung für das Gemeinwohl Gestalt gewinnen müsse, legte der Täufer alles Gewicht auf die Weisungen der Bergpredigt, denen der Christ kompromisslos nachzuleben habe.

Dass überhaupt ein Gespräch stattfand und nicht sofort die Verfolgung einsetzte, war schon viel. Zusammengefasst: Das Problem der Täufer liegt nicht im Datum und den Umständen der Taufe, das Problem liegt darin, dass sie das Leben im Glauben *zwar gemeindlich, aber nicht gesamt-gesellschaftlich* leben wollten. Wahres Leben in der Zucht des Geistes, so ihr Hauptargument, ist eben nur in der klar sich abgrenzenden und bekennenden Gemeinde möglich. Das war ja auch die Leidenschaft der Straßburger Theologen und auch die von Calvin: *Kirche als Gemeinschaft der Heiligen, die das Böse aus ihrer Mitte entfernt.* Beide Parteien hatten das Gleiche im Visier: die einen in der überschaubaren Gemeinde im *Gegenüber* zur übrigen Gesellschaft, die anderen *inmitten* einer unheiligen Gesellschaft. Letztlich sind Bucer, Calvin und alle anderen an ihrem Konzept gescheitert. Die Frage aber muss offen bleiben, ob die, die sich abgrenzen, letztendlich die „heilige Gemeinde" auch wirklich erreicht haben.

Die wechselseitige Anziehung zwischen den Straßburgern und den Täufern lag zum einen in der starken Betonung der Wirksamkeit des Heiligen Geistes, zum anderen in einer Deutung des Abendmahls als der geistlich-realen Gegenwart Jesu Christi in den Elementen Brot und Wein durch die Straßburger. Bucer entwickelte „zunehmend seine latent schon immer vorhandene Sensibilität für die Wahrheitsmomente in den Argumenten des Gegners" (ebd.). Diese wichtige Begabung traf bei Calvin auf Verwandtes und wurde durch seine Freundschaft mit Bucer noch weiter verstärkt und ausgeformt. Natürlich waren die Täufer Gegner in dem Sinne, dass man ihren staatsverneinenden Ansichten nicht folgen konnte, aber sie waren nicht verdammungswürdig, weil in dem, was sie in ihrer einfältig-direkten Weise forderten und auch lebten, durchaus eine biblische Grundlinie zu finden war. In der Ferne könnte es daher irgendwann und irgendwie ein Zusammengehen geben.

Zu diesem Punkt, Bucer betreffend, gehört auch dessen bewundernswürdige Leidenschaft, die *Einheit unter den Evangelischen* zu fördern. Zwar sind die Marburger Gespräche 1529 mit Martin Luther gescheitert, weil dieser nicht zum Kompromiss bereit war. Aber Bucer, der niemals in dieser Sache aufgab, konnte immerhin bei Luther, den er 1531 auf der Veste Coburg besuchte, erreichen, dass dieser einigermaßen wohlwollend Bucers Unionsversuchen in anderen Punkten zustimmte. Calvin trat in diesen Punkten ganz in die Fußstapfen seines Straßburger Mentors. Seine späteren Jahre dienen neben der Sorge um die verfolgten Gemeinden in seiner Heimat Frankreich ganz der Einheit der evangelischen Bewegung.

Bucer hatte auch das Drängen der Täufer nach einem *persönlichen Bekenntnis des Glaubens* sehr wohl verstanden. Katechismus und Bibelunterricht sollten durch eine „Konfirmation" oder „Bestätigung" von den jugendlichen Gemeindegliedern vollzogen werden. Aber so einfach ließ sich eine solche Handlung in Straßburg nicht einführen – viele Widerstände taten sich auf. Erst in der Landgrafschaft Hessen wurde später auf Bucers Anregung hin eine Konfirmationsordnung in der dortigen Kirchenordnung festgelegt. Immerhin ist der Gedanke dieser wichtigen Fortführung der Kindertaufe zuerst in Straßburg ausgesprochen worden. Sie traf sich mit Calvins Gedanken, der dies der Sache nach schon in seinem ersten Genfer Katechismus gefordert hatte. Hier verstärkten sich die Ansätze der beiden Freunde wechselseitig.

Auch einer anderen Forderung der Täufer stimmten Bucer und Calvin zu: Kirche ist die *Gemeinschaft der Erwählten,* dies aber nicht in einer Spezial-Gemeinschaft, sondern *in der Volkskirche.* Ein Christ ist hierbei immer ein Bekenner seines Glaubens:

… dass jeder Christ fähig und bereit sein müsse, seinen Glauben persönlich zu bekennen … Kirche wird dadurch, betonte er, dass Menschen, die an Christus glauben und ihm allein vertrauen, zugleich zu einer Gemeinschaft untereinander zusammenwachsen. Dazu gehören die Aufgaben der Leitung und Erziehung der Gemeinde, aber noch viele andere Ämter, vor allem solche der Seelsorge und der Diakonie. Diese sollten von Ältesten wahrgenommen werden, also von überzeugten, ausgewiesenen Christen aus allen Schichten der Gesellschaft (M. Bucer).

Nachdem heute die Konfirmation weitgehend zu einem Übergangs-und-Geschenke-Ritual geworden ist, denkt man in Teilen der Kirche – dort, wo man Mission und Evangelisation verpflichtet ist – über neue Liturgien zur Glaubensentscheidung und Glaubenserneuerung nach. Ob der Weg der Erwachsenentaufe für alle Kirchen der einzig sinnvolle ist, mag dahingestellt bleiben. Aber auf jeden Fall gilt: *Es gibt kein Christsein ohne Entscheidung und Bekenntnis – das ist reformatorische, insbesondere calvinisch-reformierte Erkenntnis.*

C. Pastor für Flüchtlinge aus Frankreich

Johannes Calvin übernimmt auf Bitten der Straßburger Theologen eine Gemeinde von etwa 500 Personen, die aus französischen Flüchtlingen besteht. Seinen Lebensunterhalt muss er in der ersten Zeit von Spenden einiger Freunde bestreiten. Zweimal predigte er sonntags, viermal in der Woche. Für heutige Pfarrer und Prediger ist dieser intensive Predigtdienst schwer vorstellbar. Abgesehen von der Frage, wie man eine derartige Menge von Ansprachen überhaupt ausarbeiten kann, beschleicht uns heute natürlich die Frage: Kommen die Leute überhaupt so oft in die Kirche? Natürlich predigten die Reformatoren anders als ihre Urenkel heute. Sie mussten damals nicht angestrengt nach einem möglichst lebensnahen Einstieg suchen, auch nicht nach Bildern und Beispielgeschichten. Zwar hat Luther – darin alle anderen überragend – in einer Fülle von Bildern in rustikaler Sprache das Evangelium seinen Hörern nahegebracht, aber insgesamt war Predigen damals ein *Nacherzählen der biblischen* Geschichte, abgerundet mit kleinen *Nutzanwendungen*. Zumal im calvinischen Bereich waren die Predigten so etwas wie eine „Bibelkunde für Erwachsene". Kontinuierlich wurden größere Textzusammenhänge ausgelegt. Die Menschen, die jahrhundertlang in einer für sie unverständlichen Sprache so etwas wie Mysterienspiele am Altar miterlebt hatten, waren wie ein trockener Schwamm, der aufsaugt, was er nur bekommen kann, wenn nun – endlich! – das Wunder der biblischen Geschichte einfach nacherzählt wird. So hat sich Calvin „nur" exegetisch vorbereitet – wurde „still über dem Text" und stieg ohne Manuskript, höchstens mit einem kleinen Zettel bewaffnet, auf die Kanzel und predigte. Eins war für ihn allerdings dabei eine wichtige Voraussetzung: die rhetorische und dialektische Schulung, die er in seiner frühen Zeit genossen hatte. Dort hatte er gelernt, wie man Gedanken aufbaut und sie entwickelt und sie in der angemessenen Form darbietet, und wie man auf Einwände eingeht. Es versteht sich von selbst, dass die Auslegungen, die wir von Calvin besitzen, nur Nachschriften seiner Hörer und Schüler sind. Viele hat er nachträglich redigiert, alle konnte er aber aus Zeitgründen nicht auf diese Weise autorisieren.

Calvin beschäftigte sich in seiner französischen Flüchtlingsgemeinde sehr ausführlich mit dem *Gemeindegesang.* Zu sagen, er suchte ein Gegengewicht gegen das Übergewicht der Predigt, wäre zu einfach. Zur Glaubenserkenntnis Calvins gehört, wie wir schon gesehen haben, das *Bekennen.* Bekennen vor der Welt wird eingeübt durch das Bekennen vor Gott in der Gemeinde. Denn Gottesdienst ist nicht nur Hören und Empfangen, sondern zugleich Dank und Bekenntnis. Das *Singen der Psalmen* ist die Weise, wie die Straßburger schon vor Calvins Ankunft Gott im Gottesdienst lobten. So hatte er schon in Genf versucht, den Gottesdienst mit Psalmengesang zu bereichern. Aber erst in Straßburg gelang ihm der Durchbruch; denn dort hatte er kompetente Mitarbeiter. Er selbst übersetzte die Psalmen ins Französische und versuchte, sie in Reime zu setzen. Eine kleine Probe schickt er an Farel in Neuchatel:

*Calvins Predigt-
tätigkeit in
Straßburg: zweimal
sonntags, viermal
in der Woche*

Die Psalmen hatten wir deshalb geschickt, damit sie bei Euch erst einmal gesungen würden, ehe sie an den Ort kommen sollten, den Du Dir denken kannst. Denn wir haben im Sinn, diese bald herauszugeben. Weil mir die deutschen Melodien besser gefielen, musste ich einmal versuchen, was ich im Dichten leisten könne. So sind zwei Psalmen, der 46. und der 25., mein Probestück; andere habe ich dann nachher noch dazugefügt (Br. 31).

Am Ende ist ein kleines Gottesdienstbüchlein herausgekommen, das 18 Psalmen enthielt, dazu den Lobgesang Simeons, die Zehn Gebote und das Apostolische Glaubensbekenntnis. Es war nicht einfach, passende Melodien zu finden; Calvin griff auf einen Musiker namens Matthias Greiter zurück. (1562 erschien in Genf eine erweiterte Ausgabe.) In der Tat sind auch für Calvin die deutschen Melodien eingängiger. Doch er geht auch hier einen eigenen Weg. Wie in den lutherischen Territorien des Deutschen Reiches pflanzte sich die Reformation auch im reformierten Bereich durch die Psalmenlieder fort. Doch hier haben sie noch eine besondere Funktion. Van't Spijker sagt:

In der französischen Reformation wurden die Psalmen zu Kampfliedern, mittels derer die Bewegung sich fortpflanzte (van't Spijker, *Calvin*, 147).

Kampflieder – darin drückt sich der innere Widerstand in der Verfolgungssituation aus.

D. Calvins Ehe mit Idelette de Bure

Johannes Calvin ist fast 30 Jahre alt, als er nach Straßburg kommt. Seine Arbeit ist immens, und doch gehören die drei Jahre in dieser Stadt zu den wenigen Jahren, die ihm einen einigermaßen ruhigen Lebensstil bescheren. Er ist eingebunden als Lehrender und Lernender in einen Kreis von ihm ebenbürtigen Glaubensbrüdern. So wundert es nicht, dass er in dieser kleinen Oase beschließt, zu heiraten. Freilich sind die Motive für eine Ehe, die er in einem Brief an seinen Freund Farel im Frühjahr 1539 äußert, für unseren Geschmack und unser Ehebild nicht ausreichend, wenn nicht gar unannehmbar:

Von meinen Heiratsplänen will ich nun offener reden … Das ist die einzige Schönheit, die mich anlockt, wenn sie züchtig ist, gehorsam, nicht hochmütig, sparsam, geduldig, wenn ich auch hoffen darf, dass sie zu meiner Gesundheit Sorge trägt (Br. 37).

Ist eine Ehefrau nur die Sonderausgabe einer gewissenhaften Hausgehilfin? Sollte Calvin nicht selbst mehr für seine körperliche Gesundheit tun? Es mag auch zu Calvins negativem Image, das er ja bisweilen hat, beigetragen haben, dass über sein Ehebild und seine Ehe nichts Vorbildhaftes zu melden ist. Ganz im Gegensatz zu der profilierten Ehefrau Martin Luthers, Katharina von Bora, die zwar die obengenannten Qualitäten auch hatte, aber offensichtlich ein kreativer Gegenpart zum Reformator war, die zwar gehorsam, aber nicht geduckt vor ihm lebte (weswegen er sie auch, nicht bloß im Scherz, „Herr Luther" nannte).

Doch wir sollten die Anfragen aus unserer heutigen Perspektive, wo das Ideal der reinen Liebesehe prägend ist, nicht zu scharf formulieren. Denn wir sind, genauso wie es Calvin war, Kinder des Ehebildes unserer Zeit und Kultur. Keine Zeit darf ihr Bild von Liebe und Ehe absolut setzen. Zudem ist die Berufung Calvins, die ihm von Gott im wahrsten Sinne „aufgedrückt" wurde, für ihn so eindeutig, dass er auch eine Ehefrau unter dem Aspekt der Unterstützung für diese seine Lebenslast haben möchte. Ein erster Versuch, ein Arrangement mit einer adeligen Dame, zerschlägt sich aus uns unbekannten Gründen. Doch da ergibt sich für ihn ein anderer Weg. Da Calvin mit Täufern intensive Glaubens- und Rückkehrgespräche führt, gerät er an einen Mann namens Jean Stordeur, der aus Lüttich in Flandern stammt. Die Gespräche führen zum Erfolg, Stordeur wird wieder Mitglied der Kirche. Ob dessen Frau Idelette bei diesen Gesprächen dabei ist, kann man nicht mit Sicherheit sagen, möglich ist es aber. Auf jeden Fall wird Calvin sie in diesen Zusammenhängen näher kennen gelernt haben. Stordeur stirbt an der gerade wieder einmal grassierenden Pest. Nun nimmt sich Calvin der Witwe an, die zwei Kinder aus ihrer ersten Ehe mitbrachte, und ehelicht sie im Jahr 1540.

Offensichtlich fordert die grassierende Pest nicht nur das Leben der von ihr Befallenen. Wir können vermuten, dass es auch mildere Symptome gab, wie Übelkeit, Kopfschmerz und dergleichen. Das alles führt nicht zum Tod, aber beeinträchtigt das Leben doch sehr, so auch bei den beiden Neuvermählten. So schreibt er an seinen Freund Farel nach etwa sechs Wochen im Herbst 1540:

Ich antworte Dir so spät, weil ich, als Dein Brief kam, vor Schwäche meines Leibes keinen Finger rühren konnte ... Ja, der Herr hat, damit unsere Ehe nicht gar zu fröhlich beginne, gleich von Anfang an unsere Freude gedämpft, dass sie das rechte Maß nicht überschreite. Am 3. September hatte ich ein dumpfes Kopfweh ... (Br. 54).

Es folgen dann noch weitere Beschreibungen seines elenden Zustandes. Zur Sicherheit muss Idelette sich außerhalb von Straßburg aufhalten, und Calvin selbst begibt sich trotz angeschlagener Gesundheit auf eine Reise zu Religionsgesprächen. Der oben wiedergegebene Satz hört sich nach unserem Empfinden doch recht merkwürdig an, als wäre er froh über die Krankheit, damit er die Freuden der Ehe nur ja nicht zu intensiv erlebt. Sollte dieser Mann sich an seiner Geschöpflichkeit nicht freuen können? Fragen bleiben in der Tat. Viel ist über Calvins Ehe nicht mehr zu vermelden. Neun Jahre war er mit Idelette verheiratet.

Ihr Gesundheitszustand war schwächlich, zwei Kinder wurden geboren, die aber noch im Säuglingsalter starben. Als im Sommer 1542 der kleine Sohn Jacques stirbt, schreibt Calvin in einem Brief von 1562, in dem er auf dessen Tod zurückblickt:

Der Herr hatte mir einen kleinen Sohn geschenkt, und er nahm ihn wieder ... In der ganzen Christenheit habe ich Zehntausende von Kindern (n. Cottret).

Das ist sein Trost, weil er sich für das Reich Gottes verzehrt. Wenn das nicht geschähe, wäre ein solcher Satz unverständlich. Doch Calvin ist bei aller eisernen Selbstdisziplin auch in der Lage zu trauern und seinem Schmerz Ausdruck zu verleihen. Als Idelette im Frühjahr 1549 stirbt, bricht großer Schmerz aus ihm heraus. Denn er hatte längst erkannt, was er an ihr hatte. Er bekennt in einem Brief an Farel:

Ich strenge mich an, so sehr ich kann, dass mich das Leid nicht erdrückt. Auch die Freunde sind da und tun alles mögliche, den bitteren Gram meines Herzens zu lindern ... Nun suche ich mein Leid so zu verwinden, dass ich keine Unterbrechung in meiner Amtstätigkeit erleide ... Leb wohl, bester Freund und Bruder; der Herr Jesus stärke dich mit seinem Geist und auch mich in dieser Heimsuchung, die mich sicher ganz gebrochen hätte, hätte mir nicht vom Himmel her der die Hand gereicht, dessen Art es ist, die Gebeugten aufzurichten, die Schwachen zu stärken und den Müden wieder Kraft zu geben (ebd.).

Idelette hatte schon jahrelang mit vielen körperlichen Schwächen zu kämpfen gehabt. Was Calvin in all seinem Schmerz tröstet, ist die Art und Weise ihres gläubigen Heimgangs. Als er ihre Sterbestunde kommen sieht, versammelt er seine Amtsbrüder um ihr Lager:

Als am Dienstag alle Brüder da waren, hielten sie es für das Beste, gemeinsam miteinander zu beten (Br. 259).

Ihre letzten Worte waren:

„O glorreich Auferstehen! O Gott Abrahams und aller unserer Väter, schon seit Jahrhunderten haben alle Gläubigen auf dich gehofft, und keiner ist getäuscht worden: so harre denn auch ich deiner! ... Beten, beten, betet alle für mich!" Kurz vor acht Uhr gab sie still ihren Geist auf, so dass die Anwesenden den Übergang vom Leben zum Tod kaum merkten (ebd.).

Nach dem Tod seiner Frau bleibt Calvin Witwer. In einer Predigt zum 1. Timotheusbrief aus dem Jahr 1554 bekennt er offen:

Ich weiß um meine Schwäche, und dass sich eine Frau bei mir vielleicht nicht wohl fühlen würde. Wie dem auch sei, wenn ich darin Enthaltsamkeit übe, dann nur, um freier zu sein für den Dienst an Gott ... (n. Cottret).

Hat Calvin eine geraume Zeit darum gerungen, seine Frau Idelette nicht gänzlich für die Durchführung seiner ihm auferlegten Pflichten als eine bloße Hilfskraft anzusehen? War es für ihn ein mühseliger Lernprozess, zu begreifen, dass sie als Frau noch mehr war, nämlich Partnerin, an der sich seine Kanten abschleifen mussten? Wollte er nicht noch einmal einer Frau diese Prozedur zumuten? So könnte man diesen Satz verstehen. Er jedenfalls verzehrt sich weiter rastlos für den Dienst am Reich Gottes und der Kirche. – Wir kehren von dem kurzen Ausblick auf das Ende von Calvins Ehe zurück nach Straßburg.

E. Wiederannäherung an Genf

Calvin war in der ganzen Zeit seines Straßburger Aufenthalts über die Situation in Genf recht gut informiert, stand er doch im Briefwechsel mit einigen Leuten dort, die ihm nach wie vor wohlgesonnen waren. Er erfährt, dass die neuen Pfarrer, die der Rat anstelle der vertriebenen eingesetzt hatte, über Calvin und Farel versöhnliche Gedanken geäußert haben. Es ist also keineswegs so, dass die Stadt eine Rekatholisierung erlebte. Seine Freunde wollen jedoch mit den neuen Pfarrern innerlich nicht eins werden. Doch Calvin ermahnt sie:

Zuerst erwäg, bitte, absehend von aller Beurteilung der einzelnen Personen, wie der Herr die Leute, die er in seiner Kirche als Hirten und Diener am Wort einsetzt, mit Ehre angetan hat und was er ihnen verliehen hat (Br. 38).

Seine Leute sollen die Einsetzung in das Amt des evangelischen Predigers ehren. Wenn sie nicht Boten des Antichrists sind, muss man über Mängel, die an ihnen haften mögen, hinwegsehen und erkennen,

... dass die Berufung Eurer (jetzigen) Pfarrer auch nicht ohne den Willen Gottes geschehen ist.

Ein Fortschritt in der Heiligung wäre dies:

… dass bei denen, die ihre Pflicht als Pfarrer so weit erfüllen, dass sie erträglich sind, auch Ihr Euch christlich aufführt und mehr in Rechnung zieht, was Ihr andern schuldet, als was andere Euch schulden.

Fazit:

Weil aber feststeht, dass von unsern Brüdern, die heute bei Euch im Dienst am Wort stehen, das Evangelium gepredigt wird, so sehe ich nicht ein, womit Ihr es vor Gott entschuldigen wollt, dass Ihr sie vernachlässigt oder verwerft.

Calvin baut also nicht künstlich eine Gegnerschaft zu den amtierenden Pfarrern in Genf auf mithilfe seiner Freunde. Er mahnt diese zur Loyalität und Bruderschaft.

So kann Calvin sagen:

Wir haben Euch immer gemahnt, den Umsturz Eurer Kirche anzusehen als eine Heimsuchung, die nötig war für Euch wie für uns, und nicht so sehr den Bösen und den Werkzeugen Satans anzurechnen, als vielmehr Euern eigenen Sünden, die keine leichtere Strafe, vielmehr eine noch schwerere verdient haben.

Damit hat Calvin eigentlich schon das Terrain für eine Rückkehr nach Genf vorbereitet. Er hat sich mit den Seinen unter der starken Hand Gottes gebeugt. Er hat keinen Groll aufgebaut, keine bittere Wurzel in seinem Inneren zugelassen – das ist Heiligung durch den Heiligen Geist. Das war, ist und wird Calvins Lebensthema bleiben.

Aber trotzdem: Man kann zwar etwas vorbereiten, aber das bedeutet nicht zwangsläufig, dass man selbst konkrete Schritte unternimmt, um tapfer vorwärts in die gewünschte Richtung zu gehen. Bei Calvin muss es immer sehr massiv „von oben" kommen, bevor er sich aufmacht, etwas Neues zu wagen. Einstweilen ist ihm der Gedanke an eine Rückkehr ein schrecklicher, wie er an seinen Freund Pierre Viret, Prediger in Lausanne, schreibt:

Nach Genf soll ich gehen, um es besser zu haben? Warum nicht lieber gerade ans Kreuz? Besser wäre es, einmal zu sterben, als auf einer Folter immer wieder gequält zu werden (Br. 47).

Im Herbst 1540 streckt jedoch der Rat der Stadt seine Fühler aus, um

Calvins Rückkehr zu erwirken. Zwei Nachfolger im Predigtamt für die drei 1538 Verstoßenen haben kurzerhand die Stadt verlassen aus Gründen, die sich nicht mehr aufhellen lassen. Die Bevölkerung ist verunsichert, der Rat ist es auch. Da erinnert man sich wieder an Calvins Beharrungsvermögen und an seine Begabung, unklare Dinge zu klären und aus dem Ruder gelaufene Situationen in die richtige Bahn zu lenken. Für Calvin ist eines klar: Weil der Grund für seine und seiner Brüder damalige Entlassung der Anstoß an der Forderung auf Durchführung der Kirchenzucht war, muss er an diesem Punkt wieder anknüpfen. Wenn es an diesem Punkt seitens des Rates keine Bewegung gibt, gibt es für ihn keine Möglichkeit zur Rückkehr. Erst nach wiederholtem Drängen des Rates und dessen Zusicherung, dass man über diesen heiklen Punkt neu verhandeln werde, willigt Calvin ein.

Die Rückkehr am 13. September 1541 wird von Calvin mit Absicht unspektakulär gehalten. Weder tritt er als Triumphator auf: „Seht, ihr schafft es ja doch nicht ohne mich ...", noch fordert er eine förmliche Abbitte, die die Ratsherren natürlich aufs Äußerste gedemütigt hätte und damit der Keim für eine kommende Auseinandersetzung gewesen wäre. Was tut er? Er betritt die Kanzel, legt das Wort Gottes aus und fährt an der Stelle aus dem 1. Samuelbuch fort, wo er drei Jahre zuvor aufgehört hatte. Er, der sonst unerbittlich und konsequent bis zum Letzten war, *verzichtet* auf eine mühsame und schmerzliche Klärung des Vergangenen. Seine Ansprache enthält keine Häme, Selbstrechtfertigung oder Verurteilung – das ist Calvin, der Mann, der die Heiligung hochhielt und, wie wir hier sehen, selbst in ihr lebte! Hören wir ihn selbst:

Keine triumphale Rückkehr – Calvin macht mit den Bibelauslegungen weiter, wo er drei Jahre zuvor aufgehört hatte.

Als ich vor das Volk trat, um zu predigen, ward ein jeglicher von großer Neugier ergriffen. Aber indem ich die Geschehnisse, deren Erwähnung alle gewisslich erwarteten, mit völligem Schweigen überging, legte ich in wenigen Worten die Prinzipia meines geistlichen Amtes dar; dann verwies ich, in Kürze und Takt, auf Glauben und Redlichkeit, die mich beseelten. Nach dieser Einleitung wählte ich zur Auslegung der Schrift die Stelle, an der ich seinerzeit aufgehört hatte. Dermaßen wollte ich zeigen, dass ich das Lehramt nicht sowohl niedergelegt als vielmehr nur für eine Weile unterbrochen hatte (n. Cottret).

V. Ausformung der Lehre von der Kirche nach der Rückkehr aus Strassburg (1542–1545)

Johannes Calvin wusste schon ziemlich früh, was er wollte, und insofern war seine überstürzte Abreise aus Genf im Jahr 1538 auch der Zeitpunkt, wo er seine reformatorischen Grundüberzeugungen bereits ausgeformt hatte. Dennoch hat der erzwungene Aufenthalt in Straßburg an seinen Grundüberzeugungen vieles weiter ausgeformt. Die Teilnahme am praktischen Gemeindeaufbau dort half ihm bei der Umsetzung seiner Überzeugungen in die Praxis.

A. Der Katechismus von 1542/1545

Calvin schrieb ihn in kurzer Zeit nieder, weil er auf Vorlagen aus Straßburg zurückgreifen konnte. Er wollte nämlich nicht, dass der erste Versuch von 1537 durch irgendeinen selbstständig handelnden Drucker wieder in Umlauf kam. Der zuerst in französischer Sprache erschienene Katechismus wurde von ihm 1545 ins Lateinische übersetzt (mit geringfügigen Änderungen). Hier liegt schon der erste Unterschied zu der Ausgabe von 1537: Calvin hatte in Straßburg durch die beachtlichen Unionsversuche Bucers erkannt, dass die Einheit der Evangelischen oberstes Gebot war. Ohne sie war alles vergeblich. Das ist dann auch sein Programm für die letzten beiden Jahrzehnte seines Lebens gewesen. Das Lateinische bot auch allen anderen Reformatoren, die nicht Französisch sprachen, die Möglichkeit, dass sie seine Erkenntnisse übernehmen konnten. Dieser Wunsch hat sich jedoch nicht so erfüllt, wie Calvin es sich dachte. Aber immerhin war er das Vorbild für den „Heidelberger Katechismus" und das „Zweite Helvetische Bekenntnis", durch den der Schweizer Protestantismus sein einigendes Band erhielt.

Diese *Einheit geschieht durch die Einheit der Lehre*. Wir neigen heute in unseren ökumenischen Begegnungen dazu, die Lehrfragen hintanzustellen. Es verschlägt uns die Sprache, wenn wir von den 373 Fragen und Antworten dieses Katechismus hören: „Wer kann denn so einen Wust an Stoff lernen oder auch nur lesen und verstehen?" – „Was für eine Indoktrinations-Absicht muss dieser Mann namens Calvin gehabt haben, dass er seinen armen Stadtkindern von Genf diese Menge autoritär vorgegeben hat!" Und wieder weisen dann viele auf den knappen und kernigen Kleinen Katechismus Luthers hin. Hier mögen die Pädagogen Recht haben. Aber wenn man das Katechismus-Werk als „Erwachsenenbildung" sieht, stellen sich die Dinge anders dar. Der mündige Bibelleser braucht einen Leitfaden, damit er auf die Dauer in seiner persönlichen Bibellese nicht nur das entdeckt, was er ohnehin schon weiß. Ein Katechismus ist, kurz gesagt, ein sinnvoller „Ernährungsplan" für Menschen, die wachsen wollen in der Erkenntnis des Wortes Gottes und im praktischen Leben mit Gott. So sollten die Kinder der Stadt für eine gewisse Zeit diese Texte verstehen und insoweit lernen, dass sie sonntags um 12 Uhr etwa eine Stunde lang die Fragen dem Pfarrer verständnisvoll beantworten konnten. Calvin fasst den Sinn des Katechismuslernens an den Herzog von Somerset, Eduard Seymour, in einem Brief aus dem Jahr 1548 so zusammen:

Ökumenische Einheit gibt es, reformatorisch gesehen, nur durch Einigung in der Lehre.

> Ferner ist not eine gemeinsame Lehrform für die Kinder und das ungebildete Volk, durch die ihnen die gute Lehre vertraut wird, so dass sie sie wohl unterscheiden können von den Lügen und Entstellungen, die man etwa im Gegensatz dazu einführen könnte. Glauben Sie mir, Monseigneur, die Kirche Gottes kann sich nie halten ohne Katechismus; denn dieser ist gleichsam der Same, der verhindert, dass die gute Saat nicht ausstirbt, sondern sich mehrt von Geschlecht zu Geschlecht. Deshalb, wenn Sie einen Bau aufführen wollen, der von langer Dauer ist und nicht bald in Zerfall gerät, so sorgen Sie dafür, dass die Kinder unterrichtet werden nach einem guten Katechismus, der ihnen kurz und ihrem kindlichen Verständnis entsprechend zeigt, wo das wahre Christentum liegt. Dieser Katechismus wird dann zum doppelten Gebrauch nützlich sein, nämlich, um alles Volk zu lehren, damit es von der Predigt Nutzen hat und es auch unterscheiden kann, wenn irgend ein eingebildeter Mensch eine fremdartige Lehre vorbrächte (Br. 246).

An dieser Stelle haben wir einen wirklichen Neuansatz in der Glaubenserkenntnis Calvins, der zum ersten Mal im Genfer Katechismus von 1542 der Öffentlichkeit vorgestellt wurde. Martin Bucer sprach vom „zweifachen Amt Jesu Christi", dem „priesterlichen" und dem „königlichen". Calvin setzte nun das „prophetische Amt Jesu Christi" hinzu. Hören wir zunächst den Katechismus und fragen dann weiter:

37. *Welcher Art ist nun sein Königtum, von dem du sprichst?* – Es ist geistlich, weil es in Wort und Geist besteht, die Gerechtigkeit und Leben mit sich bringen.

38. *Und das Priestertum?* – Es ist die Pflicht und das Vorrecht, vor Gottes Angesicht zu treten, um Gnade zu erlangen und um seinen Zorn durch die Darbringung eines Opfers, das ihm genehm ist, zu stillen.

39. *In welchem Sinn nennst du Christus nun Prophet?* – Weil er bei seinem Kommen in die Welt sich bei den Menschen als Gottes Gesandter und Ausleger bekannt hat, und dies mit dem Ziel, den Willen des Vaters vollständig darzulegen und so alle Offenbarungen und Prophezeiungen zu vollenden.

Calvin legt mit diesen drei Ämtern Jesu den Christus-Titel aus. Während beim König und beim Priester im Alten Testament Ölsalbungen belegt sind, ist das bei den alttestamentlichen Propheten nicht der Fall. Daraus schließt Calvin insgesamt, dass *der Heilige Geist der Salbende und die Salbung* ist. Er beginnt mit dem Königsamt Jesu Christi, weil er damit das *Ziel* der Erlösung besser beschreiben kann: das *Leben* unter der gnädigen Herrschaft Gottes. Christliches Leben unter der Vorsehung Gottes ist ein Regiertwerden durch einen barmherzigen Gott, nicht durch einen Tyrannen. Darum ist es ein Regiertwerden durch das Wort *und* den Geist. Weil Christi Herrschaft geistlich ist, geschieht die Regierung *von innen her,* von dorther, wo Gottes Geist unseren Menschengeist trifft und ihn umformt. Jesu Herrschaft ist geistlich, weil er vom Heiligen Geist von den Toten erweckt wurde und weil er als der erhöhte Sieger den Heiligen Geist austeilt. Gott regiert durch einen Mittlerkönig, mit dem wir es immer zu tun haben, wenn wir nach Gottes Reich fragen. Gerechtigkeit und Leben sind darum Christi Gaben an uns. Jesus ist König durch seine Auferstehung und Himmelfahrt – ein Akzent der calvinischen Christuserkenntnis!

Sodann beschreibt der Katechismus den *Weg* und die *Bevollmächtigung,* die zum Königsamt Jesu führen. Zwei Dinge koppelt Calvin aneinander: Die Erniedrigung Jesu zum Opferlamm *und* sein heutiges Stehen vor Gott als Priester. Durch das Hohepriesteramt Jesu heute vor dem Angesicht Gottes bleibt die Opfertat Jesu am Kreuz für uns heute *erfahrbar*. Wenn Jesus als Priester gesalbt wurde durch den Heiligen Geist, wenn es heißt, dass Jesus sich „durch den ewigen (= Heiligen) Geist" Gott zum Opfer dargebracht hat (Hebr 9,14), so meint das: Jesu Opfer ist keine Beschwichtigung oder eine Zufriedenstellung eines ungehaltenen, eifersüchtigen und auf menschliche Leistungen angewiesenen Gottes. Wenn Jesus als gesalbtes priesterliches Gotteslamm Gottes Zorn stillt, will damit gesagt werden: Weil er als der einzig Gehorsame sich bis zum Letzten durch den Tod am Kreuz seinem himmlischen Vater zur Verfügung stellt im Namen und im Auftrag des Heiligen Geistes, nimmt Gott *seinen* Gehorsam als *unseren* vollständigen Gehorsam an, weil wir mit ihm durch den gleichen Geist in tiefer Gemeinschaft leben. Das „Stillen des Zornes" Gottes meint, dass Gott um des Todes Jesu willen nun keine Forderungen an uns hat, was die *Erlösung* betrifft (wohl aber, was unseren *Gehorsam* betrifft). Sein Tod ist unser Tod, sein Auferstehen ist unser Auferstehen.

Bevor ich zum Prophetenamt Jesu komme, möchte ich auf ein besonderes Stilmittel aufmerksam machen, das an verschiedenen Stellen im Katechismus vorkommt: Es geht um die Frage nach dem „Nutzen" dessen, was eben lehrhaft verhandelt wurde oder wie wir heute sagen: „Was habe ich davon?", „Was heißt das praktisch?" Das also haben wir vom geistlichen Königsamt Jesu Christi: „So sind wir nun auch ausgerüstet mit der Kraft, die den Sieg über die stets vorhandenen Feinde unserer Seele – Sünde, Fleisch, Teufel und Welt – zu bringen vermag" (Fr. 42). Wir dürfen also „im Leben herrschen", wie Paulus sagt (Röm 5,17). Wir dürfen Königskinder sein, dürfen als Sieger leben, aber nicht so, dass wir leichtsinnig sagen: „Das haben wir alles hinter uns, das interessiert uns nicht mehr", sondern indem wir die widergöttlichen Versuchungen zwar an uns herankommen lassen und sie nicht verdrängen, wohl aber zu ihnen sagen: „Verschwindet!"

Und zum Nutzen, den wir aus dem Priesteramt Jesu ziehen, sagt Calvin: Jesus hat sich für uns zum Opfer hingegeben, „damit wir voller Vertrauen vor sein Angesicht treten, um uns selbst und alles, was unser ist, ihm als Opfer darzubringen. So macht er uns gleichsam zu Teilhabern an seinem Priestertum" (Fr. 43). Dass wir sein Opfer im Glauben annehmen, sagte er an anderer Stelle, hier kommt der starke ethische Akzent seiner Theologie zum Tragen. Die Hingabe unserer selbst als ein lebendiges Opfer (Röm 12,1f.) ist die Basis aller Selbstverleugnung, die ansonsten zu einer elenden Selbstquälerei entarten würde. Dass wir teilhaben an Jesu Priestertum, ist auch die Grundlage für die weiter unten darzustellende Lehre Calvins vom vierfachen Amt der Gemeindediener. Christian Link hat als Mitherausgeber der „Calvin-Studienausgabe" im Vorwort zu Band 2 („Gestalt und Ordnung der Kirche") folgende wichtige Verknüpfungen entwickelt:

Die auffallendste Neuerung, das vierfach gegliederte Amt (ministerium), das den modernen Ansatz einer Handlungstheorie der Kirche in sich enthält, ist zugleich eine bemerkenswerte Zurückweisung des päpstlichen Anspruchs, die drei Ämter Christi (Prophet, Priester, König) in *einer* Hand zu vereinen. Um diesen Anspruch zu brechen, um die neutestamentliche Beziehung zwischen *dem* „Amtsträger" Christus und dem abbildlichen kirchlichen Amt zur Geltung zu bringen *und* zugleich den bleibenden Unterschied beider herauszustellen, hat Calvin die drei Ämter *entflochten* und in *verschiedene* Hände gelegt (wobei sich ihm das prophetische Amt noch einmal in das des Pastors und das des Doktors zerteilt). In diesem Grundsatz der Ämterteilung ist eine der Wurzeln der calvinischen „Demokratisierung" greifbar, aus denen sich – ein hochbedeutsamer Vorgang! – in Westeuropa die politische Form der repräsentativen Demokratie entwickelt hat.

Die Hervorhebung des prophetischen Amtes durch Calvin ist sicher eine Frucht seiner Hochschätzung des Alten Testaments und der Erkenntnis, dass in der Person Jesu Christi alle Verheißungen, alle vorläufigen Abschattungen, aber auch alle Ämter ihre abschließende Erfüllung gefunden haben. Darum ist Jesus *der* Prophet, nach dem wir keinen anderen mehr zu erwarten haben. Calvin reagiert mit dieser Erkenntnis sicher auch auf die sogenannten „Spiritualisten", die sich auf Privatoffenbarungen beriefen und die Bibel missachteten. Dass Jesus als Prophet, auferstanden von den Toten, unter uns wirkt,

Das vierfache Amt in der Gemeinde in Genf gründet in den drei Ämtern Christi.

zeigt sich daran, dass er uns „mit der wahren Erkenntnis des Vaters erleuchte(t)", kurz, dass er der „Lehrer der Seinen" ist – alles Aussagen, die sonst dem Heiligen Geist zukommen. Hier sieht man besonders deutlich, wie alle Ämter auf der Salbung durch den Heiligen Geist beruhen. Am Ende von Fr. 44 liest man eher versteckt: „... und uns zu vertrauten Schülern Gottes mache (lat. domesticos Dei discipulos efficiat)".

Aber hier schweigt der Reformator, wie alle anderen Reformatoren auch, ob *wir* vielleicht Anteil am prophetischen Amt Jesu Christi hätten. Sicher, die Hirten und Lehrer bedürfen der aktuellen Weisung durch den Geist, sonst gerinnt ihre Lehre zur Leere. Aber gibt es keine neutestamentlichen Propheten mehr, obwohl der eine Prophet Jesus in uns und unter uns redet? Hier klafft eine Lücke in der biblischen Theologie aller Reformatoren! Freilich ist eine Beschreibung von einer Anteilhabe der Gemeinde am prophetischen Amt Jesu Christi äußerst schwierig und sehr gefährlich und gefährdet. Karl Barth wird in der zweiten Hälfte des 20. Jahrhunderts hier einige weitere Schritte am Schluss seiner riesenhaften Dogmatik wagen.

Insgesamt ist der Genfer Katechismus eher ein Kompendium für Prediger als ein Memorierwerk für Kinder und Anfänger im Glauben. Calvin sah das auch und schuf daneben eine verkürzte Form für den Jugendunterricht. Der Genfer Katechismus in dieser Endform ist darauf angelegt, wie die ganze Theologie Calvins überhaupt, dass Menschen *weiterkommen im Glauben*. Wo das nicht im Blick ist, meint man Grund zu haben, seine Ausführlichkeit kritisieren zu müssen.

B. Grundzüge des Genfer Gottesdienstes von 1542

Wir können an schon Gesagtes anknüpfen: Der Gottesdienst, wie Calvin ihn von der Bibel her sieht, ist kein Reformprodukt wie der lutherische Gottesdienst, sondern eine *Neuschöpfung*. Es ist keineswegs so, dass er in der Tendenz an Elementen arm wäre. Er kann leider monoton-intellektuell werden, wenn er von Predigern gestaltet wird, die in ihrer Theologie und Frömmigkeit selber eintönig und phantasielos sind. Die Gefährdung des lutherischen Gottesdienstes liegt demgegenüber in einer Monotonie der Wiederholungen, wenn der Prediger nur auf die richtige, wortgetreue Wiedergabe der vorgegebenen liturgischen Schritte achtet.

Calvin hingegen kommt es auf Klarheit und Einfachheit an. Es geht ihm um *Gotteserkenntnis*. Und diese hat, wie wir längst wissen, nichts mit einem kalten Rationalismus zu tun. Allerdings stellt dieser Gottesdienst *Anforderungen*, und zwar an den Prediger wie an den Hörer gleichermaßen. An den Prediger: Es werden ziemlich lange Gebete und Ermahnungsstücke verfasst, die keineswegs dazu gedacht sind, dass sie gedankenlos heruntergelesen werden. Sie sind *Anregungen,* die der Prediger kreativ verwenden soll. Der calvinische Gottesdienst gibt dem Prediger Freiheit und Verantwortung zugleich. An den Hörer: Er muss innerlich dabei sein, er kann es sich nicht erlauben, in Gedanken spazieren zu gehen, sonst verpasst er den Anschluss. Der *Psalmengesang* ist einstimmig mit oder ohne Musikbegleitung gedacht. Sicher sind die inzwischen auf 35 angewachsenen nachgedichteten Psalmen nicht ganz einfach zu singen, ihr herber Bekenntnischarakter fordert allerdings eine klare innere Beteiligung des Gottesdienstbesuchers heraus. Zusammengefasst in den Worten von Andreas Marti, dem Bearbeiter der entsprechenden Texte:

Diese Feststellung weist darauf hin, dass die gottesdienstliche Versammlung keine sakrale Sonderzeit darstellt, sondern integriert ist ins christliche Leben, das als ganzes ‚vor dem Angesicht Gottes' verstanden sein will … Dann aber stellt sich der Gottesdienst des im Angesicht Gottes stehenden Lebens unter Gebet, Verkündigung und Mahl dar; entsprechend konzentriert sich die Musik, die dabei verwendet wird, auf ihre Grundbestandteile, nämlich Wort und Melodie. Es geht also keineswegs um Reduktion, sondern um Verdichtung im Interesse der angemessenen Würde.

Zweifellos bietet die „Integration ins Leben" für die spezielle Gottesdienstzeit eine Versuchung zur Banalisierung: Alles und jedes wird eingebracht, wie es gerade kommt. Der Ausweg daraus darf aber niemals eine neue Sakralisierung sein, sondern muss eine „Wegbegradigung" sein, die wiederum vor Phantasielosigkeit zu schützen ist. Unter verantwortlicher „Wegbegradigung" verstehe ich, dass ich allen Mitarbeitern im Gottesdienst von Zeit zu Zeit die Frage stelle (in Anlehnung an das Genfer Vorbild): „Stehen wir vor Gottes Angesicht oder inszenieren wir ein Selbst-Darstellungs-Spektakel?" Der reformierte Gottesdienst bietet die Möglichkeit zur kreativen

Psalmengesang: Bekenntnis der Gemeinde vor dem Angesicht Gottes

Gestaltung, was nicht mit „Auffüllung" von diesem und jenem verwechselt werden darf.

So stellt sich also der Genfer Gottesdienst dar (und im Kern der Gottesdienst aller reformierten Gemeinden):

1. Der Eingang: Votum – Schuldbekenntnis – Psalmgesang
2. Verkündigung: Gebet vor der Predigt – Predigt
3. Antwort der Gemeinde: Dekalog gesungen – Fürbitte mit Unser-Vater – (Gebet vor dem Mahl) – Glaubensbekenntnis
4. Mahlfeier: Einsetzungsworte – Ausschluss der Unwürdigen – Ermahnung – Austeilung
5. Dankgebet – Psalmgesang – Segen

Wie hat nun Calvin die von ihm immer wieder angemahnte Kirchenzucht im Rahmen des Gottesdienstes im Zusammenhang der Mahlfeier gehandhabt? Der Pfarrer soll so ermahnen nach den Einsetzungsworten:

Wir haben gehört, meine Brüder, wie unser Herr sein Mahl im Kreis seiner Jünger gehalten hat. Dadurch zeigt er uns, dass die Fremden und diejenigen, die nicht zur Gemeinschaft seiner Gläubigen gehören, dazu nicht zugelassen werden sollen. Darum verbanne ich (frz. ie excommunie) gemäß dieser Richtschnur und im Namen und in der Vollmacht unseres Herrn Jesus Christus alle Götzendiener, Gotteslästerer, Gottesverächter, Ketzer, alle Leute, welche Sekten bilden ... Ihnen zeige ich an, dass sie sich von diesem heiligen Tisch fernzuhalten haben, damit sie nicht die heiligen Speisen verunreinigen und besudeln, welche unser Herr Jesus Christus ausschließlich seinen Dienern und Gläubigen gibt.

Das Verbannen ist keine Fluchhandlung. Es ist das „Verschließen des Himmelreiches" nach dem Jesuswort aus Mt 18. Es geht hierbei nicht um persönliche alltägliche Verfehlungen, es geht aber um die *Abweisung des offenbaren Widerstandes gegen Gott.* Calvin sieht ein „Anzeigen" im Gottesdienst vor. Ein solches ist kein „Bezeichnen" mit dem ausgestreckten Finger des Predigers auf ganz bestimmte Personen. Sicher hat es dann auch Situationen gegeben, in denen ein bereitstehender Diakon Personen, die vorher schon bekannt waren, sich aber trotzdem zur Mahlfeier begaben, aus dem Gottesdienstraum hinaus führte. Aber davon ist hier nicht die Rede. Letztendlich bietet auch diese Kirchenordnung vor dreisten Menschen keinen Schutz, die sich trotz aller Mahnungen zur Mahlfeier begeben.

Wir kennen es heute kaum, dass Gotteslästerer und offensichtliche Sektierer mit Absicht sich in die Mahlfeier hineindrängen – sie kommen erst gar nicht. Was es natürlich gibt, sind Menschen mit Verfehlungen, Belastungen und so fort, die nicht so ohne Weiteres als solche identifizierbar sind. Um solche geht es hier aber nicht. Da kann es höchstens vorkommen, dass etwa ein Gemeindeältester in unglaublicher Dreistigkeit aus seinem ehebrecherischen Verhältnis keinen Hehl macht, sondern in hochmütigem Stolz sich unter die Kommunizierenden mischt. In *diesem* Fall, um

Der Kirchenbann: Versuch der Abweisung des offenen Widerstandes gegen Gott

eine gravierende geistliche Verunreinigung der Gemeinde abzuwenden, wird der Prediger oder Pfarrer an ihm vorübergehen und ihm die Gaben des Mahls verweigern. Man wird Calvin aus der Zeit heraus zu verstehen haben: Der neuzeitliche Individualismus war noch nicht die Lebenseinstellung der Menschen. Jeder wusste sich dem Corpus Christianum zugehörig. Auf der anderen Seite gab es noch nicht die Kultur des Persönlichen und des Dialogs mit den dazu gehörenden Rücksichtnahmen. Es gab noch nicht die feinsinnige Kultur der Aufklärung oder die bürgerliche Kultur des 19. Jahrhunderts. Jeder drängte dazumal mit seiner Meinung in die Öffentlichkeit – selbstverständlich innerhalb des Corpus Christianum! Gegen die *damaligen* Auswüchse musste Calvin Barrieren aufrichten und musste natürlich seinen Tribut an das oben kurz beschriebene Klima seiner Zeit zahlen.

Letztlich aber ist die Kirchenzucht in Genf und anderswo gescheitert. Wenn man die Einheit von Kirchen- und Zivilgemeinde so eng miteinander verzahnt betrachtete, wie es zumal die calvinische Kirchenordnung versuchte, *konnten* die Konflikte mit der Zivilgemeinde nicht ausbleiben, weil es dieser ja hauptsächlich um städtische Interessen, um finanzielle Vorteile und Ähnliches ging. Sollte dann etwa ein erfolgreicher und in den Gremien der Stadt eingebundener Geschäftsmann von der Kirche geächtet werden dürfen? Die Konflikte wegen der Kirchenzucht hörten nie ganz auf, obwohl es ruhigere und turbulentere Zeiten auch in Genf gab, aber eigentlich erst in den letzten vier oder fünf Jahren seines Wirkens in dieser Stadt.

Aber eines wird man von Calvin lernen: Wir können uns niemals in die „billige Gnade" (Bonhoeffer) zurückziehen und sagen: „Wir sind ja alle Sünder", und darüber die Heiligung vergessen. *Der unsichtbare Heilige Geist drängt in die sichtbare geheiligte Gemeinde.* Dazu wollen wir die Kirchenordnung Calvins weiter befragen.

C. Das vierfache Amt in der Gemeinde

Wir erinnern uns noch einmal daran, dass Calvin den autoritären Katholizismus und die Bindung an das monarchische französische Königtum in seiner Bekehrung endgültig abgelegt hatte. Schließlich hatte er die mehrfach gestaffelte Regierungsweise des Stadtstaates Genf vor Augen, wo es auch nicht nur einen, sondern vier Bürgermeister (lat. syndici) gab. Was er nun für die Zustimmung durch den Rat formuliert, ist sicher ein Kompromiss. Aber Calvin hatte gelernt, auch in diesen Begrenzungen die Vorsehung Gottes zu erkennen. Es geht um die erste Gruppe der „Pastoren" und der „Lehrer", wobei die Ersteren den weitaus größeren Raum in der Kirchenordnung einnehmen und die Lehrer nur im Vorübergehen gestreift werden. Die zweite Gruppe ist die der „Ältesten", die vierte die der „Diakone". Das Wort „Amt" ist verfänglich. Es lässt an einen Status denken, gemeint aber sind *Dienste*.

1. Der Dienst des Pfarrers

Was man Pfarrer oder „Pasteur" nennt, heißt in der Bibel „Bischof" oder „Aufseher" (wie der „Aufseher" einer Baustelle, frz. surveillan) oder „Ältester" (frz. ancien) oder „Diener" (frz. ministre). Der Pfarrer ist Pfarrer, insofern er einer im Kreis der Ältesten ist, und er ist Verkündiger, insofern er Aufseher ist im Sinne der Koordination.

Was die Ordnung von 1537 überschreitet, ist dieses: Der Pfarrer muss einer sein, der „eine gute und gründliche Kenntnis der Schrift besitzt". Wie er sie erwirbt, wird hier noch nicht festgelegt. Aber er muss seine Lehre „vermitteln" (frz. communiquer) können. Vermitteln kann man nur, wenn man als Prediger selbst in der „Vermittlung" lebt, will sagen: Wenn man sich selbst etwas sagen lässt, kann man es anderen weitersagen. Der Pfarrer thront nicht in pfarrherrlicher Höhe, allein mit seinen Betrachtungen beschäftigt. *Calvins Kirche ist eine Brüderkirche, die vor allem die Pfarrer-Brüder umfasst.* Darum heißt eine wesentliche Bestimmung für die rechte Ausübung ihres Dienstes:

Zu diesem Zweck ist es erstens nützlich, dass alle Pfarrer, um Reinheit und Eintracht der Lehre untereinander zu bewahren, an einem bestimmten Wochentag zu einem gemeinsamen Schriftstudium zusammenkommen. Keiner soll sich ohne rechtmäßigen Grund davon ausnehmen, und wer sich nicht daran hält, soll ermahnt werden.

Wenn es dann noch heißt, dass die Pfarrer abwechselnd eine biblische Texterklärung darbieten und die anderen sich zur Beurteilung anschließend zurückziehen sollen, um das Ergebnis dem Wortführer dieses Tages dann mitzuteilen, so hört sich das für unsere Ohren natürlich wieder ziemlich inquisitorisch an. Heute gibt es stattdessen inoffizielle Nachgespräche, wo oft genug gehässige und vernichtende Worte fallen – warum soll man das Ganze nicht institutionalisieren und nach einer letzten Aussprache dann die Angelegenheit abhaken? Wir stören uns des Weiteren daran, dass man zur Aussprache nicht zusammenbleibt, sondern sich zurückzieht. Wir sind ja Meister des „Gesprächs" und des „friedlichen Streitens" und bringen „hilfreiche Ergänzungen", eingeleitet mit: „Ich würde sagen …". Unsere übliche Vornehmheit könnte bei Licht besehen aber eine Feigheit oder Gleichgültigkeit gegenüber dem Evangelium sein, und dem anderen helfen wir nicht, wenn wir bagatellisieren. Dazu kommt in der Reformationszeit die Tatsache, dass man oft nicht wusste, was und wo die Prediger gelernt hatten. Beispiele von sich eindrängenden Betrügern, die sich gern vom Rat der Stadt bezahlen ließen, gibt es viele, auch in Genf. Wir Heutigen, die uns über solche vermeintliche Rabiatheit und Rücksichtslosigkeit erhaben dünken, sollten nicht vergessen, dass niemand mehr gefährdet ist, auf Abwege aller möglichen Art zu gelangen, als Prediger des Evangeliums. Schließlich würden wir bemängeln, dass offensichtlich nicht nach dem persönlichen Glauben des Predigers gefragt wird. Calvin wird sicher gemeint haben, dass jemand, der den Katechismus beherrscht,

Calvins Kirche ist eine Brüderkirche, die die Pfarrer-Brüder umfasst.

nicht ungläubig sein kann. Doch hier blieben Fragen – hier wird erst der Pietismus nach einer Fülle von leidvollen Erfahrungen mit gelehrten und redegewandten Pfarrern einen Schritt weiter gehen.

In Genf hatte die Volksversammlung die wesentlichen Gesetzesbestimmungen des Rates zu billigen. Sicher auch davon inspiriert warnt Calvin davor, die Gesamtgemeinde bei der Einsetzung des Pfarrers zu übergehen und ihre Zustimmung nicht abzuwarten (wie es schon vorgekommen war):

Damit wurde aber das Volk und der ganze Leib Christi um seine Entscheidungsmöglichkeit gebracht …,

und das darf nicht sein. Es muss auch möglich sein, dass ein einfacher Mensch – wenn erforderlich – Bedenken gegen die Anstellung eines Pfarrers äußern darf, wenn er dazu stichhaltige Gründe hat. Obwohl die Kirchengemeinde in ihren Entscheidungen selbstständig handeln darf, soll der Pfarrer nach seiner Wahl „vor den Herren Bürgermeistern einen Eid … ablegen …". Darin soll auch vorkommen, dass er sich bemühen werde, „dass das Volk unter Leitung des Rats in Frieden und Eintracht lebt, nichts zu unterstützen, was dem zuwiderlaufen könnte …". Dieser Passus bietet Konfliktstoffe mannigfacher Art, vor allem bei der Handhabung der Kirchenzucht: Der Rat konnte immer darauf pochen, dass der Pfarrer einmal beeidet hat, dass er sich ihm gegenüber völlig loyal verhalten würde. Die Abschaffung von früheren katholischen Feiertagen, Prinzipien zur Eheschließung und Eheführung, Bestattungsriten und so fort boten eine Fülle von Reibungsflächen, und immer konnte der Rat fragen, ob der Pfarrer auch das Wohl der Stadt im Blick habe. Umgekehrt konnte auch der Rat die Pfarrer in die Pflicht nehmen und ihre Solidarität einfordern, wie dieses bei dem Prozess gegen den Antitrinitarier Michael Servet geschah. Letztlich ist aber die Art und Weise, wie Pfarrer eingesetzt werden, aber sehr „modern" – da ist nicht vom Eingesetztwerden durch den Landesherrn oder den Patron die Rede.

2. Der Dienst des Lehrers

Der in der Kirchenordnung genannte zweite Dienst ist der des Lehrers (frz. docteur). Ihm obliegt die spezielle Unterweisung der Kinder und Jugendlichen und derer, die aus anderen Konfessionen um die Aufnahme in die Gemeinde bitten. Die Kenntnis der Lehre ist wichtig, damit sich die Genfer gegen die immer wieder sich eindrängenden fremden Lehren wappnen können. Da Calvins Ziel nicht die Versorgungs- und Betreuungskirche ist, sondern die *mündige Gemeinde,* hat der Lehrer die Förderung des Nachwuchses im Blick zu behalten, damit die Kirche nicht aus Mangel an Pastoren und Pfarrern verwaist. Auch das, was wir heute „Mitarbeiterschulung" nennen, soll der Lehrer auf seine Schultern nehmen. Darum ist ein Gymnasium – nach dem Text der Kirchenordnung für *alle* Jungen – einzurichten, um die Schüler zu unterrichten, und sie sowohl auf den Kirchendienst wie auf ein politisches Leitungsamt vorzubereiten; die Mädchen aber sollen wie bisher ihre eigene Schule haben. Man sieht: *Reformation ist nicht möglich ohne Schule und Bildung.* Dies ist ein Unternehmen, das auch dem Staat zugute kommt. Dass bei dieser geistlichen Zielrichtung natürlich auch die Elementarien wie Schreiben, Lesen, Rechnen vermittelt wurden, versteht sich von selbst.

Man fragt sich allerdings, warum die Lehrer nicht in der gleichen Weise in die verbindliche Lehr- und Lebensgemeinschaft mit den Pastoren oder mit Ihresgleichen eingebunden sind. Die Kirchenordnung sagt jedenfalls nichts darüber. Wir haben aber aus dem Briefwechsel Calvins Nachrichten über den Rektor der bisherigen Schule in Genf, Sebastian Castellio, mit dem es einige Probleme gab. Aus ihm kann man ersehen, dass die Lehrer sehr wohl einer den Pfarrern ähnlichen Lehrüberprüfung unterzogen wurden. Zugleich kann man aus den Nachrichten sehr gut entnehmen, wie sich bei Calvin – man kann es als Seelsorgehandlung bezeichnen – sowohl Konsequenz als auch Wertschätzung miteinander verbinden konnten. Castellio vermochte zum Beispiel das Hohelied Salomos nicht als Bestandteil der Heiligen Schrift anzuerkennen. Calvin und seine Kollegen führten mit ihm ein Gespräch, in dem sie ihn, neben anderen Diskussionspunkten, von der Kanonizität des Hohenlieds zu überzeugen suchten. Für Calvin ist gerade die Leugnung der Kanonizität eine Sache, die er nicht dulden kann. Nach der Weise „Wehre den Anfängen …" schreibt er über die Kontroverse mit Castellio:

Den Feinden und Böswilligen aber, die jede Gelegenheit suchen, das Evangelium zu verdächtigen und besonders unsere Kirche zu schmähen, würde damit durch uns Tor und Tür geöffnet. Schließlich wären wir durch diesen Fall auch für die Zukunft verpflichtet, es einem anderen nicht als Fehler anzurechnen, wenn er den Prediger oder die Sprüche Salomos oder irgendein anderes Buch des Kanons ablehnte … (Br. 109).

Das ist die eine Seite. Castellio wird ermahnt, aber er wird nicht seines Amtes enthoben. Er verzichtet freiwillig auf sein Amt. Calvin schreibt weiter:

Auf sein Lehramt an der Schule hat er freiwillig verzichtet. Er hat sich darin stets so gehalten, dass wir ihn des heiligen Dienstes am Wort würdig erachtet hätten … ich möchte, wir fänden irgendeine Weise, für Sebastian zu sorgen. Ich, meines Teils, werde, soviel mir's möglich ist, dabei helfen (ebd.).

Trotz allem bleibt sein Gesamturteil über Castellio positiv:

Wohl aber hat er mir Anlass gegeben, dass ich ihn für ehrgeizig und streitsüchtig halte. Aber ich will nur auf seine Gelehrsamkeit und seinen sonst gar nicht üblen Charakter schauen (ebd.).

Das Beispiel von Sebastian Castellio, der später eine Anstellung in Basel fand, zeigt, wie bei Calvin scharfe sachliche Kritik und Wertschätzung der Person miteinander gehen konnten. Auch die Lehrer stehen letztlich als Glieder der gemeinsamen Sache des Evangeliums in einem Verbund der wechselseitigen Kritik und Korrektur (nicht: Kontrolle).

3. Der Dienst der Ältesten

Über die Ordnung von 1537 hinausgehend wird nun bestimmt, dass diese Männer aus *allen* Gremien der Stadt zu nehmen sind, „die vor allem Gott fürchten und geistliche Klugheit besitzen". Vom Rat der Stadt werden sie zum *Konsistorium,* einem städtisch-kirchlichen Ratgeber-Gremium, zusammengeführt. Die Pfarrer werden bei der Auswahl dieser Personen zurate gezogen. Die Ältesten haben zu schwören, dass sie die Pflicht haben,

allen Götzendienst, alle Gotteslästerung, alle Ausschweifung (frz. dissolutions) und was sonst der Ehre Gottes und der Erneuerung des Evangeliums widerspricht, zu verhindern, und diejenigen, die es nötig haben, je nachdem sich die Gelegenheit dazu bietet, den Pfarrern zu nennen.

Diese Ältesten handeln, nach dem Wortlaut ihres Eides, sehr selbstständig und eigenverantwortlich. Sie sind nicht in jedem Fall zur Anzeige verpflichtet, sondern nur das bringen sie vor, was dem Konsistorium mitgeteilt werden sollte. Mit anderen Worten, sie sind „Streetworker", die die Menschen da aufsuchen, wo sie wirklich sind. Freilich sind die Anforderungen enorm. Hat die Stadt genug Männer, die geistliche Klugheit in einem nötigen Maß besitzen? Auch hier bleiben Fragen. Der Dienst des Ältesten ist hier also nicht wie heute ein Leitungsdienst der Gemeinde, sondern die Ur-Form eines Sozialamtes. Sie stehen ganz unter der Aufsicht der Stadtverwaltung. An dieser Stelle sieht man wieder sehr deutlich, wie die Reformation ganz in das soziale Gefüge einer Stadt eingebaut ist. Das gilt auch von dem vierten Dienst.

4. Der Dienst der Diakone

Dieser spielt sich nicht in der Kirchengemeinde ab, sondern im städtischen Spital und seinem Umfeld. Hier gibt es schon vor Calvin die „Fürsorger" (frz. Procureurs). Zum einen wird durch die Ordnung einem der Fürsorger die Verwaltung der Spenden anvertraut. Die anderen sind für „die Kranken als auch für die arbeitsunfähigen alten Leute, für Witwen, Waisenkinder und andere Bedürftige" zuständig. Für die Kinder wird zusätzlich ein Lehrer angestellt. Dazu kommt noch die Betreuung einer Herberge offensichtlich für Nichtsesshafte. Was uns wundert, ist die geringe Zahl von vier Betreuern (plus Lehrer für die Kinder). Da wir heute die sinnvolle Regelung von Arbeits- und Ruhezeiten von Mitarbeitern im Auge haben, halten wir diese geringe Zahl, die ausdrücklich auf vier begrenzt wird, für völlig unzureichend.

War es das, was Calvin vorschwebte? Stand dahinter nicht die große und tiefe Schau von dem gegliederten Amt, das Jesus Christus selbst innehat? Nun hat Calvin im Gegensatz zu den Täufern, die meinten, unter Überspringen der derzeitigen Situation unmittelbar an die urchristliche Zeit anknüpfen zu können, einen *Kompromiss* gesucht zwischen dem, was die Bibel sagt, und dem, was damals überhaupt möglich war. Weil das Neue Testament bezüglich der Dienste und Ämter auch in den Bezeichnungen sich nicht festlegt, will Calvin nicht den Weg der katholischen Kirche gehen, die hier meint, mehr zu wissen. Auf jeden Fall sind zwei Dinge wichtig. Zum einen: „Will also jemand als wahrer Diener der Kirche angesehen werden, so muss er zuerst rechtmäßig berufen (lat. rite vocatus) sein." Beamtete Bürger der Stadt müssen ihn öffentlich auf den Dienst verpflichten. Das andere: „... ferner muss er aber auch seiner Berufung entsprechen, das heißt: Er muss die ihm übertragenen Aufgaben anfassen und ausführen" (Inst. IV, 3.10). Dieser Doppelschritt ist auch sonst bei Calvin zu finden: Glaube und Gehorsam, Erwählung und Berufung, Rechtfertigung und Heiligung. Ist das eine nicht da, ist auch das andere wertlos.

Die Berufung der Diakone: ein Kompromiss zwischen dem, was die Bibel sagt, und dem, was möglich war

Die Frage der Täufer war an dieser Stelle natürlich noch eine andere: Gibt es über die öffentliche Berufung hinaus nicht noch eine *innere Berufung durch den Geist Gottes?* Calvin, der ja deren Anfragen ganz ernst nimmt, hat viel vom „inneren Zeugnis des Heiligen Geistes" gesprochen, so auch hier:

Ich spreche dabei von der äußeren und feierlichen Berufung, die es mit der öffentlichen Ordnung der Kirche zu tun hat; jene verborgene Berufung, deren sich jeder Diener vor Gott bewusst ist, zu deren Zeugen er aber die Kirche nicht hat, übergehe ich. Diese verborgene Berufung ist das gute Zeugnis unseres Herzens, dass wir weder aus Ehrgeiz noch Habsucht noch aus irgendwelcher anderen Begierde, sondern aus aufrichtiger Gottesfurcht und aus dem Eifer um die Auferbauung der Kirche heraus das uns angebotene Amt annehmen. Das ist, wie ich sagte, für jeden Einzelnen von uns notwendig, wenn wir wollen, dass unser Dienst vor Gott wohlgefällig sei (Inst. IV, 3.11).

Zuerst klingt es so, als wolle Calvin sagen: Die äußere Berufung *ist* die innere Berufung. Doch Calvin sagt am Ende dieses Abschnittes noch entscheidend mehr: Es ist für den Diakon unbedingt notwendig, dass er das persönliche Zeugnis Gottes hat. Aus seiner inneren Berufung lebt der Diakon, aber die äußere hält ihn fest. Calvin ist hier prophetisch, ohne dass es ihm bewusst ist. Der Pietismus alter und neuer Zeit wird die Frage nach der inneren Berufung der verfassten Kirche mit Beharrlichkeit stellen – Calvin hat hier wenigstens die Türe einen Spaltbreit geöffnet. Er hat es noch an einer anderen Stelle getan, wo er auf die Ämter von Eph 4,11 zu sprechen kommt. Hirten und Lehrer sind heute vorhanden, sagt er. Die ersten dort genannten drei Ämter: Apostel, Propheten und Evangelisten

… hat der Herr am Beginn seines Reiches erweckt, *und er erweckt sie auch sonst zuweilen, je nachdem es die Notdurft der Zeiten erfordert* … (Darum waren) diese drei Amtsaufgaben in der Kirche nicht dergestalt eingerichtet, dass sie bleibend sein sollten … Allerdings bestreite ich nicht, dass Gott auch nachher noch zuweilen Apostel oder wenigstens an ihrer Stelle Evangelisten erweckt hat, wie das zu unserer Zeit geschehen ist (Inst. IV, 3.4, kursiv DS).

Hier wird er vielleicht Martin Luther gemeint haben, weswegen ich diesen einen „Propheten" genannt habe. *Gott überschreitet in Not- und Katastrophenzeiten die solide Ämterstruktur der Kirche und setzt Gaben und Dienste frei, die in den Zeiten des Neuen Testaments grundlegend waren. Doch wann sind diese Zeiten da?* …

5. Die Lehre von der Kirche bei Calvin – einige zusammenfassende Thesen
(nach Christian Link, *Die Kennzeichen der Kirche nach reformierter Sicht,* in: *Die Zukunft der Reformierten Theologie,* 273ff.)

1. Der Berner Reformator Berchtold Haller hat 1528 in Erläuterung des Berner Beschlusses, die reformatorische Predigt in jener Stadt einzuführen, gesagt (was in ähnlicher Weise für Calvins Arbeit in Genf gilt):

Diese Kirche ist aus dem Wort Gottes geboren, aus dem Wort des Glaubens, das Gott lebendig und tätig macht, und in unser Herz redet und kein anderes ist als das gepredigte und in der Schrift verfasste. Röm. Diese Berufung, Erleuchtung und Erneuerung der Herzen nenn' ich die Geburt der Kirche.

Also nicht da, wo nur das hörbare Wort Gottes in einer Ansammlung von Menschen ergeht, sondern da, wo es in die *Existenzmitte,* also in das Herz von Menschen fällt und dort den *Prozess der Erneuerung* vollzieht, da ist Kirche! Es geht also immer um den inneren Zusammenhang von Hören *und* Gehorchen, von Hören *und persönlichem Annehmen* der Botschaft. Darum ist Kirche nie bloß „Auditorium" (Hörsaal), sondern „Konfession" (Bekenntnisgemeinschaft).

Die überkommene Kirche muss immer auf dem Weg zur Bekenntniskirche sein oder sie ist nicht Kirche.

2. Kirche ist immer die Zahl der Erwählten *in* einer verfassten Gemeinschaft von Menschen, die sich Christen nennen. Kirche ist sichtbar, aber sie ist keine geschlossene Gesellschaft. Kirche „steht als ,auserwählte Gemeinde' repräsentativ für die gesamte Menschheit. Sie soll sich mit ihrem Zeugnis auf *alle* Menschen beziehen und die ganze Welt durch ihre Existenz zum Glauben rufen."

Kirche ist missionarisch oder sie ist nicht Kirche.

3. Der tiefe Sinn der Gemeinschaft in Christus durch den Heiligen Geist ist der, dass nun Christus als Herr der Kirche ein Durchlassrohr hat für die Mitteilung seiner Gaben, „dass (die Christen) all die Wohltaten, die ihnen Gott gewährt, einander *gegenseitig* mitteilen" (Inst. IV. 1.3).

Kirche ist gabenorientierte Kirche oder sie ist nicht Kirche.

4. „Erst indem bestimmte, dem ,regierenden' Haupt entsprechende Funktionen wahrgenommen und Früchte gebracht werden, kommt es zu einer klar umrissenen ,kenntlichen' Gestalt."

Kirche ist von Christus als dem Haupt her strukturiert und geleitet oder sie ist nicht Kirche.

5. „Kirche ist die Mutter aller Gläubigen."

Kirche ist als dienender Leib Christi die Heimat aller Gläubigen oder sie ist nicht Kirche.

VI. Die Jahre 1545–1555: Notvolle Zeiten – schmerzliche Konflikte

Die Zeiten, in denen sich die neuen Ordnungen bewähren sollen, sind für Calvin und seine Kollegen und Mitarbeiter nicht günstig. Das Jahr 1544 bringt Feldzüge des deutschen Kaisers gegen Franz I. von Frankreich. Calvin steht trotz aller Kritik am französischen König auf dessen Seite. Obwohl er ihn einmal als Feind erlebte, sieht er die Situation jetzt anders. In einem Brief (Juni 1544) heißt es:

Wie die Weltlage jetzt ist, müssen wir alle wünschen, dass dem allzu ungestümen Mut des Kaisers Einhalt getan werde. Denn wenn es Frankreich ernstlich schlimm geht, so wird das, glaube es mir, auch über uns hereinbrechen. Denn ist Frankreich gebrochen und unterworfen, so ist gewisser als gewiss, dass dann der Kaiser seine Waffen gegen uns (Evangelische) wenden wird (Br. 115).

Die Deutschen erleben empfindliche Niederlagen. Lutherisch gesonnene Fürsten haben Kontingente gestellt. Die Niederlage des Kaisers ist auch die ihre. Calvin sieht dies als Gericht Gottes wegen ihrer Verblendung. Der Reichstag zu Speyer bringt keinen Fortschritt in der Frage der Duldung der Evangelischen. In einem Brief an Philipp Melanchthon schreibt Calvin:

Unterdessen stockt unsere Ausbreitung der Herrschaft Christi selbst da, wo sich Gelegenheit böte. Was am letzten Reichstag (zu Speyer) verhandelt wurde, ist ein Zeichen des Zusammenbruchs Deutschlands (Br. 112).

Und das Verhältnis zu den Lutherischen ist für die Schweizer durch Luthers Spätschrift von 1544, „Kurzes Bekenntnis vom Abendmahl", wieder aufs Äußerste gespannt. Vorher hatte dieser in einem Brief die alten Gräben zu den Zürichern wieder aufgerissen. Calvin fleht in seinem Brief an Melanchthon den Wittenberger Professor an:

Ich beschwöre Dich, halte, soviel Du kannst, Dr. Martinus zurück, oder eher, hindere ihn daran, seinem Grimm gegen die Zürcher Kirche nachzugeben. Er hat vielleicht Grund, ihnen zu zürnen, aber fromme, gelehrte Männer sollten doch höflicher behandelt werden. Lege Dich also Deiner außerordentlichen Klugheit entsprechend ins Mittel und mache ihn ein bisschen versöhnlicher (Br. 116).

Als Luthers Abendmahlsschrift herausgekommen und die große Abrechnung mit den Schweizern erfolgt ist, sind die Zürcher unter Führung von Heinrich Bullinger außer sich vor Entrüstung. Da ist wieder die Stunde des „Briefseelsorgers" Calvin gekommen. In einem Brief an Bullinger vom November 1544 heißt es in tiefer Ehrerbietung einem Größeren gegenüber, wie es Martin Luther für Johannes Calvin ist:

Aber das ist mein Wunsch, dass Ihr Euch darauf besinnt, welch großer Mann Luther doch ist, durch welche außerordentlichen Geistesgaben er sich auszeichnet, wie tapfer und unerschütterlich, wie geschickt, wie gelehrt und wirksam er bisher immer gearbeitet hat an der Zerstörung der Herrschaft des Antichrists und an der Ausbreitung der Lehre zur Seligkeit. Ich hab's schon oft gesagt: Wenn er mich den Teufel schölte, ich würde ihm doch die Ehre antun, ihn für einen ganz hervorragenden Knecht Gottes zu halten, der freilich auch an großen Fehlern leidet, wie er an herrlichen Tugenden reich ist. Hätte er sich doch bemüht, sein stürmisches Wesen besser im Zaum zu halten, mit dem er überall herausplatzt! Hätte er doch die Leidenschaftlichkeit, die ihm angeboren ist, stets gegen die Feinde der Wahrheit gekehrt, statt sie gegen Knechte des Herrn blitzen zu lassen! Hätte er sich doch mehr Mühe gegeben, seine Fehler einzusehen! Am meisten haben ihm die Schmeichler geschadet, da er schon von Natur zu sehr dazu neigt, sich selbst milde zu behandeln. Und doch ist's unsere Pflicht, was fehlerhaft ist an ihm, so zu tadeln, dass wir seiner genialen Begabung etwas zugute halten. Denke also vor allem daran, das bitte ich Dich wie Deine Kollegen, dass Ihr es zu tun habt mit einem Erstling unter den Knechten Christi, dem wir alle viel schulden (Br. 120).

Wenn doch alle geistigen und geistlichen Nachfahren Calvins sich auf diesem Niveau weiterbewegt hätten – von den Lutheranern direkt nach Luther in ihrer Beziehung zu Calvin ganz abgesehen –, wäre der evangelischen Christenheit die schmähliche Spaltung von lutherisch und reformiert erspart geblieben! Gotteserkenntnis und Selbsterkenntnis – diese beiden Brennpunkte der Ellipse nach dem ersten Satz von Calvins *Institutio* sind aufeinander bezogen. Calvin hat sich selber im Angesicht Gottes erkannt, sein herrisches, scharfzüngiges und ungeduldiges Wesen. Aber er hat gelernt, in der Kraft des Heiligen Geistes auf die Brüder zu hören und auf sie zu warten. Er hat bei seiner zweiten Ankunft in Genf geschwiegen und nicht, wie man erwartet hätte, alte

Rechnungen beglichen. Calvin ist trotz aller bleibenden Schwächen den Weg der Heiligung gegangen. Hier haben sich dann doch die beiden Wege der evangelischen Bewegung gegabelt. Wo man wertschätzt, kann man scharf kritisieren. Wo man kritisiert, hält man die Person als die von Gott geliebte in Ehren. Die Selbsterkenntnis als Frucht der Gotteserkenntnis gibt Vollmacht zur brüderlichen Ermahnung, wie man aus Calvins Brief an Melanchthon erkennen kann.

Es wird noch fünf Jahre dauern, bis Calvin, der Ökumeniker im Haus der Evangelischen, die Dinge mit den Zürchern bezüglich des Abendmahls endgültig klären wird, wobei auch das Verhältnis zu Luthers Anschauung seine abschließende Behandlung erfährt. Inzwischen berät er die Pfarrer von Montbéliard (damals württembergisches Territorium), nur ja nicht den Extrem-Lutheranern, die, von Wittenberg kommend, die Hebammen- oder Nottaufe fordern, nachzugeben. (Man ist versucht, hier an die „Leute des Jakobus" zu denken, die, von Jerusalem kommend, die paulinischen Gemeinden verunsicherten.):

Die von Hebammen vollzogene Kindertaufe stammt aus dem ganz bösen Irrtum, ohne Taufe sei es um das Seelenheil der Kinder geschehen (Br. 113).

Man sieht, wie nicht nur beim Abendmahl, sondern auch bei der Taufe der Sakramentalismus der Lutheraner zunimmt. Alles dies ist der Einheit der Evangelischen nicht zuträglich.

Und in Genf selbst? Calvin seufzt in einem Brief an Farel vom Mai 1544:

Nun fange ich wieder an zu merken, was es heißt, in Genf zu wohnen. Ich muss auf unglaublich dornigem Wege wandeln. Schon zwei Monate lang waren unter den Kollegen ernste Händel, und nun ist es so weit gekommen, dass zwei von den vieren Meineidige sein müssen (Br. 114).

Auch die wunderbare Einrichtung der wöchentlichen biblischen Aussprache unter den Pfarrern hat es nicht vermocht, das Schlimmste zu verhindern – der Weg der Heiligung ist ein gebrochener!

Und dann die schreckliche Pest. Nie ist sie seit der Mitte des 14. Jahrhunderts gänzlich verschwunden gewesen. Sie hält nur manchmal inne, um sozusagen neue Kraft zum Losschlagen aufzubauen. Der Rat der Stadt Genf beklagt sich, dass die Pastoren Hemmungen haben, die

Kranken zu besuchen und zu trösten. Dann läuft durch die Stadt eine Verschwörungstheorie, dass bestimmte Giftmischer den unheimlichen Bazillus auf die Schlösser der Türen mit einer Salbenpaste auftrügen und so für die Verbreitung der Pest sorgten. Dutzende Frauen und Männer werden verbrannt oder auf andere grausame Weise umgebracht. Andere nehmen sich im Gefängnis das Leben. Und Calvin? Er scheint diese Theorie zu glauben, wie man aus einem Brief vom Frühjahr 1545 ersehen kann. Wir müssen bei aller Bewunderung für sein Werk zugeben, dass er, der sich so sehr von dem religiösen Aberglauben seiner Zeit trennte, seinen Tribut an den Geist der Zeit gezahlt hat. Er hat den unter Folter abgezwungenen Geständnissen der als Giftmischer Angeklagten Glauben geschenkt! Wie konnte er auf der einen Seite so kompromisslos sein und auf der anderen so zeitverhaftet denken? Ernste Anfragen bleiben. Aber man muss immer mitbedenken: Wo die Reformation auf das Staatswesen punktuell Einfluss nehmen konnte wie in Genf, musste sie sich auch den Ängsten und Gepflogenheiten eben dieses Staates stellen. Aber Calvin und die Seinen hätten dies mit anderen Mitteln tun können. Wie man heute den Terror zu Recht an den Wurzeln bekämpfen will, so wurde vom Staat die grausame Geißel der Pest mit allen nur erdenklichen Mitteln angegangen. Dass diese Mittel damals nicht die richtigen waren, können wir heute leicht sagen. Aber was werden unsere Nachfahren zur heutigen Weise der Terrorbekämpfung sagen?

A. In der Abwehr von Ketzern

Die Organisation der Genfer Kirche beruhte auf der Überzeugung, dass die Schrift das erste und letzte Wort haben müsse, weil Christus selbst auf diese Weise sein Königtum ausübe. Die Genfer Reformation dürfe nicht nur die Kirche umfassen, sondern mittels ihrer auch die Gesellschaft als ganze. Calvin sah es als seine Berufung an, die Christokratie zu verwirklichen,

meint der Biograf van't Spijker (*Calvin*, 187f.). Ich halte diesen Satz des ansonsten sehr einfühlsamen Autors für problematisch, gibt er doch mit seinem Negativgefälle die weithin übliche Beurteilung Calvins wieder. Das Wort „Christokratie", das auch als „Theokratie" bezeichnet wird, halte ich für unangemessen, weil es unterstellt, dass die Christusherrschaft im Prinzip eine Totalherrschaft ist. Es macht einen großen Unterschied, ob wir sagen: „Christus herrscht *in* der Stadt Genf", oder ob wir sagen: „Die ganze Stadt Genf ist durch und durch von einer *Christusherrschaft* geprägt." Im ersten Fall handelt es sich um den *Prozess* einer ins Öffentliche gehenden Heiligung, die nur von der Christengemeinde ausgehen kann. Im zweiten Fall hingegen wird ein *fester Status* beschrieben – so und nicht anders.

Calvin wird nicht müde, um seines pneumatologischen Grundansatzes willen das Herrsein Christi als „geistlich" zu beschreiben. Und das heißt: Selbst die Maßnahmen der Kirchenzucht sind nicht Ausgeburten einer Tyrannei, sondern Zeichen dafür, dass die Gnade in Christus keine „billige" ist (mit Bonhoeffer zu reden). Weil Christus durch seinen Sieg an Ostern über alle Verderbensmächte sich als Herr erwiesen hat, ist er auch Herr über die staatliche Öffentlichkeit, aber er ist es dort *anders* als in der Kirche. Dieses „anders" ist das Problem, weil letztlich auch bei Calvin nicht ganz deutlich wird, wie dieses sich darzustellen hat. Es muss dabei bleiben, dass das Evangelium die Grundlage der Kirche *ist,* aber die Grundlagen des Staates mehr oder weniger nur *berühren* kann. Wenn wir heute sagen, dass die Kirchen keine Ghetto-Existenz leben dürfen, sondern kraftvoll in die Öffentlichkeit hineinwirken müssen, dann muss man auch diesen Gedanken zulassen. Was man hier von Calvin nach der einen wie nach der anderen Seite lernen kann, soll exemplarisch an zwei Erscheinungen gezeigt werden, an der Bewegung der sogenannten „Libertiner" und an dem „Fall Michael Servet".

Calvin wollte keine „Christokratie" oder „Theokratie", keine Totalherrschaft – wohl aber Durchdringung der Gesellschaft mit dem Evangelium

B. Abwehr der Irrlehre der „Libertiner"

Die „Libertiner" waren die Freigeistigen jener Zeit. Die Oppositions-partei in Genf, die sich in den vierziger Jahren in Genf gegen Calvin und die anderen Pfarrer immer stärker herausbildete, stellte ihre krassen Forderungen bezüglich ihrer Freizügigkeit, die sie sich – ganz im Ge-gensatz zur vom Rat verabschiedeten Kirchenordnung – erlaubte. Sie feierte ausgelassene Feste, wagte, die Gottesdienste zu stören und hielt sich mit ihrer Kritik an den Pfarrern nicht zurück. Dahinter stand si-cher auch die Riege der „alten Genfer", die die französischen Pfarrer als Überfremdung ablehnte, kurz, die „Libertiner" sind als die Vorhut jener abendländischen Geisteshaltung anzusehen, die seit dem Zeitalter der europäischen Aufklärung endgültig in unserer Kultur die Vorherrschaft übernahm.

Calvin sieht diese Bewegung in ihrem Ursprung an den Flamen Cop-pin de Lille gekoppelt, einen Prediger, der seit 1529 in Lille von sich reden machte. Des Weiteren nennt Calvin einen Niederländer namens Quintin Thierry, weshalb die Mitglieder dieser Bewegung von ihm auch „Quintinisten" genannt werden. Calvin verfügt über eine erstaunliche Kenntnis dieses Netzwerkes, dessen weitere Einzelpersonen hier nicht von Interesse sind. Nur eine Person muss hier noch genannt werden, Marguerite, die Schwester des französischen Königs Franz I., die auf Schloss Nérac residierte und als gebildete Humanistin auch verfolgten Protestanten Zuflucht gewährte. Sie war aufgeschlossen für das bibli-sche Evangelium, doch entschied sie sich nie eindeutig dafür. So kom-men auch jene Freigeister auf ihr Schloss und beeinflussen sie. Calvin war ihr verbunden, weil er im Jahr 1535 selbst für kurze Zeit auf ihrem Privatbesitz Zuflucht gefunden hatte. Jetzt aber wird er deutlich und warnt die Königin entschieden:

Was Ihre Diener angeht, so glaube ich, Sie werden wohl Ihre Hausgenossenschaft nicht für besser halten als die unseres Herrn Jesus, von der ein Glied ein Teufel genannt wurde, ja, sogar ein Diener war, der am Tisch des Meisters saß und im Ehrenrang eines Gesandten des Gottessohnes stand … Ich war freilich nicht so unbedacht, in meiner Schrift Ihren Hof direkt zu nennen, sondern ich tat so, als ob die, von denen ich zu reden hatte, Sie gar nichts angingen, und redete wahrheits-gemäß und wie vor Gottes Angesicht (Br. 130).

Calvin sieht die Dame in der Gefahr des Verleugnens. Der nach unserem Empfinden geschraubte Stil sucht aber, die Form zu wahren. Die folgenden Sätze aus dem gleichen Brief zeigen ihn als rhetorisch hochgebildeten Mann, der seine eigene Geschichte mit einer deutlichen Anfrage an eine von ihm geachtete Person verknüpft:

> Denn unser Herr hat mich nie dahin gebracht, dass man von mir das Martyrium für meinen Glauben verlangte. Ich will mich nicht rühmen, als hätte ich es gekonnt, wenn es ihm gefallen hätte, mich in der Art zu prüfen; aber daran zweifle ich nicht, da er mir die Treue gegeben hat, mein Leben in Gefahr zu bringen um eines Menschen willen, bloß in Gedanken an Gottes Wort, so würde er mir auch mit seiner Kraft beigestanden haben, wenn es sich darum gehandelt hätte, seinen Namen zu verherrlichen … Was noch mehr ist: Ich habe stets eine solche Feigheit verabscheut, Jesus Christus zu verleugnen, um das Leben oder den Besitz zu retten … (ebd.).

Marguerite soll sich eindeutig zum Evangelium bekennen und sich nicht mit diesen neumodischen Freigeistern beschäftigen, auch wenn sie dadurch Schaden erleidet.

Die umfangreiche Schrift Calvins „Gegen die Libertiner" (CStA 4, 237ff.) zerschneidet das Band zu Marguerite von Navarra endgültig. Es muss Scheidungen geben, die man nicht selbst verschuldet hat – auch das ist Reformation.

Diese Schrift ist für heutige Christen, die in der Auseinandersetzung mit einer dem Geist der Zeit verfallenen Theologie und Frömmigkeit stehen, von großem Interesse. Wir können also anhand von Auseinandersetzungen der Reformationszeit unsere eigenen Herausforderungen besser ins Auge fassen. Calvins Grundthese lautet: Ein verkehrtes Denken über Gott ruft einen alle Regeln und Gebote missachtenden Lebensstil hervor. Wer sich „frei" macht vom Gott der Bibel, feiert seine „Freiheit" von jeglicher Vorgabe durch Überlieferung, Sitte und Gebot:

> Sie wollen glaubhaft machen, der Mensch mühe sich mit seinen Sorgen unnötig ab; vielmehr solle ein jeder sich von seinem Geist leiten lassen. Auf diese Weise bringen die Libertiner alle Ordnung durcheinander. Sie verspotten sowohl die Furcht der Gläubigen vor Gott, wie auch dessen Gericht, wie auch allen Respekt vor menschlicher Aufrichtigkeit. Sie versprechen eine Freiheit von der Art, dass sich ein Mensch ungebunden allem hingeben dürfe, wonach sein Herz verlange und es ihn gelüste, völlig problemlos – ganz so, als ob er weder Gesetz noch Vernunft unterworfen wäre.

Doch selbst der emanzipierte Mensch kommt nicht ohne Gott aus – er macht sich selbst zum Gott; „indem sie sagen, seine Seele sei Gottes Geist", also die Instanz schlechthin, mit der Folge: „So schläfern sie ihre Gewissen ein und schalten alle Furcht vor der Hölle aus" mit dem Ergebnis, „keinen Unterschied zwischen Mensch und Tier übrigzulassen". Die weitere Folge ist verheerend: Da, wo der Mensch sich als Teilhaber eines universalen Geistes sieht, kann der Körper machen, was er will. Geist meint Freiheit, Freiheit meint Beliebigkeit, sittliche Verwahrlosung ist dann Resultat eines nicht an die Heilige Schrift gebundenen Geistverständnisses.

In der Logik dieser Theorien liegt es, dass der menschliche Geist, insofern er ja ein Teil des göttlichen Geistes ist, dem Wort der Schrift keinen Glauben schenken muss. In den Kapiteln 9 bis 11 seiner Schrift behandelt Calvin diesen für seine Theologie wichtigen Punkt, hat doch der Heilige Geist in seinem Aufriss der Frömmigkeit eine Schlüsselrolle. Die Libertiner lehnen dem Augenschein nach die Heilige Schrift keineswegs ab, aber sie deuten sie um in phantasiereiche Allegorien:

> Indem sie nun das Wort Gottes derart verunstalten, erweisen sie diesem nicht mehr die Ehre, als wenn sie es rundweg leugnen würden. Denn sie kommen immer wieder mit diesem Prinzip, dass die Schrift ihrem natürlichen Sinn gemäß nichts als toter und tötender Buchstabe sei, und dass man sie deshalb verlassen müsse, um den belebenden Geist zu finden.

Der Heilige Geist wirkt mit der Heiligen Schrift zusammen, was aber keine Identifizierung meint. Zwar sieht der Satz: „Wahrhaftige Werkzeuge des Geistes Gottes sind nämlich Schrift und Predigt" so aus, als sei beides „dasselbe". Aber dennoch bleibt der Geist Gottes handelndes Subjekt, weil Calvin kurz darauf sagt:

> Halten wir uns, sage ich, an das reine und einfache Wort Gottes, in welchem dieser uns seinen Willen vollumfänglich offenbart hat. Bitten wir ihn, dass er diesen Willen durch seinen Heiligen Geist in unsere Herzen prägt, denn das ist sein wahres Amt.

Geist Gottes hat es also mit dem Willen Gottes zu tun. Und diesen Willen Gottes erkennen wir nicht, indem wir die Werke der Schöpfung betrachten. Über eine ehrfürchtige Betrachtung der Schöpfung hat Calvin

Großartiges gesagt. Aber den Willen Gottes, der uns zum wahren Leben führt, erkennen wir nur in seinem geoffenbarten und geschriebenen Gesetz, und das wiederum wäre ein uns überforderndes und letztendlich tötendes, wenn nicht der Heilige Geist den Gehorsam des Sohnes Gottes in unsere Herzen pflanzte und auf diese Weise die Schrift vom tötenden Buchstabendienst befreite.

Man bedenke: Wo dem Menschen göttliche Qualität zuerkannt wird, ist der Unterschied zum Tier nicht sehr weit! Denn der Gott, den der Mensch sich schafft, kann kein allmächtiger Schöpfer mehr sein. Und weil kein allmächtiger Schöpfer mehr ist, gibt es kein „Oben" und kein „Unten" mehr, kein „Erstes" und kein „Zweites" (und so fort). Alles wird nivelliert, alles ist mit allem eins. Das, was sich im Munde vieler moderner Denker in Kirche und Welt kommunikativ anhört, ist letztlich die Verneinung des wahren Gottes! Calvin lehrt uns wieder, zu unterscheiden (was die Libertiner nicht können und auch nicht wollen):

Der Wille Gottes ist nur in seinem geoffenbarten Wort zu erkennen

> Es sind zwei grundverschiedene Dinge zu sagen, alle Geschöpfe stammten von Gott ab, und zu behaupten, dass dasjenige, was Gott geschaffen hat, Gott selber sei.

Calvin hat diesen grundsätzlichen Gegensatz zur Lehre der Bibel durchschaut, und deshalb ist die Gegnerschaft zu diesen Leuten von derartiger Schärfe, dass sogar das Verhältnis zur katholischen Kirche und zum Papst in einem neuen Licht erscheint:

> Denn der Papst hält noch an einer gewissen Form von Religion fest. Er schafft die Hoffnung auf das ewige Leben nicht ab; er lehrt, dass Gott zu fürchten sei; er unterscheidet zwischen Gut und Böse; er anerkennt unseren Herrn Jesus als wahren Gott und wahren Menschen, und er misst dem Wort Gottes Autorität bei.

Calvin weiß sich zum energischen Handeln berufen, weil diese Sektierer „die einfachen Leute ... verführen". Sie bieten den Menschen phantastische Spekulationen über geistige Dinge an, „Phantasien, die bloß alle Leute mit ihren ausgefallenen Fragen nervös machen wollen; über unnütze Dinge können sie sich köstlich amüsieren", weil „Gott ihnen als Meister nicht genügt".

Wer also in der Weise, wie es die Libertiner tun, vom Geist spricht, missachtet die Schöpfung und darum auch die Neuschöpfung des Christen aus dem Wort Gottes durch den Heiligen Geist in der Wiedergeburt. Darum kennen sie auch nicht das Wunder der gnädigen Vorsehung Gottes und die besondere Art der Wirkung des Geistes im Herzen der Glaubenden. Wenn alles sowieso schon Geist ist, braucht es auch keine besondere Wirkung des Geistes im Leben der Glaubenden zu geben – genau das, worauf die heute so beliebte Rede vom universalen Wirken des Geistes zielt. Der an der Bibel orientierte wiedergeborene Christ erkennt:

Was wir aber an Gutem anstreben und auch auszuführen imstande sind, das kommt von der übernatürlichen Gnade des Geistes, der uns in ein göttliches Leben hinein erneuert. So ist Gott in seinen Kindern am Werk. Indem er ihre Verkommenheit aufhebt, führt er sie durch seinen Geist in seinen Gehorsam.

Die Libertiner kennen keinen Gehorsam. Ihr Geist gibt ihnen auch keine konkrete Führung. Der gebe ihnen eben nur das gute Gewissen, sagen sie, das zu tun, was in ihnen ist. Und was ist Jesus Christus für sie? Ein Symbol, ein Modell, ein Bildnis für die Freiheit, also keine lebende Person, die uns begegnet.

Es ist klar, dass Calvin diese Art von Ideologie als viel gefährlicher einstufte als die Irrtümer der Täufer und schlussendlich auch als gefährlicher als alles, was von Rom kam. Er hat, so gut er es konnte, mit seinen Kollegen das biblische Bild vom Nadelöhr des Kreuzes Jesu und der Nachfolge im Gehorsam gepredigt. Er hat aber nicht verhindern können, dass die Frühaufklärung, die in der Bewegung der Libertiner schon energisch an die Tür der Kirche klopfte, gerade im reformierten Bereich viel früher und auch dann viel heftiger als im lutherischen Bereich ihr Unwesen treiben konnte.

Eine letztlich ähnliche Auseinandersetzung führte Calvin dann mit der tragischen Gestalt des Michael Servet, der wir uns nun zuwenden wollen.

C. Das Drama Michael Servet und der Kampf um die Trinität des offenbaren Gottes

Dieses Ereignis hat wie kein zweites das (negative) Bild von Johannes Calvin geprägt. Wenn man auch sonst nicht viel von ihm weiß, diese Sache schwirrt in vielen Köpfen herum. Der „Fall Michael Servet" hat darum die Geistes- und Literaturgeschichte durch die folgenden Jahrhunderte beschäftigt, bis hin zu dem Schriftsteller Stefan Zweig in der ersten Hälfte des letzten Jahrhunderts, und zwar unter dem Stichwort „Toleranz".

Ich will an dieser Stelle keineswegs Calvin entschuldigen, aber ich möchte die geschichtlichen Vorgänge ins rechte Licht rücken und die Leidenschaft, die Calvin in der Tat gerade bei diesem Mann an den Tag legt, verknüpfen mit seiner Leidenschaft für die Erkenntnis des dreieinigen Gottes. Diese ist durch Servet in einer Weise infrage gestellt worden, dass – falls sich dieser behauptet hätte – die ganze theologische Welt Calvins und seiner Kirche zusammengebrochen wäre (CStA 4, 151ff.).

Die Trinitätslehre: Kurzform der Heilsgeschichte

Der Spanier Michael Servet war mit Calvin etwa gleichen Alters. Er beschäftigte sich mit Juristerei, Theologie, Astrologie und Medizin und war an verschiedenen Orten als Arzt oder auch als Korrektor für Druckereien tätig. Schon früh interessierte ihn die Trinitätslehre und er lehnte sie rigoros ab. Er erfuhr allenthalben eine heftige Zurückweisung. Wohlgemerkt: Es ging hier nicht um die reformatorische Wiederentdeckung der Gerechtigkeit allein aus Glauben, die ihm Not machte. Er stand mit Protestanten *und* Katholiken in einer elementaren Dauerfehde. Hier ging es um das Sein oder Nichtsein der christlichen Theologie überhaupt. Betrachtet man *die Trinitätslehre* als *eine Kurzform der Heilsgeschichte*, dann hat der, der sie leugnet, alles verloren. Sie hat nichts mit Theorie oder griechischer Philosophie zu tun. Sie „steht" zwar nicht in der Bibel, aber „ergibt" sich als Fazit für alle, die die biblische Geschichte der Heilsoffenbarung Gottes ernst nehmen.

Nun kann man zwar ein ketzerisches Buch schreiben und seine Thesen ruhig vertreten und im Widerstreit der Erkenntnisse sie verändern oder auch beibehalten. Aber das, was Servet von Veröffentlichung zu Veröffentlichung intensiver tut, ist etwas anderes. Er reitet regelrechte *Attacken,* und zwar insbesondere gegen Calvin, dem er dreißig Briefe schreibt und diese auch veröffentlicht. Dabei werden seine Angriffe von Mal zu Mal dreister, bis sie sich zur Unerträglichkeit in ihren Unterstellungen und Beleidigungen steigern. Jetzt müssen wir ehrlich sein: Wer von uns würde denn in heiterer Gelassenheit sagen: „Lass' ihn nur, Gott selbst ist mein Fürsprecher!"? Es ist ja niemals nur die eigene Ehre verletzt, es geht ja um die Sache Gottes, die auf dem Spiel steht.

Zweifellos war Calvin in hohem Maße empfindlich, zweifellos konnte er in scharfer Form so reagieren, dass der andere sich verletzt fühlen musste – Luther polterte unbeherrscht, Calvin konnte mit bissiger Ironie einen Gegner zu Boden stoßen, wobei die ironische Verpackung tiefste und erbaulichste Erkenntnisse enthalten konnte. Gerade darum formte sich in solchen elementaren Streitigkeiten seine Theologie. Was er über Gott, Jesus Christus und den Heiligen Geist zu sagen hatte, erhält nun seine letzte Schärfung und Zuspitzung. Gerade darum ist die zusammenfassende Entgegnung Calvins in einer „Restitutio" (Widerlegung) der Thesen Servets von 1554 für die Frage nach der Trinität wichtig. Im Jahr nach dessen Hinrichtung gibt er in 30 Artikeln die 38 Artikel wieder, die er dem Genfer Rat als „theologischer Gutachter" vorgelegt hatte, als der Prozess begann.

Servet wurde in der französischen Stadt Vienne von der *römischen Inquisition* (man beachte das!) inhaftiert und zum Tode verurteilt. Aber er konnte entkommen und tauchte unvermittelt 1553 in Genf auf und wurde in einem Gottesdienst gesehen. Zuvor war seine letzte Schmähschrift in die Hände Calvins gelangt, und er war, obwohl er sie pseudonym verfasst hatte, als Autor identifiziert worden. Er wurde sofort von der Stadtpolizei verhaftet. Was wollte er eigentlich in Genf? Wollte er das persönliche Gespräch mit Calvin suchen, weil ein schon früher geplantes nicht zustande gekommen war? Oder rechnete er damit, in dieser Stadt umzukommen? – In seinen Schriften gibt es auch Hinweise, dass er mit einer baldigen Weltkatastrophe rechnete und er als Märtyrer *seiner* Sache diese in Genf erleben wollte. Man weiß es nicht. Van't Spijker sagt:

Auch der Rat war überzeugt, dass es um das Wesen des christlichen Glaubens selbst gehe. Seit das von (dem römischen Kaiser) Justinian erlassene Zivilrecht in Kraft getreten war, war das Bekenntnis zur Dreieinigkeit als ein wesentlicher Bestandteil des christlichen Glaubens anerkannt. Wer davon abwich, galt als Feind des Gemeinwesens selbst (van't Spijker, *Calvin*, 179).

Für das Verständnis dessen, was folgt, sind diese Sätze von ausschlaggebender Bedeutung. Während wir heute sofort das Wort „Toleranz" ins Spiel bringen und auf die Trennung von Kirche und Staat stolz sind, muss man sich klarmachen, dass das Sein oder Nichtsein eines Gemeinwesens in Europa zur damaligen Zeit vom Verwurzeltsein in der christlichen Überlieferung abhing. Während wir heute, zaghaft und vorsichtig schon froh sind, wenn wir den Allgemeinbegriff „Gott" in einer künftigen europäischen Verfassung wiederfinden (den dann jeder füllen kann, wie er es möchte), ist unsere frühere europäische Geschichte an dieser Stelle eindeutig: Es geht nicht um „Gott", sondern um „Gott in seiner Dreieinigkeit". Was dachte Servet? Sein Kerngedanke läuft auf die in der Geistesgeschichte bis zum heutigen Tag immer wieder auftauchende Ansicht hinaus, dass *Gott nur Einer* sein kann. Dieser eine Gott aber ist „allgestaltig" (lat. Deus omniformis), wie Servet meint, und zwar so, dass er „in" allen Dingen präsent ist und man ihn folglich „in" allen Dingen erkennen kann. Letztlich läuft es also auf das hinaus, was man *Pantheismus* nennt. Gott vervielfältigt sich sozusagen: Von Gott geht das Göttliche auf Christus, von Christus auf die Apostel, von den Aposteln auf viele Andere über und so fort. Eigentlich sind dann alle Wesen irgendwie „Gott". Hier findet eine Wesensübertragung oder eine Wesensmischung statt, bei der es dann aber doch eine Abstufung gibt: Auch Christus ist neben anderen ein „sichtbares Erscheinungsbild" Gottes. Das hört sich zwar schön an, doch Calvin protestiert:

Wo ist nun das ewige Wort, wenn es keine Gottheit besitzt, außer im sichtbaren Erscheinungsbild? ... Da haben wir's: Servets Trinität liegt nicht im Wesen Gottes, sondern in Kreaturen, die ich weiß nicht was für dazwischen liegende Mischungen enthalten, worin sie sich von der reinen Gottheit unterscheiden.

Gottes Wort ist ein ewiges Wort, sagt Calvin als Lehrer der Kirche. Es hat keine Verankerung in der vorfindlichen Welt. Es kommt als der Sohn in diese sichtbare Welt. Indem dieser Mensch wird, bleibt er immer noch Gottes Sohn, verankert in Gottes Ewigkeit. „Ich bin von oben her", sagt Jesus. Ist er Sohn Gottes, führt er uns dahin zurück, woher er selbst kam. Ist er aber nur sichtbares Erscheinungsbild Gottes, wie Servet meint, dann kann man zwar staunen und ihn bewundern, aber er führt uns nirgendwo hin. Christsein wäre dann nicht die Pilgerreise in die Ewigkeit. Wird die Trinität geleugnet, wird Jesus zum „guten Menschen" banalisiert und der Heilige Geist verkommt zur „Lebensenergie". Wir verstehen jetzt, warum Calvin gerade hier mit härtesten Bandagen kämpft.

So liefert er denn aus dem ihm zur Verfügung stehenden Material als Sachverständiger dem Magistrat der Stadt die schwerwiegenden Anklagepunkte, die dieser gewissenhaft prüft, damit die Anklage auf solidem Boden steht. Nicht Calvin klagt an, sondern der Staat klagt an. Die Anklage läuft auf ein Todesurteil zu. Der Magistrat hatte die Meinungen der Städte Bern, Zürich und Basel dazu eingeholt. Alle genannten Städte stimmten dem Todesurteil zu. Der Vollzug der Todesstrafe durch den Feuertod sollte nach Calvins Intervention durch Enthauptung ersetzt werden. Der Rat lehnte ab. Wie bei der katholischen Inquisition sollte durch das Feuer der Keim des Bösen bis auf den Grund ausgetilgt werden.

Trägt Calvin zumindest einen Teil der Schuld am Tod Servets? Nun hatte er schon 1546 an Farel geschrieben, dass Servet zum Tode verurteilt werden würde, falls er, Calvin, die dazu nötige Autorität hätte. Doch spielen wir seine Möglichkeiten durch: Hätte er, als die Anwesenheit Servets in Genf bekannt wurde, so tun sollen, als hätte er davon keine Kenntnis bekommen? Hätte er nach dessen Verhaftung als theologischer Sachverständiger die ganze Sache so drehen sollen, dass er Servets Schrifttum unter dem Gesichtspunkt der „geistigen Verwirrung" verharmloste? Man könnte, so denke ich, im äußersten Fall von Calvins *Mit*-Schuld reden – es war ihm durchaus recht, dass dieser Erzketzer nicht mehr sein Unwesen treiben konnte. Hinzugefügt sei noch, dass alle Reformatoren dieses Todesurteil billigten, auch der als sanft bekannte Philipp Melanchthon in Wittenberg. Michael Servet wäre in jeder anderen europäischen Stadt damals ebenfalls angeklagt worden und zu Tode gekommen – auch in Wittenberg, wenn Martin Luther damals noch gelebt hätte!

D. Klärungen in der Abendmahlsfrage mit den Zwinglianern: der „Consensus Tigurinus" von 1549

Vielfach bekannt ist das „symbolische" Verständnis der Abendmahlsworte des Zürcher Reformators Huldrych Zwingli, wonach die Worte Jesu: „Das *ist* mein Leib – das *ist* mein Blut" eigentlich meinen: „Das *bedeutet* mein Leib – das *bedeutet* mein Blut". Die Gaben Brot und Wein sind „nur" Zeiger, Wegweiser. In sich selbst bedeuten sie außer einer kleinen körperlichen Stärkung nichts. Verhängnisvoll ist, dass meistens die Meinung Calvins mit der Zwinglis gleichgesetzt wird, als die typisch reformierte Art, die die wirkliche Gegenwart Christi im Abendmahl nicht ernst nehme, wohingegen der „lutherische Realismus" mit dem Beharren auf dem „ist" als Seinsaussage die einzig wahre Auslegung des Abendmahlsgeheimnisses sei. Wir hatten schon vielfach die Gelegenheit, anhand von Calvin-Texten zeigen zu können, dass die Gleichung Zwingli = Calvin nicht stimmt. Steht etwa Calvin in der Mitte zwischen Zwingli und Luther? Man könnte das durchaus so sehen. Hier geht es nun um die Frage, ob es eine Einigung zwischen Zwinglis Nachfolgern und Calvin geben könnte, nachdem die Einigung zwischen Zwingli und seinem Nachfolger Heinrich Bullinger einerseits und Luther andererseits unmöglich geworden war – zuletzt durch dessen Schrift „Vom Abendmahl Christi. Bekenntnis", das dieser einige Monate vor seinem Tod 1546 noch verfasst hat.

Doch nun, nach Luthers Tod im Jahre 1546, stellte sich die Frage nach der Einheit der Evangelischen neu: Wie würden diese auf das Konzil der katholischen Kirche reagieren, das gerade in Trient begonnen hatte? Boten sie nicht dieser Weltkirche das schändliche Beispiel hoffnungslos zerstrittener Spaltpilze? Auch für die deutschen Lutheraner stand politisch viel auf dem Spiel. Das „Augsburger Interim" von 1548 brachte sie an den Rand ihrer Existenzberechtigung. Und schließlich führte der Herrschaftsantritt des französischen Königs Heinrich II. die Evangelischen („Hugenotten") in Frankreich in äußerste Bedrängnis, sodass viele von ihnen sich ins benachbarte Ausland absetzten, so auch nach Genf.

Calvin hatte die Weitsicht, dass bezüglich der Einheit der Evangelischen jetzt ein Schritt des Gehorsams zu tun sei. Weil Luther in seiner letzten Abendmahlsschrift insbesondere die Zürcher angegriffen hatte, lag es für Calvin nahe, die Einheit über einen Konsens in der Abendmahlsfrage mit Luthers geistlichen Erben und den Nachfolgern Zwinglis anzustreben. Wir dürfen nicht vergessen, dass Calvin nach wie vor dort in dem Ruf stand, ein „Lutheraner" zu sein! Zuerst sollte der Konsens mit den Zürchern gefunden werden, um dann das Gespräch mit den Lutheranern führen zu können – ein hehrer Plan!

Es entwickelt sich nun ein Briefwechsel zwischen Heinrich Bullinger in Zürich und Johannes Calvin in Genf. Die einzelnen Phasen waren recht mühsam. Der Punkt war nach wie vor der, dass Bullinger vom Abendmahl als einem reinen Gedächtnismahl sprach, dessen eigentliche Wirkung nicht in ihm, dem Mahl, sondern außerhalb seiner selbst, in dem gekreuzigten und gegenwärtigen Christus liege. Das hat Calvin auch sagen können: Die Kraft des Mahls liegt nicht in den Elementen, sondern im handelnden Christus. Bullinger wehrte sich folgerichtig gegen den Gedanken, dass die Mahlfeier Christus „einschließe" und ihm damit seine göttliche Majestät nehme. Auch das war ein Anliegen Calvins. An einer entscheidenden Stelle ist es ihm aber gelungen, Bullinger und die Zürcher für einen tragfähigen Kompromiss zu gewinnen, der auch die Anliegen der Lutheraner aufnimmt. Hören wir ihn in einem Brief an Bullinger vom Februar 1547:

Ich sage, das Abendmahl ist eine *Erinnerung* an eine *gegenwärtige* Tatsache. Man wendet ein, Erinnerung sei aber nur von nichtgegenwärtigen Dingen möglich. Das ist kein Widerspruch. Nicht gegenwärtig ist nämlich Christus im Abendmahl für die Augen, für alle körperliche Sinnesempfindung, für das Räumliche. Denn sein Leib ist im Himmel, das Abendmahl aber wird auf Erden abgehalten. Das ist weit auseinander. *Aber gegenwärtig ist Christus für das fromme Herz in der Kraft seines Geistes, weil die räumliche Trennung ihn nicht hindert, die Seinigen in wunderbarer Weise zu speisen.* Denselben Sinn hat auch das Wort des Paulus: Feiert den Tod des Herrn, bis dass er kommt (1.Kor. 11,26). Denn weder steigt Christus vom Himmel zu uns hernieder, noch kann man ihn mit Augen sehen, sondern nur im Glauben ist er bei uns. So besteht kein Widerspruch zwischen seiner geistigen Gemeinschaft mit uns und seinem letzten Kommen. Und nichts steht dem im Weg, dass Christus *wesentlich, d.h. er selbst in seiner Wirklichkeit,* sich uns zeigt und dass wir doch auf sein Kommen warten am Tage der Auferstehung, weil er im Himmel bleibt (Br. 188, kursiv DS).

So deutlich hat es Calvin bis dahin nicht gesagt – die Linien waren vorher schon da, die Konkretionen und Zuspitzungen folgen bei ihm dann, wenn es um eine Auseinandersetzung geht. Gedächtnis ja, ganz wie die Zürcher – aber Gedächtnis an einen, der gegenwärtig ist! Christus ist *jetzt nicht in den Elementen des Mahles, weil er erst kommt.* Das sagten auch die Zürcher – aber Jesus ist *wirklich und real da.* Aber wie? *Durch seinen Heiligen Geist,* sagt Calvin. Der Geist ist nicht nur Interpret und Dolmetscher der wunderbaren Botschaft von Gott.

Der Geist repräsentiert *vollgültig* den körperlich abwesenden Jesus *als Person.* Warum ist das so? Weil Jesus körperlich und sichtbar erst am Ende der Tage der Welt kommen wird. *Realpräsenz Christi ist folglich Spiritualpräsenz. Spiritualpräsenz ist keine Minderung der realen Gegenwart Christi, weil der Heilige Geist Gott selbst in Person ist und nicht bloß eine Kraft.*

> „Realpräsenz" im *Abendmahl ist* „Spiritualpräsenz. "

Die Konsequenzen für den praktischen Gemeindeaufbau sind immens! Denn *die geistliche Gegenwart Christi eröffnet uns den Reichtum der geistlichen Gaben Christi.* Darum geschieht ganz viel im Abendmahl, nicht nur eine Vergewisserung der Vergebung der Sünden. Calvin sagt im gleichen Brief:

Du behauptest, das Brot sei ein Symbol. Das meinen wir auch. Du leugnest aber, dass damit auch wirklich der Leib Christi dargereicht werde. Ich nehme gerade das an. Du meinst, der Knoten lasse sich auflösen, wenn man bildliche Redeweise annehme. Das gebe ich aber nicht zu. *Denn ein leeres Symbol kann von Gott nicht ausgehen.* So stellt das Brot nicht nur dar, dass der Leib Christi einmal für mich geopfert worden sei, sondern er wird mir auch heute noch zur Speise geboten, von der ich lebe (kursiv DS).

Bullinger erkennt nun, dass der Heilige Geist durchaus *Werkzeuge* gebrauchen kann. Dieser kann zwar auch ohne sie sein Werk tun, aber er nimmt das Sakrament als ein solches Werkzeug seiner Zuwendung an. Er erkennt dies anhand von 1Kor 3,5-9: Gott gibt das Gedeihen, aber er handelt *durch* den Dienst des Pflanzens und Begießens der beiden Apostel Paulus und Apollos. So handelt er auch im Abendmahl!

1551 wird der Consensus veröffentlicht, der 26 Punkte enthält. Die meisten Schweizer Orte und Kantone haben ihn übernommen, mit Ausnahme von Bern. Dass der Schweizer Protestantismus weitgehend geeint worden war, war Frucht der Arbeit Calvins! Calvin denkt jedoch noch weiter. Obwohl ihm schwant, dass es Widerstand geben wird, geht sein Sinnen bis ins lutherische Sachsen, wie er an Bullinger im Februar 1551 schreibt:

Ich habe nun schon vieles ruhig ertragen, übergangen, hinuntergeschluckt, aber glaube mir, ich habe auf vielerlei Art gemerkt, wie sehr es den Satan verdrösse, wenn die Consensusformel herausgegeben würde. Den sächsischen Kirchen würde es hoffentlich sehr nützen (Br. 313).

Der lutherische Theologe Joachim Westphal aus Hamburg verfasste 1552 eine polemische Schrift, in der er die alten Vorwürfe gegen die Schweizer Theologen wiederholte und die Zürcher Einigung als Bedrohung der Reformation brandmarkte. Westphal und seinem Gefolge gelang es in der Tat, die Mauer zwischen den Süddeutschen und den Norddeutschen endgültig hochzuziehen. Calvin antwortete darauf drei Jahre später, und trotzdem kann man von nun an von den zwei protestantischen Konfessionen sprechen. Durch die Eitelkeit eines Einzelnen wurde ein beachtliches Einigungswerk zunichtegemacht. Was zur größtmöglichen geistlichen Einheit konzipiert worden war, entartete zur größtmöglichen geistlichen Barriere zwischen Brüdern, die von einem einzigen geistlichen Vater, Martin Luther, abstammten. Von nun an schien der Abstand gerade der „Lutheraner" zu den „Reformierten" größer zu sein als der zu Rom!

VII. Das letzte Jahrzehnt (1555–1564) – Dienst an der Christenheit

Im Ganzen ist dieses letzte Jahrzehnt das für Calvin erfolgreichste und friedlichste in Genf gewesen. Wer sich schon längst an seiner Art gestoßen hat, die Kirchenzucht möglichst konsequent in diesem umgrenzten Territorium durchzuführen und Genf für einen „Überwachungsstaat" hält, findet jetzt reichliche Bestätigungen für seine Calvin gegenüber ablehnende Haltung. Die steigende Zahl der Exkommunikationen (1559 über dreihundert Personen) weist darauf hin, dass Calvins Anliegen nach anfänglichen Schwierigkeiten endlich zu greifen scheint. Nun muss man sich hier die historische Situation vergegenwärtigen: Genf war ein spätmittelalterlicher Stadtstaat, in dem Exzesse der verschiedenen Art sehr häufig vorkamen. Daran beteiligt waren auch die französischen Flüchtlinge. Calvin wollte keinen Überwachungsstaat einrichten, sondern – Bürgergemeinde und Christengemeinde waren ja noch nicht voneinander getrennt – Regeln für das Gemeinwesen und das Gemeindeleben aufstellen, die ein gedeihliches Zusammenleben ermöglichen sollten. Und das ihm zur Verfügung stehende Mittel war die Gemeindezucht. Dabei sei daran erinnert, dass Exkommunikation niemals einen generellen Ausschluss, sondern nur einen zeitweiligen Ausschluss von der Feier des Abendmahls bedeutete, um der betreffenden Person Gelegenheit zu geben, Verfehlungen vor Gott und den Menschen in Ordnung zu bringen. *Wo es keine Grenzen gibt, kann sich Leben nicht entfalten* – diesen grundsätzlichen Gedanken muss man immer mitdenken. Wenn man meint, Gemeinschaftsleben und Grenzenlosigkeit vereinbaren zu können, hat man das Wesen des Menschlichen noch nicht verstanden und landet im Chaos!

Zur Heiligung einer Gemeinde als Teil des universalen Leibes Christi gehört die *Heiligung der Ehe und der Familie*. Denn es ist unmöglich, dass ein größerer Organismus Bestand hat ohne die sorgfältige, bibelgemäße Ausrichtung dieser Urzelle menschlichen Daseins auf Gott und seinen Willen. So gehört die Durchgestaltung des Ehegesetzes von Anfang an zu Calvins Verfassungsvorhaben in Genf. Weil Ehe und Familie durch Gottes Geist und Wort geheiligt sind, können Ehebruch und unzüchtiges Verhalten nicht einfach hingenommen werden. Sehr viele Exkommunikationen haben auch diesen Hintergrund. Selbst im engsten Verwandtschaftskreis Calvins gab es diesbezüglich Verfehlungen: Die Frau seines Bruders Antoine hatte lange Zeit einen Liebhaber, und zwar einen engen Mitarbeiter Calvins! Auch Calvins Stieftochter blieb von Affären nicht verschont. Generell gilt, dass in dieser Zeit auch die Staatsgewalt um einen sauberen Ehestand bemüht war, weil man genau wusste, dass Unordnung in dieser gesellschaftlichen Keimzelle eine Unordnung im größeren Bereich des Staatswesens nach sich zog.

Ein weiteres Problem einer Gemeinschaft liegt im sorglosen Umgang mit den Lebensressourcen. *Maßlosigkeit und Überschuldung sind zerstörerische Kräfte* – darum sollen in Genf die Hochzeitsfeiern und andere Feste maßvoll durchgeführt werden. Exzessive Amüsements sollen vermieden werden, weil viele Familien sich in diesem Zusammenhang überschuldeten. Freilich liegen hier Fußangeln, die spätere Generationen zum seelenlosen Prinzip gemacht haben: Ein Calvinist darf nicht lachen, ein Calvinist isst und trinkt nur bescheiden, ein Calvinist zeichnet sich durch Sparsamkeit aus, eine calvinistische Frau verhüllt sich total – und so fort.

Genf: wirtschaftlicher Aufschwung und die damit verbundenen gesellschaftlichen Probleme: Maßlosigkeit, Überschuldung, Trunk- und Spielsucht

Auch damals gehörten, wie heute, zu den gesellschaftlichen Problemen die *Trunk- und die Spielsucht*. Auch hier drohte die Überspitzung, die das Grundanliegen Calvins wieder zunichtemachte (und manchmal war der Reformator daran nicht unschuldig!): Ein Calvinist ist todernst und gönnt sich nichts, was Spaß macht. Zeitgenössische Beobachter sahen jedoch die positiven Auswirkungen von Calvins „Gesellschaftspolitik". Der Reformator Schottlands *John Knox* hat nach einem Aufenthalt in Genf gesagt:

Ich gebe zu: Auch an anderen Orten wird Christus wahrhaft gepredigt, aber noch nirgends habe ich gesehen, dass die Sitten und der Glaube so rein reformiert sind wie hier (van't Spijker, *Calvin*, 230).

Ist das „Gesetzlichkeit" oder ein Beispiel für ein „ganzheitlich gepredigtes Evangelium", das heute allenthalben ersehnt wird?

Es war schon gesagt worden, dass die Lage der Evangelischen unter Heinrich II., dem französischen König nach Franz I., sich verschärfte. In den fünfziger Jahren kam ein Strom von flüchtenden Franzosen nach Genf, wo sie vor Verfolgungen sicher waren. Es waren in der Mehrzahl tüchtige Handwerker, Kaufleute, Intellektuelle. Die Stadt Genf wuchs beträchtlich an Einwohnern und Ausdehnung. Die Stadt ließ sich die Erwerbung des Bürgerrechtes durch die Flüchtlinge gut bezahlen – sie wurde dadurch schuldenfrei! Die Weberei, die sich in Genf etablierte, konnte schließlich in der Konkurrenz mit ähnlichen Manufakturen in Frankreich bestehen und preisgünstig Stoffe herstellen. Ein beachtlicher Wirtschaftsfaktor, der ebenfalls viel Geld in die Stadt brachte. Natürlich stellte sich damit auch die schon genannte Maßlosigkeit ein, und Geld wurde zu horrenden Zinsen verliehen. Schon die mittelalterliche Kirche und auch Luther hatten gegen die Wucherzinsen (manchmal bis zu dreißig Prozent!) gepredigt, so auch Calvin. Denn wo Christus der Herr ist, ist er auch Herr über das Geld. Zinsen könne man nehmen, sagte er, aber in Maßen. Man kann in der Rückschau sagen: *Genf erlebte durch die streng durchgeführte Reformation einen wirtschaftlichen Aufschwung sondergleichen.*

Jetzt erlebte auch das *Gymnasium* in Genf (die „schola privata") einen großen Aufschwung durch eine steigende Schülerzahl, die im Todesjahr Calvins auf 1200 Schüler angewachsen war. Die daran anschließende *Akademie* (die „schola publica") kam in jenem Jahr auf 300 Studierende. Sie kamen aus ganz Europa, die meisten natürlich aus Frankreich. Die Reformation ging hier mit einer Hebung des Bildungsniveaus einher. Bildung und wirtschaftlicher Aufschwung bedingen einander, und wo der Glaube hinzukommt, bilden die Zucht und der Verzicht um eines höheren Zieles willen eine tragende Basis.

Jetzt griff auch Calvins Idee vom Amt des „docteur", des Lehrers neben dem „pasteur", dem Prediger und Seelsorger der Gemeinde. Man sieht hier sehr schön, wie Ideen und geistliche Grunderkenntnisse ihre Zeit haben müssen und nicht unbedingt gleichzeitig mit anderen verwirklicht werden können. Jetzt kam profiliert heraus, was das Eigentliche eines geistlichen Lehrers ist. Es bedarf *eigener Institute* neben dem, was die Kirchengemeinde anbietet. Gleichwohl wirkt der Lehrer in die Gemeinde zurück und wird von ihr getragen. Calvin bemühte sich um drei Fakultäten: die theologische für den Pfarrernachwuchs, die juristische zur Führung des staatlichen Gemeinwesens, die medizinische zur Versorgung der leidenden Bevölkerung.

Viele Studenten aus ganz Europa kamen nach Genf. Calvin gewinnt seinen alten Freund Pierre Viret, dazu Théodore Beza als Lehrer. Er selbst hält Kollegs über biblische Bücher, vor allem des Alten Testaments. Sein Arbeitspensum, das immer schon groß war, nimmt noch einmal an Umfang zu. Schließlich erfährt seine Institutio in diesen Jahren (1559) ihre abschließende Bearbeitung und erscheint dann ein Jahr später auch auf Französisch. Van't Spijker charakterisiert sie so:

Das Buch ist nicht dazu bestimmt, intellektuelle Genüsse zu bereiten. Es dient der Stärkung der Frömmigkeit als Hilfsmittel, um in ihr zu wachsen. Dieser pastorale Ansatz tritt deutlich darin zutage, dass Calvin sein Werk als einen Schlüssel betrachtet, der allen Kindern Gottes den Zugang zum rechten Schriftverständnis eröffnet. Er gibt seiner festen Überzeugung Ausdruck, dass die wahre gesunde Lehre von Gott selbst stamme (van't Spijker, *Calvin*, 191).

A. Weltweite Korrespondenz: Trost für Todeskandidaten und Ermahnung weltlicher Herrscher

Obwohl es damals kein geordnetes Postwesen gab, hat Calvin eine unglaublich intensive Korrespondenz geführt. Außerdem ist er über politische und religiöse Vorkommnisse in Europa immer bestens informiert, wenn auch mit zeitlicher Verzögerung. So weiß er auch genauestens über die Verhältnisse in seinem Heimatland Frankreich Bescheid. Allmählich hatten dort, von der königlichen Gesetzgebung ausgehend, verschiedene Gruppen von Adeligen und die Städte selbstständig agierende Verfolgungszentren aufgebaut. Auf der anderen Seite gibt es auch zunehmend Bastionen, in denen die Evangelischen dominierend sind, und es kommt auch zu blutigen Kämpfen mit den katholischen Ständen. Calvin ist zwar generell um Frieden bemüht, aber es gibt in den Briefen auch Äußerungen, aus denen man erkennt, dass er manchen Scharmützeln und militärischen Aktionen auch zustimmt. Das verwickelte und in den Einzelheiten nicht immer ganz aufzuhellende Hin und Her zwischen Sieg, Niederlage, Waffenstillstand braucht hier nicht zu interessieren. Allgemein ist zu sagen, dass jeder Kampfpause ein neuer Ausbruch der Feindseligkeiten folgte.

Zu den erstaunlichen Dingen gehört, dass sich mitten in diesem Durcheinander evangelische Gemeinden bilden. Diese sind, das macht auch wieder nachdenklich, oft auch in sich zerstritten und leiden unter vielen Unzulänglichkeiten – eine Verfolgungssituation hat nicht unbedingt ein geistliches Zusammenrücken und eine neue geistliche Vollmacht im Gefolge. Manche Gemeinden lösen sich auch wieder auf.

Die Verfolgungssituation hat nicht überall geistliches Zusammenrücken zur Folge.

Aber eines bleibt in dem Auf und Ab dieser Jahre: Evangelische Menschen werden eingekerkert und die meisten nach einiger Zeit auf dem Scheiterhaufen verbrannt. Erstaunlich ist wieder, dass Calvin ihre Namen kennt, und noch erstaunlicher ist, dass er trotz Briefzensur den Gefangenen „Trostbriefe" zukommen lassen kann, von denen er Abschriften herstellen lässt, sodass wir ihren Inhalt kennen. Ich gebe aus der Fülle nur einen gekürzt wieder, der offensichtlich auch als Rundschreiben an mehrere Verfolgte gedacht ist (Mitte 1559):

… wenn eure Feinde Euch zu vernichten trachten, so hat Gott seinerseits ihnen solche Macht nur gegeben, um Euren Glauben zu prüfen, und hat unzählige Mittel in der Hand, alle ihre Wut zu unterdrücken, wenn er seinen Namen durch Eure Standhaftigkeit verherrlicht sieht. Seid Ihr nun zu solcher Prüfung berufen, so bleibt Euch nichts anderes übrig, als das Bekenntnis Eures Glaubens abzulegen, wie Gott es von Euch fordert, als ein Opfer, das ihm wohlgefällt … Wir selbst müssen indessen unser Leben geringschätzen und für nichts achten, wenn es gilt zu gebrauchen zu seinem Dienste … wenn wir freiwillig dieses gebrechliche, hinfällige Leben verlieren, so erhalten wir es wieder viel besser in seiner himmlischen Herrlichkeit … Je mehr die Bösen seinen Namen auf Erden auszurotten suchen, um so mehr Kraft wird er Eurem Blute geben, ihn zur Geltung zu bringen. Man darf gewiss glauben, Gott will seinen Namen erhöhen und das Reich Christi jetzt um ein rechtes Stück vorwärtsbringen (Br. 604).

Calvin tröstet, indem er den inneren Widerstand der Verfolgten stärkt! Zur Heiligung des Lebens gehört das Leiden und unter Umständen der

Verlust des leiblichen Lebens. Auch das ist dann ein *leibhaftiger Gottesdienst*.

Johannes Calvin sah sich berufen, durch Wort und Schrift das Evangelium von Jesus Christus zu verkündigen. Weil Christus der Herr ist, muss sein Wort in alle Länder gehen. Zeugen für das Evangelium sind die Märtyrer *und* die europäischen Fürsten, sofern Letztere angefangen haben, dem Evangelium in ihrem Territorium eine Tür zu öffnen. Calvin entwickelt durch Widmungsschreiben, die er seinen Bibelkommentaren beifügt, eine ausgedehnte Unterstützungsarbeit für deren Reformationsvorhaben. Dabei geht er klar und eindeutig vor, nicht diplomatisch verhüllend. Ich greife einige Sätze aus der Widmung seines Hebräer-Brief-Kommentars an König Sigismund von Polen heraus:

> Du hast ein weites und berühmtes Königreich, ausgestattet mit mancher Schönheit. Aber das wird erst sein festes Glück begründen, wenn es Christus zum obersten Herrn und Leiter erwählt und sich so befestigt in seiner treuen Hut. Ihm Dein Zepter unterzuordnen, ist Deiner hohen Stellung so wenig unrühmlich, dass es vielmehr weiter ehrenvoller wäre als aller Triumpf der Welt … Das kann nicht anders geschehen, als wenn das ganze religiöse Leben geordnet wird nach der sicheren Vorschrift seiner heiligen Lehre … (Br. 823).

Zwar hat es Könige und Adelige gegeben, die das Evangelium gefördert haben, aber insgesamt konnte Calvin natürlich nicht die Dinge, wie sie in Genf liefen, empfehlend auf ein größeres Territorium übertragen. Es sind im Wesentlichen einzelne Gemeinden, die sich Genf verpflichtet fühlen. Insgesamt muss man erkennen, dass *die reformierte Kirche in der Zeit Calvins immer eine Minderheitskirche* blieb.

B. Entwurf zur „Confessio Gallicana" (1559)

Wir kommen nun zum letzten großen zusammenhängenden Werk Calvins, das er fünf Jahre vor seinem Tod verfasste, und zwar wahrscheinlich in Gemeinschaft mit anderen. Diese Tatsache war uns schon im Zusammenhang des Genfer Bekenntnisses von 1537 aufgefallen: Calvin kann man als *Mitarbeiter* an wichtigen kirchlichen Texten erkennen, was auf eine tiefe geistliche und theologische Arbeitsgemeinschaft und ein Vertrauen in die Kompetenz anderer hinweist – ein Indiz, dass er selbst das

„gegliederte Amt" der Kirche für sich ganz ernst nahm, und das alles bei seiner von den anderen unbestrittenen geistlichen Führerschaft.

Trotz der zunehmenden Verfolgungssituation der französischen Christen wandern diese nicht gänzlich aus, sondern viele bleiben im Land, versammeln sich meistens heimlich und treffen sich im Mai 1559 in Paris sogar zu einer ersten Nationalsynode. Was gibt es neben den Nöten der Verfolgung, den Problemen des Verrats und Abfalls für eine Synode zu beraten? Was wir in den Kreisen der Bekennenden Kirche während der Naziherrschaft in Deutschland erlebt haben, geschieht auch hier: Angesichts der äußersten Bedrohung geht es um mehr als um den persönlichen Trost der Einzelnen, es geht um den *Inhalt des Glaubens und der Verkündigung sowie um die Art und Weise des Kircheseins.* Denn nicht automatisch schweißt die Not zusammen, Not kann auch Brüder und Schwestern voneinander trennen. Wenn man sich aber in einer aktuellen Situation klarmacht, was und wie man glaubt, gibt es eine geistgewirkte Einheit von hoher Qualität. Beza, der wohl als Verfasser einer Geschichte der reformierten Kirchen von Frankreich infrage kommt, schreibt dazu:

Welche Nöte und Schwierigkeiten sich auch von allen Seiten gegen die armen Gläubigen auftürmten: Sie dachten nicht daran, ihren Mut aufzugeben. Im Gegenteil! In diesen Tagen beflügelte Gott in seiner außerordentlichen Gnade alle in Frankreich Fuß gefassten christlichen Kirchen, sich zu versammeln, um in der Ausrichtung auf Gottes Wort ihre Einheit in Lehre und Ordnung gemeinsam zu bezeugen *(n. Cottret).*

Obwohl Calvin anfangs aus Gründen, die nicht mehr aufzuhellen sind, nicht so sehr angetan war von dem Vorhaben der Synode, schickt er doch drei Abgesandte nach Paris, die einen Entwurf von 35 Artikeln mitbringen. Er wird mit geringfügigen Änderungen angenommen. Auf der Nationalsynode von La Rochelle (1571) wird die Pariser Version, nun in 40 Artikel gegliedert, als das für die französischen evangelischen Christen verbindliche Glaubens- und Lebens-Dokument angenommen. Es ist das Vorbild für das Bekenntnis der schottischen und der niederländischen Kirchen geworden. In den deutschen Territorien wurde es durch den Weseler Konvent (1568) und die Synode von Emden (1571) als verbindliches Glaubenszeugnis ebenfalls angenommen (CStA 4, 29ff.).

Wir wollen hier nur einige Schwerpunkte und Besonderheiten festhalten:

1. Das *Wort Gottes in der Bibel* sowie die *Trinität Gottes* werden jetzt allem Erkennen und Bekennen Gottes vorangestellt. Calvin hat *sachlich* immer von der Vorrangigkeit des Wortes Gottes in seinen bisherigen Schriften gesprochen, aber nun wird auch *formal* mit dem Wort Gottes als der „Summe der einzigen untrüglichen Wahrheit, die aus Gott hervorgegangen ist und keinerlei Widerspruch duldet", begonnen. Dahinter mögen bestimmte Erfahrungen stecken: die Ablehnung des Alten Testaments durch die Täufer, die willkürlich-phantastische Deformierung der Bibel etwa durch die Libertiner und Servet. Zu diesem unmissverständlichen Zeugnis der Schrift muss aber das innere Zeugnis des Heiligen Geistes treten, der „allein seine Erwählten dessen gewiss macht und durch seinen Geist diese Gewissheit in ihren Herzen versiegelt."

2. Calvin spricht als Prediger der Praxis des Glaubens bezüglich der Erwählungslehre wie in Inst. III, 21.5 jetzt nicht von „den einen" und „den anderen" als einer Entscheidung Gottes. Das hat er zwar mitgedacht, aber er hat es hier nicht statisch formuliert. In der Situation der äußersten Anfechtung seiner Landsleute in Frankreich sollen die Gemeinden nicht darüber spekulieren, wer denn unter ihnen erwählt sei und wer nicht:

Wir glauben, dass Gott aus diesem Verderben und aus dieser allgemeinen Verdammnis (wegen der Sünde), in die alle Menschen hineingeraten sind, diejenigen herausreißt, die er nach seinem ewigen und unwandelbaren Ratschluss allein aufgrund seiner Güte und Barmherzigkeit in unserem Herrn Jesus Christus erwählt (Röm 8,29 und bes. das ganze Kapitel 9; Eph 1,4f.) und, ohne auf ihre Werke zu blicken (Röm 3,28), in ihm zu Erben des ewigen Lebens angenommen hat. Die anderen belässt er in ihrem Verderben und in ihrer Verdammnis …

In der Situation der Verfolgung darf die verfolgte Minderheit in Dankbarkeit und Staunen sagen: Wir sind erwählt, auch wenn die anderen uns wegwerfen – der Aspekt des Trostes ist hier vorherrschend.

3. Jesus Christus, „der Gottes Weisheit ist und sein ewiger Sohn, (hat) unser Fleisch angenommen, um in einer Person Gott und Mensch zu sein, uns gleich, leidensfähig an Leib und Seele, allerdings rein von jeglichem Makel (Hebr 9,15)". Jesus hat unser Fleisch *angenommen,* während Luther den Ton darauf legt, dass Jesus unser Fleisch *geworden* ist. Damit

war dieser sofort bei der *einen Person,* die dann in der Kreuzestat das vollzog, was die Konsequenz der Fleischwerdung ist. Calvin hingegen legt den Ton auf das *Unterschiedensein* von Gott und Mensch in der *einen Person* Jesu Christi. Er legt Wert darauf, dass Jesus immer, auch am Kreuz, Gott bleibt. Darum liegt ihm auch der Gedanke *der Erhöhung in Auferstehung, Himmelfahrt und ewigem Priestertum* näher als Luther. Damit kommt in Calvins Glaubenserkenntnis der Aspekt der *Bewegung* hinein. Er nimmt uns als die im Tod mit Gott Versöhnten *auf die Pilgerfahrt zum ewigen Heiligtum mit.* Darum gehört zur Rechtfertigung durch den Glauben die Erleuchtung durch den Heiligen Geist und die Wiedergeburt. So sieht diese Bewegung zur Ewigkeit aus:

So haben die Glaubenden nichts, dessen sie sich dabei rühmen könnten. Dafür, dass Gott sie den anderen vorgezogen hat, sind sie vielmehr doppelt verpflichtet. Denn selbst den Erwählten wird der Glaube nicht einfach auf einen Schlag gegeben, um sie auf den rechten Weg zu führen, sondern auch, um sie zu befähigen, darauf bis zum Ziel zu kommen. Denn wie es Gottes Sache ist, den Anfang zu machen, so steht auch die Vollendung bei ihm (Phil 2,13).

Dazu gehören „die guten Werke, die wir unter der Leitung des Heiligen Geistes vollbringen", ohne dass wir uns durch Gehorsam Gottes Güte verdienen würden.

4. Dementsprechend ist

… die Kirche die Gemeinschaft der Glaubenden …, die einmütig Gottes Wort und der darin beschlossenen reinen Gottesverehrung folgen, die darin ihr ganzes Leben fortschreiten, in der Furcht Gottes wachsen und sich darin bestärken. Denn sie müssen ja vorwärtsdringen und immer weiter voranschreiten, selbst wenn sie – trotz all ihrer Anstrengungen – immer wieder auf die Vergebung ihrer Sünden angewiesen bleiben.

Fortschritt im Glauben gibt es am ehesten unter der Bedrängnis von außen. Das Wachsen im Glauben in Richtung auf die Vollendung steht schon deshalb im Zentrum des Interesses, weil es für die französischen Gemeinden in jedem Augenblick so weit sein kann, dass ihre Mitglieder zu Tode kommen. Dann werden sie vor Gottes Angesicht treten müssen. Gott will nicht nur Gerechtfertigte durch den Glauben, sondern auch Geheiligte durch den Glauben empfangen und ihnen das ewige Leben geben.

C. Der Lebensausgang von Johannes Calvin

Calvin war zeit seines Lebens von mancherlei Krankheiten geplagt. Manches, aber sicher nicht alles, war auf seine von jungen Jahren an gepflegte intensive geistige Arbeit zurückzuführen, die dem Körper die ihm zustehende Erholung nicht gewährte und den Ausgleich der körperlichen Bewegung nicht gestattete. Gerade die letzten beiden Jahre waren von unerträglichen Beschwerden gezeichnet, vor allem im Magen- und Darmbereich, den Nieren und der Blase. Sein Charakter mit seiner Ungeduld und Heftigkeit trat aufgrund dieser körperlichen Schwäche umso mehr hervor. Hier hat es bei Calvin eine ganze Menge Defizite gegeben. Aber abgesehen davon ließen sein unbedingter Gehorsam gegenüber seiner Berufung und seine Sehnsucht nach der „oberen Welt" alles andere in den Hintergrund treten.

Wer so kompromisslos unterwegs ist „nach oben", der bewertet die Krankheit auch anders als jemand, dem es nur um seine geistig-geistlich-seelisch-körperliche Gesundheit geht. Calvin ist hier einer von vielen ähnlich denkenden Menschen seiner Zeit (und auch noch der Zeit nach ihm). Das kommt in einem Brief an die Gattin des bekannten Admirals de Coligny vom August 1563 zum Ausdruck:

Sie wissen, Madame, wie wir unseren Gewinn suchen müssen aus den Züchtigungen, die wir von der Hand unseres guten Vaters empfangen, und auch aus der Hilfe, die er zur rechten Zeit wieder sendet. Sicher sollen alle Krankheiten uns nicht nur demütigen, indem sie uns unsere Gebrechlichkeit vor Augen stellen, sondern sie sollen uns auch zur Selbstprüfung veranlassen, damit wir unsere Schwachheit erkennen und unsere Zuflucht zu seiner Barmherzigkeit nehmen. Sie sollen uns aber auch als Arznei dienen, die uns frei macht von den Leidenschaften dieser Welt und wegätzt, was überflüssig ist in uns. Sie sind ferner auch Botschaften vom Tode und sollen uns lehren, unsere Füße frei zu machen, um auszuziehen, wenn es Gott gefällt (Br. 742).

Calvin nimmt sein Kranksein an. Es ist durch Gottes Gnade eine Zeit der Befreiung von Ballast und eine Übung der Selbstverleugnung geworden. Er spürte, dass Gott ihn bald abberufen würde. So verabschiedete er sich von seinen Freunden und dann auch vom Rat der Stadt Genf und seinen Kollegen. Als Mann der Bibel kannte er viele Abschiedsreden und gestaltete seine letzten Worte aus dem Schatz derer, die vor ihm heimgegangen waren. An seinen alten Weggefährten Farel schreibt er, wohl als letzte von ihm diktierte Schrift, ein kurzes Brieflein am 2. Mai 1564.

Am 25. April 1564 diktiert er sein Testament. Der Erlös der Bücher und der Möbel sollte den Kindern seines Bruders Antoine zugutekommen. Die Bestimmungen eröffnete er mit diesem Selbstbekenntnis:

Ich erkläre auch, dass ich nach dem Maß der Gnade, die (Gott) mir verliehen hat, mich bemüht habe, sein Wort rein zu lehren in Predigten und Schriften und die Heilige Schrift getreulich auszulegen. Auch habe ich in allen Streitigkeiten, die ich mit den Feinden der Wahrheit durchzufechten hatte, nie Hinterlist noch Sophisterei gebraucht, sondern bin stets ehrlich vorgegangen in der Verteidigung seiner Sache. Aber ach, das Wollen, das ich hatte, und mein Eifer, wenn ich so sagen darf, waren so kalt und feige, dass ich mich recht schuldig fühle in allem und überall, und wäre nicht seine unendliche Güte, so wäre all mein leidenschaftliches Streben nichts als Rauch gewesen; ja, die Gnadengaben, die er mir verliehen, machten mich nur noch schuldiger; so bleibt meine Zuflucht, dass er der Vater der Barmherzigkeit ist und sich auch als der Vater eines so elenden Sünders zeigen und erweisen wird. – Im übrigen ist mein Wunsch, dass mein Leib nach meinem Tod begraben werde auf die gewöhnliche Weise, und so will ich auf den Tag der seligen Auferstehung warten (Br. 758).

Beides, das gute Gewissen und das Bewusstsein, sich gerade in der Schärfe in der Zurückweisung der falschen Lehre für die Sache des Evangeliums bewährt zu haben einerseits und das Eingeständnis von Kälte und Feigheit andererseits stehen nebeneinander. Am 27. April versammelt Calvin den Kleinen Rat der Stadt um sein Krankenbett. Er gesteht nun ehrlich (nach der Mitschrift eines Bediensteten, CStA 2,281ff.):

Abschied, Vermächtnisse und Bekenntnisse

Es sei wahr, dass er während der Zeit seines Hierseins mehrere Kämpfe und Zerwürfnisse ausgelöst habe, die indes nicht von den anwesenden Ratsherren ausgegangen seien ... Er bitte die anwesenden Ratsherren auch dann, wenn er nicht das geleistet habe, was er hätte leisten sollen, anstelle des Vollbringens zumindest seinen guten Willen anzuerkennen. Denn er habe das Wohlergehen dieser Stadt im Sinn gehabt und dafür auch Sorge getragen, aber dazu sei vieles notwendig gewesen, was er nicht erreicht habe.

Jetzt wird klar gesagt, was man manchmal schon vermutet hatte, dass es nicht immer der störrische Rat war, der die Probleme inszeniert hatte, es war eben auch Calvin mit seiner unnachgiebigen Art, darin, wiewohl auf andere Weise, seinem großen Vorbild Martin Luther in Wittenberg nicht ganz unähnlich.

Am Tag darauf verabschiedet sich Calvin von seinen Kollegen. Auch diese letzten Worte wurden protokolliert. Was ist geblieben von seinen Mühen? Er bittet sie, an dem Erreichten nichts zu ändern, nach unserem Empfinden eine schwere Bürde für die Nachfolgenden. Auch hier bittet er seine ihm Vertrauten um Vergebung:

Ich habe viele Schwächen gehabt, die Ihr ertragen musstet, und selbst all das, was ich getan habe, ist im Grunde nichts wert. Die schlechten Menschen werden diesen Ausspruch gewiss ausschlachten. Aber ich wiederhole noch einmal, dass all mein Tun nichts wert ist und ich eine elende Kreatur bin. Ich kann allerdings sagen, dass ich das Gute gewollt habe, dass mir meine Fehler immer missfallen haben und Gottesfurcht in meinem Herzen Wurzeln geschlagen hat. Ihr könnt es bestätigen, dass mein Bestreben gut gewesen ist. Darum bitte ich Euch, dass Ihr mir das Schlechte verzeiht. Wenn es aber auch etwas Gutes gegeben hat, so richtet Euch danach und befolgt es!

Der Sterbende ringt um die Einheit der Brüder: „Achtet weiter darauf, dass kein Streit und keine bösen Worte zwischen Euch aufkommen, so wie es manches Mal Boshaftigkeiten gibt, die man sich an den Kopf wirft." Denn er sieht für die Zukunft Düsteres heraufziehen. Man denkt an die Abschiedsrede des Paulus an die Ältesten von Ephesus in Milet (Apg 20), wenn Calvin, der Lehrer, nun prophetisch redet:

… und Ihr werdet die Erfahrung machen, dass nicht geringere, sondern noch größere (Kämpfe) bevorstehen. Denn Ihr lebt in einem verkehrten und verdorbenen Volk, und wenn es auch gute Leute darunter gibt, so ist das Volk doch verkehrt und böse. Ihr werdet mit ihm zu tun bekommen, wenn Gott mich hinweggenommen hat.

Ist die Bevölkerung von Genf gemeint? Oder ist es gar das Volk Gottes, das immer heftiger untereinander streiten wird, wie die Geschichte gezeigt hat? Ja, ist denn seine Botschaft von der selig machenden Christusgemeinschaft und dem neu schaffenden Wirken des Heiligen Geistes in der Wiedergeburt überhaupt nicht angekommen? Hat Calvin zu viel gewollt und die Leute geistlich überfordert? Oder sollte es verkehrt gewesen sein, dass er Kirchengemeinde und Bürgergemeinde zwar zunehmend als eigenständige Körperschaften gesehen, sie aber trotzdem zu einer unauflöslichen Lebensgemeinschaft verbunden hat?

Mit diesen Fragen im Herzen, auf die Johannes Calvin keine letzte Antwort hat geben können, verabschieden wir uns von ihm, der am 27. Mai 1564 abends gegen acht Uhr seinen Geist an seinen Schöpfer und Erlöser zurückgegeben hat. Sein Grab zierte kein Gedenkstein, so hatte er es verfügt. Binnen Kurzem war die Stätte seiner letzten Ruhe nicht mehr zu finden. Was von ihm zurückblieb, waren gedankenstarke und lebensglühende Schriften, die ihn, den Herben und Unzugänglichen, liebenswert machen und zum Gründungsvater eines gewaltigen Zweiges der reformatorischen Kirchen werden ließen, die erst in späterer Zeit ihr großes Gestaltungspotential, ja, ihre missionarische Kraft entfalteten.

Unter den neueren Theologen hat vielleicht keiner Johannes Calvin besser verstanden als Karl Barth. Er hat ihn gewürdigt wie kein Zweiter, ihn darum an manchen Stellen auch umso heftiger kritisiert. Größe und Gebrochenheit sind die zwei Seiten eines von Gott berufenen Glaubenszeugen. Die Zartheit seines innigen Glaubenslebens in der Gemeinschaft mit Christus durch den Heiligen Geist wurde durch seine ihm angeborene Stärke und Entschiedenheit oftmals verdeckt. Aber kann nicht auch in der Schärfe Calvins der Gott Elias und der anderen Propheten sichtbar werden, der der Vater Jesu Christi ist – und ebenso die Heiligkeit und Herrlichkeit des lebendigen Gottes, der zerdrückt und wieder auferweckt?

Karl Barth: Calvin war die Flamme, die es in dieser Situation brauchte – aber sie konnte nur leuchten, indem sie sich verzehrte.

So sei diese Darstellung Calvins zu seinem 500. Geburtstag beschlossen mit der Charakterisierung Calvins in Barths Vorlesung von 1922, wo er über die Notwendigkeit einer starken Persönlichkeit in den Jahren, da die Reformation Luthers aufs Äußerste gefährdet war, sagt:

Eben diese Flamme brauchte es jetzt. Der ältere Luther war diese Flamme nicht. Melanchthon noch weniger. Zwingli war tot und hätte vielleicht so nie gebrannt. Calvin *war* die Flamme. Aber diese Flamme konnte nur leuchten, indem sie sich verzehrte. Man ist nicht ungestraft Asket, Organisator, Systematiker. Den Druck, den ein solcher Mensch auf andere legt, erfährt er zuerst und am stärksten an sich selber. Halten Sie die Bilder von Luthers und Calvins Leiblichkeit nebeneinander, so wissen Sie, was ich meine. Ist man nicht versucht, auch die Tatsache, dass Calvin zeitlebens ein kranker Mann, am Ende seines Lebens von einer ganzen Kombination schwerer Krankheiten heimgesucht war, als keinen Zufall anzusehen? Dieser Mensch *konnte* doch nicht gesund sein. Es war, wie wenn Gott in seiner ganzen Heiligkeit zwischen ihm und dem stünde, was man Lebensglück nennt, alles Sichtbare ihm nehmend, um ihm alles Unsichtbare geben zu können. Und so hat er eben auch auf andere gewirkt. Der Zwang und die Drohung, unter der er stand, wirkte als Zwang und Drohung auch auf die Zeugen dieses Lebensganges (K. Barth, Die Theologie Calvins, 16,2).

VIII. Johannes Calvin –
Lehrer der Christenheit

Wir haben Luther den Propheten, Calvin den Lehrer unter den Reformatoren genannt. So wollen wir diesen Gang durch sein Leben und Werk beschließen mit einigen thesenartigen Überlegungen, was Calvin uns heute noch zu sagen hat und uns lehren will:

1. Das Erste ist, dass unser *Glaube* an Jesus Christus *sofort* seine Konsequenzen nach sich ziehen muss, weil er sonst kein Glaube ist: Wenn wir die Vergebung unserer Sünden erfahren haben, dann bitten wir Gottes Geist inständig darum, dass er uns auch den Weg zum *Gehorsam seinen Geboten gegenüber* zeigt. Gehorsam ist kein Wort, das heutzutage gerne gehört wird. Aber die Christenheit geht dem Gericht Gottes entgegen, wenn sie diesen abweist. Es ist ihr Schade gewesen, dass sie in weiten Teilen die Stimme Calvins in den fünf Jahrhunderten seit seinem Wirken zu wenig gehört hat, sondern meinte, es sei genug, wenn wir die Gewissheit der Sündenvergebung in der Rechtfertigung vor Gott dankbar entgegennähmen. „Ohne Heiligung kann niemand den Herrn sehen", sagt jedoch die Bibel – genau das lehrte Calvin mit großer Leidenschaft. Denn alles, was Gott tut, will seine Fortsetzung und Vertiefung haben.

2. Aber er lehrte des Weiteren, dass wir Gott nur gehorsam sein können, wenn wir den stellvertretenden Gehorsam, den Jesus als der Sohn Gottes an unserer Stelle Gott in seinem Tod dargebracht hat, durch die *Sendung des Heiligen Geistes* so in unseren Herzen im Glauben annehmen, dass wir in unserer Existenz verwandelt werden und zur *Wiedergeburt* kommen, die uns ein *neues Leben* schenkt. Zu diesem neuen Leben, das der Heilige Geist in unserem Leben wirkt, werden wir durch seine *Gaben und Geschenke* zu mündigen Gotteskindern gemacht, die ihr Leben zur *Verherrlichung Gottes* kompromisslos einsetzen. Der Heilige Geist macht unser *Denken, Fühlen und Wollen* schrittweise neu und führt uns in immer tiefere Erkenntnisse über Gottes Dreieinigkeit, die Würde unseres menschlichen Lebens und unserer Mitgeschöpfe, und

leitet uns zur *Erwartung der Weltvollendung* und versiegelt in uns das *Anrecht auf das ewige Leben*.

3. Calvin lehrt uns, dass die sichtbaren Zeichen des Wortes Gottes, nämlich *Taufe und Abendmahl,* nicht durch ihren Vollzug wirksam sind, sondern nur so, dass der Heilige Geist *hinzutreten* muss. Weil der Geist des Herrn schon *vorher,* ja, schon seit der *ewigen Erwählung* auf verborgene Weise wirksam ist und *das Wort Gottes* lebendig macht und uns Jesus als unseren einzigen Mittler zeigt, wird der Empfang der Taufe – Calvin blieb bei der Säuglingstaufe – an das *Bekenntnis* des mündigen Christen gebunden, dass fortan *Jesus der Herr* des persönlichen Lebens des Einzelnen wird. Das Mahl des Herrn hingegen führt uns durch den Heiligen Geist zum *Bekenntnis der Geschwisterschaft der Gemeinde*, ohne die ein Leben aus der Wiedergeburt nicht gelebt werden kann. Calvin lehrt uns also, dass wir die *Sakramente als Siegel* zu erfahren haben, die das, was Jesus uns gegeben hat (Gotteskindschaft, Geschwisterschaft), vor den Angriffen des Widersachers Gottes schützen. Calvin bewahrt uns bezüglich der richtigen Lehre über diese von Jesus eingesetzten Zeichen sowohl vor einem materialisierten Sakramentalismus (im Katholizismus, tendenziell im Luthertum) als auch vor einer bloß gedanklichen Erinnerungsübung bei der Feier des Abendmahls (im Zwinglianismus, in manchen freien christlichen Gemeinschaften).

4. Sakramentalismus und Spiritualismus haben in den Kirchen der Reformation tiefe Schäden hervorgerufen, weil sie statt zu einem gemeindezentrierten Glauben zu einer *unbeweglichen Institutionen-Gläubigkeit* auf der einen Seite wie auf der anderen Seite zu einem *individualistischen unverbindlichen Liberalismus* geführt haben. Calvins starke Betonung der *Gottheit* des Heiligen Geistes im Rahmen der entschlossenen Verteidigung der Trinitätslehre führen uns aber zu einem *Heilsrealismus,* der jenseits von Sakramentalismus und Spiritualismus liegt, das besonders im Abendmahl zum Tragen kommt: Christus ist *real* gegenwärtig in Brot und Wein *durch den Heiligen Geist.* Weil der Heilige Geist Gott selbst in Person ist, ist die „Spiritualpräsenz" keine Minderung, sondern eine *Verdichtung* der Gegenwart des Herrn. Die so geartete Erkenntnis über die Art und Weise des Wirkens des Herrn hat Auswirkungen auf die Art und Weise der Lehre über die Kirche und deren Wirken in der Welt.

5. Calvin zeigt uns, dass Glaube eine *Beziehung* ist und nicht zuerst ein gläubiges Sichverhalten, vielmehr eine Beziehung der Liebe zu Christus, der *gegenwärtig* ist, und das darum, weil dieser an der Rechten des Vaters im Himmel als unser *königlicher Hohepriester* für uns eintritt und von dorther den Heiligen Geist sendet, der uns durch das *lebendige Wort Gottes* eine tiefe Gemeinschaft mit ihm schenkt, wie sie tiefer nicht gedacht und erlebt werden kann. Diese Christusgemeinschaft wird durch die Taufe als das *Zeichen des Beginnens* und durch das Abendmahl als das *Zeichen des Fortschreitens* besiegelt, das heißt, verschlossen für die Präsentation vor dem Kosmos am Tag Jesu Christi. Daraus ergeben sich wichtige Folgerungen für das Wesen der Kirche Jesu Christi. Mit Calvins vorsichtigen Impulsen ausgestattet, können wir ihr Wesen in seiner Linie als *missionarische Kirche* bestimmen: Glaubensferne Menschen werden in die Christusgemeinschaft *hineingenommen,* indem sie zum Glauben kommen. Leben in der Christusgemeinschaft unter dem Zeichen des Abendmahls bedeutet: Wiedergeborene Christen wachsen zur *Gemeinschaft der Geschwisterkirche* heran und tun ihren Dienst nur aufgrund dieser doppelten Gemeinschaft in der Kirche und der Welt.

6. Calvin lehrt uns, das Herrsein Jesu über Kirche *und* Welt aufgrund seiner Erhöhung zum Vater in dieser Doppelung zwar zu *unterscheiden,* aber *nicht* voneinander zu *trennen.* Das Herrsein Jesu vollzieht sich in der *Heiligung durch den Heiligen Geist* so, dass er die Kirche durch die *Gaben des Geistes* im Dienst der Selbstverleugnung ihrer Glieder im buchstäblichen Sinne zu einer *Gemeinschaft der Heiligen* macht, die in einem fortlaufenden *Prozess der Reinigung* jeglichen Götzendienst konsequent ausfegt („Kirchenzucht"). Das Herrsein Jesu über die Welt vollzieht sich durch die *Sendung der Gemeinde in die Welt,* und zwar so, dass durch ihr geheiligtes Leben in der Gemeinschaft mit dem lebendigen Christus *und* dem Miteinander ihrer Glieder untereinander der nicht glaubenden Welt sozusagen ein *Zeichen oder Sakrament* für das, was wahre Gemeinschaft ist, vor Augen geführt wird. Jesus Christus als der Herr der Welt will dieses nur so sein, dass er die Seinen zu einem geheiligten Leben *bevollmächtigt,* aus dem heraus erst ein vollmächtiges *Wort* und eine vollmächtige *Diakonie* geboren wird, und sie mit Wort und Diakonie in die Welt sendet. So ist Christus der Herr der Welt im

Sinne der drei Ämter, die Calvin aus der Schrift erkannt hat: König, Priester und Prophet.

7. Calvins Glaubenserkenntnis umfasst die *Geschichte des Reiches Gottes* von der Erwählung über die Berufung zur Wiedergeburt und von dort zum Gabenempfang des schenkenden Christus für den geschichtlichen Dienst bis hin zur Verherrlichung Gottes am Ende der Tage, an dem nicht die ganze Schöpfung in einer All-Erlösung in das ewigkeitliche Leben eingeht, sondern an dem Gottes *Gerechtigkeit* als eine *heilige* offenbar wird. Dann werden die Erwählten durch ihren Glauben in das ewige Leben und die Verworfenen durch ihren Unglauben in das ewige Verderben eingehen. Durch dieses wunderbare und heilige Handeln Gottes wird jetzt schon unser Glaube zu einer *ehrfürchtigen Beugung* gereinigt, das heißt geheiligt, durchzogen von der Anbetung von Gottes *unerforschlichem Ratschluss*. Durch die Anbetung von Gottes geheimnisvollem Handeln wird unser Denken und Leben nicht verkompliziert, sondern auf eine erfrischende Weise vereinfacht. Zum einen nehmen wir dann die kleinen und großen Schöpfungsgaben zu freudigem Genuss dankbar an. Zum anderen machen wir uns, dadurch gestärkt, ohne Umschweife auf, verlorene Menschen durch unseren missionarischen Dienst für sein Reich zu gewinnen – selbst wenn wir dabei das Leben verlieren.

Literatur

Zitierte Ausgaben der Werke Johannes (Jean) Calvins:

Auslegung der Heiligen Schrift. In dt. Übers. hrsg. v. Otto Weber. Neue Reihe, Neukirchen 1956ff. (Bd. 13., *Auslegung der Evangelien-Harmonie*, 2.Teil (übers. v. Hiltrud Stadtland-Neumann u. Gertrud Vogelbusch), 1974; Bd. 14, *Auslegung des Johannes-Evangeliums* (1964); Bd. 16, *Auslegung der Römer- und Korintherbriefe* (1960); Bd. 17, *Auslegung der kleinen paulinischen Briefe* (1963).

Calvin-Studienausgabe (abgk. „CStA"). Bisher 7 Bde, Neukirchen 1994ff. (Bd. 1/1: *Reformatorische Anfänge (1533–1541)*; Bd. 1/2: *Reformatorische Anfänge (1533–1541)*; Bd. 2: *Gestalt und Ordnung der Kirche*; Bd. 3: *Reformatorische Kontroversen*; Bd. 4: *Reformatorische Klärungen*; Bd. 5/1: *Der Brief an die Römer: ein Kommentar*; Bd. 5/2: *Der Brief an die Römer: ein Kommentar*; Bd. 6: *Der Psalmenkommentar: eine Auswahl).*

Lebenswerk in seinen Briefen (abgk. „Br."). Übers. v. Rudolf Schwarz. 3 Bde., Neukirchen 1961².

*Unterricht in der christlichen Religion = **Institutio** Christianae religionis* (abgk. „Inst."). Nach d. letzten Ausg. übers. u. bearb. von Otto Weber. Neukirchen 1997⁶.

Sonstige verwendete Literatur:

Barth, Karl. *Die Theologie Calvins.* KB-Gesamtausgabe 2/2. Zürich 1993.

Bekenntnisschriften der evangelisch-lutherischen Kirche. Göttingen 1959⁴.

Brunner, Emil. *Vom Werk des Heiligen Geistes.* Tübingen 1935.

Cottret, Bernard. *Calvin, eine Biographie.* Stuttgart 1998.

Greschat, Martin. Die Anfänge der reformatorischen Theologie Martin Bucers (abgk. „Anfänge"). In: Ders. und J. F. G. Goeters (Hrsg.) *Reformation und Humanismus.* FS f. R. Stupperich. Witten 1969, 124ff.

Ders.: *Martin Bucer.* München 1990.

Iwand, Hans-Joachim. *Einführung.* In: Martin Luther. *Ausgewählte Werke*, Bd. 1.: *Dass der freie Wille nichts sei: Antwort D. Martin Luthers an Erasmus von Rotterdam.* München 1954.

Krusche, Werner. *Das Wirken des Heiligen Geistes nach Calvin.* Berlin, Göttingen 1957.

Link, Christian. *Die Kennzeichen der Kirche nach reformierter Sicht.* In: Michael Welker (Hrsg.). *Die Zukunft der Reformierten Theologie.* Neukirchen 1998, 271ff.

Van't Spijker, Willem. *Calvin,* in: *Die Kirche in ihrer Geschichte (ein Handbuch).* Hrsg. von Bernd Moeller. Bd. 3, Lfg. J 2, Göttingen 2001.

Ders. *Die Lehre vom Heiligen Geist bei Bucer und Calvin.* In: *Calvinus Servus Christi.* Hrsg. von W. H. Neuser. Budapest 1988.

Weber, Otto. *Grundlagen der Dogmatik.* 2. Bde. Neukirchen 1959, 1962².

Wolfram Kopfermann

Heiligung –
Teilhabe an der neuen Schöpfung

Biblische Grundlegung
und geistliche Einübung

192 Seiten, Paperback,
ISBN 978-3-7655-1416-6

Durch den gekreuzigten Jesus Christus wird uns als unüberbietbare
Heilserfahrung die Rechtfertigung zuteil. „Christus für uns" – so lässt
sich unser reformatorisches Erbe zusammenfassen.

Aber der Apostel Paulus redet mehr als hundert Mal in seinen Briefen
nicht nur von Christus „für uns", sondern auch von unserem „Sein in
Christus". War die reformatorische Betonung der Rechtfertigung aus
Gnade angesichts der Gesamtbotschaft des Paulus eine Engführung?
Wie ist das „in Christus" gemeint? Was bedeutet es für den Alltag des
Gläubigen?

Wolfram Kopfermanns Beantwortung dieser und weiterer exegetischer
Grundfragen sowie einfache geistliche Übungen ermutigen zu einer
neuen Spiritualität „in Christus". Ein Buch, nicht nur für geistliche
Leiter, sondern auch für theologisch interessierte Laien.

BRUNNEN VERLAG GIESSEN
www.brunnen-verlag.de

Rolf Hille

Ungelöste Fragen ...
ein Hindernis für den Glauben?

Denkanstöße von Karl Heim

192 Seiten, Paperback,
ISBN 978-3-7655-1413-5

Karl Heim hat als Professor für Systematische Theologie in der ersten
Hälfte des 20. Jahrhunderts eine ganze Generation von Pfarrern und
Religionslehrern geprägt. Er zog nicht nur Theologen, sondern auch
Naturwissenschaftler, Philosophen und Pädagogen an. Seine Hörsäle
waren so überfüllt, dass man Platzkarten reservieren musste. „Glauben
und Denken" war sein Hauptthema: Er hat die großen Fragen der modernen Physik aufgenommen und hat gezeigt, wie neuzeitlicher Atheis-
mus und Säkularismus überwunden werden können. Auch seine Auseinandersetzung mit den ostasiatischen Hochreligionen, besonders dem
Buddhismus und der Mystik haben bis heute von ihrer Relevanz nichts
verloren. Heims zukunftsfähiges Konzept, sein weltoffener Denkstil
und seine interdisziplinären Fragestellungen sprechen gerade Zweifler
an und haben viele von ihnen schon überzeugt.

Rolf Hille würdigt anlässlich des 50. Todestages am 30. August 2008
Karl Heims Persönlichkeit und sein theologisches Lebenswerk, anhand
dessen er deutlich macht, wie man auf biblischer Grundlage die neuzeitliche Kritik am christlichen Glauben verstehen und überwinden kann.

BRUNNEN VERLAG GIESSEN
www.brunnen-verlag.de

Alister McGrath

Der Weg der christlichen Theologie

Eine Einführung

624 Seiten, gebunden,
ISBN 978-3-7655-9492-2

Dieses Buch ist eine Einführung in eines der faszinierendsten Fächer, das man überhaupt studieren kann: Die Christliche Theologie. Auch wenn Ihnen keine alten Sprachen und keine theologischen Fachausdrücke vertraut sind, werden Sie nach der Lektüre einen Überblick über die geschichtliche Entwicklung der Theologie und ihre wichtigsten Lehraussagen bekommen und theologischen Fachdiskussionen mühelos folgen können. Das Buch ist gleichzeitig ein umfassendes Nachschlagewerk zu einzelnen Epochen oder Themen der Theologie, das jedes Kapitel als in sich verständliche Einheit behandelt und mit unfangreichem Glossar und Register sowie Angaben zu weiterführender Literatur die nötigen Querverweise liefert und zum Weiterstudium anregt.

BRUNNEN VERLAG GIESSEN
www.brunnen-verlag.de